CARSTEN OTTE

Goodbye Auto

Buch

Goodbye Auto? Was früher selten vorkam, wird immer häufiger: ein Leben ohne Führerschein. Noch vor ein paar Jahren wurden Leute, die kein Auto fuhren, als Sozialfall oder Umweltfundamentalist abgestempelt. Heute verzichten immer mehr Menschen auf den eigenen Wagen. Weil sie auf kilomteterlange Staus, Raserei und Parkplatzsuche keine Lust mehr haben. Weil sie sich Auto und Benzin nicht mehr leisten können. Oder weil sie zugunsten der Umwelt auf Busse und Bahnen umsteigen.

Carsten Otte war in dieser Hinsicht immer schon Avantgarde: Er hat sich nie um eine Fahrerlaubnis bemüht – obwohl er ständig unterwegs ist. In »Goodbye Auto« erzählt er von seinem abenteuerlichen Leben als Fußgänger und Fahrradfahrer, Zugreisender und Beifahrer. Wir erfahren, wie peinlich es ist, wenn die Skilift-Bekanntschaft erwartungsvoll ihren Autoschlüssel zuwirft und der Angebetete nicht mal weiß, wie der Rückwärtsgang eingelegt wird. Was passiert, wenn auf dem Weg zum Vorstellungsgespräch die Hose am Fahrradsattel durchscheuert. Und warum es von Vorteil sein kann, beim Kloschüsselkauf im Baumarkt einen Taxifahrer dabeizuhaben.

Autor

Carsten Otte, geboren 1972 in Bonn, studierte Philosophie und schrieb die Romane »Schweineöde« (2004) und »Sanfte Illusionen« (2007). Otte hat in Berlin und Hannover, Köln und Stuttgart gelebt. Derzeit genießt er die badische Provinz und weiß sehr gut, was es heißt, auf öffentliche Verkehrsmittel angewiesen zu sein. Nachts ist er meist mit dem Fahrrad unterwegs. Oder im Taxi. Der Autor ist kein führerscheinloser Dogmatiker. Gegen sinn- und stilvolle Transportmittel hat er nichts einzuwenden.

Carsten Otte

Goodbye Auto

Ein Leben ohne Führerschein

GOLDMANN

FSC
Mix
Produktgruppe aus vorbildlich
bewirtschafteten Wäldern und
anderen kontrollierten Herkünften

Zert.-Nr. SGS-COC-1940
www.fsc.org
© 1996 Forest Stewardship Council

Verlagsgruppe Random House FSC-DEU-0100
Das FSC-zertifizierte Papier *Holmen Book Cream* für dieses Buch
liefert Holmen Paper, Hallstavik, Schweden.

1. Auflage
Originalausgabe Juli 2009

Umschlaggestaltung: UNO Werbeagentur, München
Umschlagabbildung: Getty Images/Daryl Benson (200549924)
Redaktion: Antje Steinhäuser
KF · Herstellung: Str./JR
Satz: Uhl + Massopust, Aalen
Druck und Bindung: GGP Media GmbH, Pößneck
Printed in Germany
ISBN: 978-3-442-15556-9

www.goldmann-verlag.de

Für Liv

Der Autor dankt Regine Bielefeldt und Petra Eggers.
Ohne deren Unterstützung wäre das Buch nicht erschienen.

Inhalt

Warum?

Auf der Skipiste war die Welt noch in Ordnung. Ich hatte es zum vierten Mal geschafft, mich so in die Warteschlange einzureihen, daß ich im Sessellift neben der schönen Unbekannten Platz nehmen konnte. Noch hatten wir kein Wort miteinander gewechselt. Wir lächelten uns an und wedelten hinab ins Tal, ohne uns aus den Augen zu verlieren. Nach der fünften schweigsamen Liftfahrt hinauf zum Titlis sagte sie: »Wollen wir was trinken gehen?«

Klar, wollte ich.

»Stehst du auf Hüttenzauber?«

Natürlich nicht.

Elena, so hieß meine Liftbekanntschaft, schlug eine Bar am Engelberger Bahnhof vor. Synchron wedelten wir ein weiteres Mal hinab. Unten angekommen, schaute ich auf den Fahrplan des Skibusses. Elena lachte. »Bin mit dem Auto hier.«

Ich nickte und folgte ihr zum Parkplatz. Elena öffnete den Kofferraum eines roten BMW Cabriolets. Wir zogen unsere Skischuhe aus – zum Glück hatte ich im Rucksack meine Slipper dabei. Da die Sonne schien, zog Elena das Verdeck zurück und legte die Skier auf die schmale Rückbank.

»Schick, schick«, sagte ich und ärgerte mich über meine blöde Bemerkung. Sie grinste, warf mir den Autoschlüssel zu und stieg auf der Beifahrerseite ein. Ich war so überrascht, daß ich nicht in der Lage war, den Schlüssel zu fangen. Nachdem ich ihn vom Schneematsch gereinigt hatte, stand ich schweigend vor dem Cabrio. Elena schaute mich fragend an. »Was ist? Bist du verheiratet?«

»Nein.«

»Dann fahr los.«

Elena ließ sich offensichtlich gern von fremden Männern im eigenen Wagen herumkutschieren.

»Das geht nicht«, meinte ich.

»Wieso?«

»Also, ähm, das mit dem Führerschein, weißt du …«

»Alk am Steuer? Kenn ich. Ist verdammt blöd, wenn der Lappen weg ist. Aber vergiß Deutschland, wir sind in den Schweizer Bergen. Ich habe hier noch nie eine Verkehrskontrolle erlebt.«

»Ich auch nicht, nur …« Elena sah nicht aus, als wollte sie mit einem Typen zum Après-Ski, der irgendwelche Probleme hatte oder welche machte. Sie wollte, daß ich einstieg und endlich losfuhr.

»… ich kann's nicht.«

»Was kannst du nicht?«

»Autofahren.«

Sie starrte mich an, als sei mit mir etwas nicht in Ordnung. Wahrscheinlich hätte Elena gelassener reagiert, wenn ich ihr – während ich den Wagen souverän durchs Engelberger Tal steuerte – von meinem Leben als Bankräuber erzählt hätte. Ich ging zur Beifahrerseite, und obwohl Elena sitzen blieb, hatte ich den Eindruck, daß sie auf mich herabsah.

»Aha«, sagte sie. »Wie alt bist du überhaupt?« Diese Frage hatte mir eine Frau lange nicht mehr gestellt. Hätte ich gesagt, ich sei 17, wäre wahrscheinlich alles in Ordnung gewesen, aber ich war 25 – und das gab ich auch zu. Jetzt stieg Elena doch aus und schüttelte den Kopf. Lauter Fragen standen ihr ins Gesicht geschrieben: Warum? Erwachsen ohne Führerschein? Ging das überhaupt? Wie lebte so ein Mensch?

Wie oft hatte auch ich mir diese Fragen schon gestellt! Um Antworten war ich allerdings selten verlegen. Je nach Situation hatte ich eine passende Geschichte parat. Als Siebzehnjähriger habe ich meine Führerscheinlosigkeit politisch begründet. Mit dem militärisch-industriellen Autokomplex wollte ich so wenig wie möglich zu tun haben. Mit zwanzig gab ich den sensiblen Flaneur, der sich im rasanten Nachwende-Berlin nach Entschleunigung sehnte. Mal habe ich meine führerscheinlose Exoten-Existenz genossen, mal wollte ich sie sofort beenden. Vor allem wenn ich Frauen wie Elena kennenlernte.

Sie ließ den Motor aufheulen und fragte: »Ökos, die Ski fahren und Jet-Set-Overalls tragen, sind ja ganz was Neues.«

»Bin kein Öko«, entgegnete ich.

»Und was bist du?«

»Einer, der nicht Auto fährt.«

»Soll ich's dir beibringen?«

An diesem späten Nachmittag saß ich zum ersten Mal in meinem Leben am Steuer. Zwar soff das schöne Cabrio ein paar Mal ab und machte häßliche Geräusche, aber irgendwie rollten wir die geräumte Bergstraße runter. Elena kannte sich in der Gegend gut aus und leitete mich in ein verschlafenes Tal, in dem ebenfalls keine Schneeflocke auf der Straße lag, es aber seltsamerweise auch keine Autofahrer gab. Irgendwann landeten wir in einem Waldstück.

»Halt mal an«, entschied Elena. Nachdem ich bewiesen hatte, daß ich doch in der Lage war, ein Auto zu lenken, nachdem ich diesen alles entscheidenden Männlichkeitstest bestanden hatte, küßte sie mich.

Einen Führerschein habe ich immer noch nicht. Warum bloß? An Elena und ihrem Cabrio wird es nicht gelegen haben. Es gibt viele Gründe für ein Leben ohne Führerschein. Meist sind es sehr persönliche. Auch wenn die Entscheidung, in einer Autowelt ohne Auto zu leben, oft als verkehrspolitische Grundsatzerklärung verstanden wird. Mir sind diese Grundsätze im Laufe der vielen Gespräche über mein führerscheinloses Leben abhanden gekommen. Als ich ausgerechnet nach einer Veranstaltung im Hause Volkswagen zu meiner Autoverweigerung befragt wurde, fiel mir keine überzeugende Antwort ein. Sollte ich wieder von der geplagten Umwelt, vom Lärm in den Städten, von den jährlich mehr als 4000 Verkehrstoten oder den vielen Unfällen erzählen, die ich als Beifahrer erlebt hatte? Sollte ich all die Argumente gegen das Auto, die je nach Perspektive mehr oder weniger stichhaltig sind, schon wieder vortragen? Als ich aus der Not eine Tugend machte und von einer Tante erzählte, die mich vor vielen Jahren mit einem ollen Spielzeugtöfftöff zu erfreuen versuchte, statt dessen aber eine frühkindliche Auto-Aversion auslöste, erhielt ich selbst in der Kultstätte des deutschen Autobaus viel Zustimmung. »Ein alter Studienfreund hat auch keinen Führerschein«, offenbarte eine Mitarbeiterin der VW-Marketingabteilung. Diesen Studienfreund hätte sie noch vor zehn Jahren unter überzeugten Autobauern verheimlicht.

Mit dem vorliegenden Buch begebe ich mich im wahrsten Sinne des Wortes auf eine auto-biographische Spurensuche, und wenn's nicht so merkwürdig klänge, könnte man auch sagen, ich suche nach den Bremsspuren in meinem Leben, die dafür gesorgt haben, daß ich immer noch nicht genau weiß, wie man Gas gibt. Auf dieser Suche habe ich erstaunlich viele Leute getroffen, die ähnliche Dinge erlebt haben und sich freuten, über ihre oft verlachte Führerscheinlosigkeit zu sprechen. Wobei das Gelächter, so nicht nur mein Eindruck, allmählich leiser wird.

Es war der Höhepunkt der automobilen Erfolgsgeschichte in Deutschland, als ausgerechnet die Grünen mit Gerhard Schröder einem Autokanzler zur Macht verholfen haben. Seitdem verliert das Auto hierzulande an Bedeutung: als Wirtschaftsgut, als Fetisch, als Symbol für Freiheit und Wohlstand. Eine internationale Finanzkrise, ausgelöst durch faule Immobilienkredite in den USA, offenbart das Ausmaß der Autokrise. Im Stammland von Mercedes, BMW und Volkswagen gehen Produktionszahlen und Verkäufe kontinuierlich zurück. Zwar freut sich die hiesige Autobranche über milliardenschwere Finanzhilfen und Fördermaßnahmen. Aber was werden die bewirken? Kurzfristig werden Steuererleichterungen und Abwrackprämien vielleicht die Absätze steigern, doch die verkehrs- und umweltpolitischen Probleme werden damit nicht gelöst. Im Gegenteil. Der Staat sorgt dafür, daß sich Fahrzeugtechnik am Markt hält, die schon bald antiquiert ist.

Die deutschen Fahrzeugbauer werden von den Konjunkturmaßnahmen ohnehin nur mittelbar profitieren, denn in der Premiumklasse rechnet sich eine Prämienzahlung über

2500 Euro nicht. Mercedes-Kunden werden, wie Autohändler berichten, in wirtschaftlich unsicheren Zeiten bei ihrem alten Modell bleiben. Zumal sie für diese Entscheidung auch ökologische Argumente anführen können. Mag die Abwrackprämie offiziell Umweltprämie heißen, der Kauf eines Neuwagens dient, weil die meisten Emissionen bei der Produktion entstehen, nur in seltenen Fällen der Natur. Würde die Abwrackprämie tatsächlich eine Umweltprämie sein, müßte sie gezahlt werden, wenn ein Verkehrsteilnehmer sein Auto verschrottete und dann auf Bus, Bahn und Fahrrad umstiege.

Auch die Reform der Kfz-Steuer, die in Kraft tritt, wenn dieses Buch erscheint, ist eine Mogelpackung. Die neue Regelung kombiniert zwei Komponenten. Zum einen gibt es für Benziner und Dieselfahrzeuge einen Sockelbetrag, der sich nach dem Hubraum richtet. Hinzu kommt eine Besteuerung nach Kohlendioxid-Emissionen. Was als klimafreundliche Steuer verkauft wird, ist aber, wie man leicht nachrechnen kann, nichts weiter als der Erhalt des Status quo. Wer einen Audi A8 fährt, der immerhin 249 Gramm CO2 pro Kilometer ausstößt, muß nach der neuen Gesetzeslage läppische neun Euro mehr zahlen. Die Autobranche zeigt sich zufrieden. Wieder mal hat man strengere Umweltauflagen verhindern können. Was angeblich der Wirtschaft nutzt, könnte sich aber schon bald als ökonomische Fehlentscheidung herausstellen. Vielleicht lohnt ein Blick in die USA.

Der Entwicklungschef von Ford erklärt im Zeitungsinterview, sein Unternehmen werde »nur im Geschäft bleiben, wenn wir Autos bauen, die die Kunden faszinieren und die sie unbedingt kaufen wollen«. Eine beeindruckende Erkenntnis – nur welche Autos sind das? Die US-Firmen General Motors, Ford und Chrysler sind von der Autokrise besonders heftig betroffen, weil sie bislang auf bullige Spritfresser gesetzt haben. Derzeit denken selbst patriotische Amerikaner um und kaufen lieber einen Kleinwagen aus Fernost.

Auch deutsche Automanager bemerken den Wandel, nur können sie ihre Produkte nicht ganz so schnell ändern wie Politiker die Gesetze. Gäbe es schnelle und radikale Reformen, hätten BMW und Mercedes noch größere Absatzprobleme. Die Reklamestrategen immerhin gehen mit dem gesellschaftlichen Klimawandel offensiv um und haben die Autowerbung sogar schon vor der Finanz-, Auto- und Weltwirtschaftskrise umgestellt: Längst wird der Kauf jedes Neuwagens als ökologische Heldentat gepriesen, selbst wenn die Produktion alles andere als umweltfreundlich ist. Und diese Werbung wirkt. Wer sich noch ein Auto leisten kann, gibt auf schicken Partys inzwischen mit dem Erwerb eines supersauberen Öko-Motors an. Nicht unwahrscheinlich, daß ausgerechnet jene westdeutschen Bürgerkinder, die in einem Automodell ihre Gruppenidentität suchten, irgendwann sogar den Verzicht aufs eigene Fahrzeug zum Maßstab ihres Handelns erklären. Generation Golf? Auto war gestern. Was früher exotisch war, ist heute sexy. Leider habe ich Elena aus den Augen verloren …

Spinnst du?

Ob in Köln oder München, in Hamburg oder Berlin. Ob in Brandenburg oder in der Eifel: Wer regelmäßig im Berufsverkehr steckt oder gelegentlich in einen Wochenendstau gerät, mag nicht glauben, daß das Automobil, das vor gerade mal hundert Jahren unsere Straßen eroberte, auch wieder aus unserem Alltag verschwinden kann. Angesichts der vielen Fahrzeuge, die wir täglich sehen und hören, parkend oder fahrend, angesichts der Blechkarawanen in Schöner-Wohnen-Gegenden und Arbeitslosenvierteln, angesichts der vielen Stunden, die wir, Selbst- oder Beifahrer, in Autos verbringen, angesichts der Allgegenwart unserer fahrbaren Untersätze mag die These, das Auto sei ein Auslaufmodell, ziemlich kühn klingen. Die Autoindustrie ist in einer schweren Krise, aber warum soll der Absatz nicht wieder steigen? Wie auch die Benzinpreise mal fallen und dann wieder auf neue Höchststände klettern? Auch ich habe mich, während ich dieses Buch schrieb, mehrfach gefragt: Spinnst du? Auto war gestern? Von wegen!

Wer als Fußgänger jene urbanen Unorte wie den Raschplatz in Hannover oder den Österreichischen Platz in Stuttgart aufsucht, wo es 24 Stunden lang an 365 Tagen im Jahr brummt, rauscht und röhrt, wird das Auto für eine böse Macht halten, die nicht zu besiegen ist und die auch niemand ernsthaft bekämpfen will. Seltsam unwirtlich sind diese Unter- und Überführungen, diese mehrspurigen und doppelstöckigen Straßen in unseren Innenstädten, doch scheint sich kaum jemand darüber zu beschweren. Oder doch? Der Verkehr definiert unser Gefühl städtischer Normalität. In Science-Fiction-Filmen werden, um die Apokalypse oder den siegreichen Angriff der Außerirdischen zu verbildlichen, Straßen ohne Autos gezeigt. Wir haben uns an den Lärm und den Gestank, an die Dominanz der automobilen Geschwindigkeit und die ästhetischen Zumutungen der Verkehrsplanung gewöhnt, und wir wundern uns, wenn draußen vor der Tür mal keine Hupe oder kein Reifenquietschen zu hören ist, wenn ausnahmsweise kein Fahrzeug durch die verkehrsberuhigte Zone rast. Tatsächlich?

Chinesische Firmen stehen in dem Ruf, Know-how zu klauen und Produkte zu kopieren. Was die Verkehrspolitik angeht, müssen sie nun selbst kreativ werden, weil die Situation in den meisten chinesischen Städten katastrophal ist. Die Straßen in Peking und Shanghai sind zu jeder Tageszeit so überfüllt, daß es keine Seltenheit ist, etliche Stunden im Stau zu stehen. Zu meiner ersten Lesung in Shanghai bin ich deshalb auch zu Fuß gegangen. Gut zwei Stunden hat der Spaziergang durch den Smog gedauert. Damit war ich – wenn auch atemwegsgeschädigt – pünktlich vor Ort. Und obwohl ich während der Lesung ständig husten mußte, war ich doch froh, mich nicht in ein Taxi gesetzt zu haben. Ein guter Freund, der nicht weit vom Veranstaltungsort wohnte, steckte im Stau und tauchte erst auf, als die Lesung vorbei war. Auf den Gedanken, aus dem Wagen zu steigen und loszulaufen, war er auch wegen der miserablen Luftverhältnisse nicht gekommen.

Es waren bestimmt Geschäftsleute, die sich über Dauerstau und Dauersmog in chinesischen Großstädten beschwert und die Kader davon überzeugt haben, daß etwas geschehen muß. Wie viele Millionendeals in China wohl schon geplatzt sind, weil die Verhandlungspartner im Verkehr stekkengeblieben sind? Im autoritären Staat lassen sich solche Probleme freilich leichter lösen als in einer westlichen Demokratie. Eine besonders lustige Maßnahme in Peking lautet: An bestimmten Tagen werden auf den Straßen nur Autos mit geraden Kennzeichen, an anderen Tagen nur Autos mit ungeraden Kennzeichen erlaubt. Es gibt sicherlich ein paar ganz besonders schlaue und reiche Chinesen, die sich einen Zweitwagen mit passendem Nummernschild zulegen, doch die Maßnahme funktioniert – die Straßen sind leerer, die Luft ein wenig besser. Die Menschen sind sogar einverstanden mit den alternierenden Fahrverboten. Hierzulande gäbe es, wenn sich denn eine Bundesregierung zu solchen Einschränkungen durchringen würde, täglich Demonstrationen, noch mehr Demokratieverdrossenheit und schon bald ein Urteil vom Verfassungsgericht, das (wahrscheinlich zu Recht) feststellte, Verkehrspolitik nach chinesischem Vorbild sei grundgesetzwidrig.

Wie lange wollen wir warten? Bis die Luft auch in Berlin und Köln so schlecht ist wie in Peking und Shanghai? Bis die Verkehrsmeldungen im Radio überflüssig werden, weil es auf allen Straßen Dauerstau gibt? Bis ein neues Benzinpreishoch die Autobahnen endgültig leert, weil dann nur wenige Glückliche das nötige Kleingeld haben, um den Sprit zu bezahlen? Möglich wäre das. Doch es ist furchtbar teutonisch, sich solche apokalyptischen Szenarien weiter auszumalen. Warum sich nicht gleich damit beschäftigen, wie es besser laufen könnte? Auch ohne chinesische Zwangsmaßnahmen. Der Lateiner weiß: »Tempora mutantur«. Eigentlich erstaunlich, daß wir Deutschen es nicht mögen, wenn sich die Zeiten ändern. Dabei gibt es nirgendwo in der Welt so viele Leute mit Latinum wie in Deutschland. Wobei die wenigsten wissen, daß der Spruch einen zweiten Teil hat: »Tempora mutantur, nos et mutamur in illis.« Die Zeiten ändern sich, und wir ändern uns mit ihnen. Zu ergänzen wäre: Die einen brauchen länger, sich auf Änderungen einzustellen, die anderen sind beweglicher.

Noch kommt es auf die Perspektive an. Wer sich grundsätzlich nicht an Geschwindigkeitsbegrenzungen hält, wer sich um Parkverbote nicht schert, wem die Umwelt gleichgültig, das Klima im Wagen aber wichtig ist, wer die nötigen Finanzreserven in Liechtenstein oder unterm Kopfkissen lagert, wird nicht merken, daß sich unser Verständnis von Mobilität langsam wandelt. Wer sich für den Wandel interessiert, stellt fest, daß er erstaunlich rasant verläuft. Wer jetzt einen Wagen mit Hybrid-Antrieb kauft, wird bald erleben, daß auch diese Fahrzeuge nur Übergangsmodelle sind.

Techniker schwärmen längst vom Automobil der Zukunft, das in jeder Hinsicht auto ist: Die Energie produzieren die Fahrzeuge selbst, und auch die Steuerung werden diese rollenden Roboter übernehmen. An jeder Ecke wird ein solcher Robo stehen und darauf warten, einen Passagier mitzunehmen. Der Robo-Besitz wäre überflüssig. In diesen gar nicht so fernen Zeiten ist die Organisation des Verkehrs die Aufgabe von Riesenrechnern. Es wird im Normalbetrieb, wenn also die Festplatten und Arbeitsspeicher vor Viren und Systemabstürzen geschützt sind, weder Staus noch Unfälle geben. Wahrheit oder Wunschmusik von Autofuturologen, die endlich beweisen wollen, daß ihr Gehalt gerechtfertigt ist?

Nicht nur Berufsvisionäre reden den Wandel herbei. Auch im Bekanntenkreis ändert sich der Blick aufs Auto. Wobei manche Meinungsumschwünge etwas mühsam sind. Immer häufiger habe ich mit ehemals begeisterten Autofahrern zu tun, die ihre Karre zum Kauf anbieten und die, wie immer bei solchen Bekehrten, mit einer etwas aufdringlichen Anti-Auto-Mission durchs Land fahrradeln. Vielleicht ließe sich der Wandel wissenschaftlich belegen, vielleicht können Ökonomen, Ökologen, Soziologen und Psychologen das wachsende Unbehagen am Automobil erklären oder aber auch genau das Gegenteil beweisen, daß sich nämlich an unserer Art und Weise, wie wir uns fortbewegen, in den nächsten Jahren doch nichts ändern wird. Auf einen solchen Streit unter Experten möchte ich mich nicht einlassen. Ich bin kein Experte. Statistiken interessieren mich nur am Rande. Zumal die Daten sich ohnehin ständig ändern und die Auslegung der Zahlen Ansichtssache bzw. eine Frage der Anstellung ist.

Ich möchte in diesem Buch von meinem Leben ohne Führerschein erzählen, um zu zeigen, wie lustig, angenehm, aber auch wie anstrengend und bekloppt es ist. Wie abhängig wir uns alle vom Auto gemacht haben. Natürlich habe ich oft daran gedacht, trotz allem einen Führerschein zu machen. In *Goodbye Auto* berichte ich von meinen Selbstzweifeln und davon, wie glücklich mich der langsame Abschied von allen Traumautos und Autoträumen macht. Den Wankelmütigen will ich mit auf den Weg geben: Kein Problem, auch ohne Führerschein läßt sich der Alltag bewältigen, läßt es sich prima reisen – wohin man auch will, man kommt tatsächlich an.

Während ich den Text schreibe, liegt meine wenige Wochen alte Tochter neben mir im Stubenwagen. Sie schaut mich mit weit geöffneten Augen an, als wollte sie fragen: »Papa, warum kannst du nicht Auto fahren?« Mein Gefühl sagt mir, daß ich ihr diese Frage in zehn, fünfzehn Jahren nicht mehr beantworten muß. Weil Führerschein und Autobesitz dann nicht mehr zur obligatorischen Ausstattung eines Erwachsenen gehören. Weil sich bürgerliche Identität nicht mehr über die Wahl der richtigen Automarke, sondern eher darüber definiert, welche Klimabilanz man in seiner mobilen Vergangenheit und Gegenwart vorzuweisen hat.

Als sich meine Tochter ankündigte, wurden die Ratschläge von Eltern, Kollegen und (vermeintlichen) Freunden immer deutlicher: »Wenn dein Kind auf der Welt ist, wirst du doch endlich einen Führerschein machen, nicht wahr?« Nein. Ich möchte meiner Tochter eines Tages erzählen können, warum führerscheinlose Väter einen schlechten Ruf hatten und wie sich trotz aller Vorurteile neue Maßstäbe für unser mobiles Leben durchgesetzt haben.

Etwas seltsam ist es schon, in meinem Alter aufs eigene Leben zurückzublicken. Gerne hätte ich noch weitere 36 Jahre gewartet, aber jetzt bietet sich die Möglichkeit, ein neues literarisches Genre zu erkunden: Auto-Biographien werden schon bald in Mode kommen; der Buchmarkt wird eines Tages, wenn unsere Enkel die drei Buchstaben PKW für eine Abkürzung aus der Computerwelt halten, mit wahlweise euphorischen, melancholischen und haßerfüllten

Erinnerungen an die alte Auto-Zeit überschwemmt. Auch diese Nostalgie währt nicht ewig, was wiederum heißt, daß die Auto-Biographie, kaum wurde sie (ausgerechnet von einem Führscheinlosen) erfunden, wieder verschwinden wird. Wenn die letzten Autofreunde und Autofeinde ausgestorben sind, wenn die letzten Auto-Biographien erschienen sind, werden Porsche, Mercedes, BMW und womöglich selbst VW nur noch in historischen Romanen und im Museum vorkommen. Warum also weitere 36 Jahre warten?

Neulich hat ein guter Freund gefragt, wie der Titel *Goodbye Auto* zu verstehen sei. Verabschieden könne ich mich doch nur von etwas, was ich zuvor kennengelernt hätte. Diese Frage zeigt, wie Autofahrer (noch) denken. Auch wenn ich nie einen Führerschein gemacht habe, war mein Leben eben doch von Volkswagen und Mercedes, von Ferienstau und Tempolimit, von Unfallmeldungen und Parkplatzsuche, Feinstaub und Kohlendioxid, von Tankstellengeruch und Raststättengeschmack geprägt. Der Unkultur einer kaum noch zeitgemäßen Automobilität rufe ich ein freundliches *Goodbye!* zu. Weil der Abgang des klassischen Kraftfahrzeugs sich hinzieht, ist meine Verabschiedung auch als Aufforderung zu verstehen.

Auf die Schnelle einen Führerschein zu machen, um aus erster Hand erzählen zu können, wie man den Blinker setzt oder rückwärts einparkt, wäre mir zu heikel. Was täte ich, wenn mir die Autobahnraserei gefiele, mich das Brumm-Brumm eines Sportwagens seltsam aufwühlte, gar erregte? Das könnte ich meiner Frau nicht antun …

Goodbye Auto ist wie unser weitverzweigtes Straßennetz angelegt. Mal bewege ich mich erzählerisch auf einer Allee, dann wieder in einem Tunnel, mal scheine ich mit dem Text einen langsamen Laster über eine mir gänzlich unbekannte Landstraße zu lenken, mal befinde ich mich mit meinen Erinnerungen auf einer Autobahn, die mir seit Kindertagen vertraut ist. Manche Wege, die ich wähle, sind von keinem Navigationssystem erfaßt. Ich fahre vorwärts, rückwärts, in Raum und Zeit. Ich zweige ab und verfahre mich ständig. Ich gerate in einen Kreisverkehr und will gar nicht mehr raus. Ich stehe im Parkverbot und zahle meine Strafzettel erst nach der dritten Mahnung. Ich baue Unfälle, widerspreche mir im Polizeiprotokoll. Dann sehne ich mich nach einer Rast zum Ausruhen und Nachdenken. Zuweilen bin ich im Autokino, dann wieder beim Drive-In. Und das alles ohne Führerschein.

Angeblich werden wir Männer schon im Kindesalter darauf vorbereitet, eines Tages am Steuer zu sitzen. Bei mir sind die entscheidenden Phasen, in denen ich mich zu einem ordentlichen Automann hätte entwickeln können, wohl nicht ganz nach Plan verlaufen.

Töfftöff, nein danke

»Na, gefällt dir dein kleines Töfftöff?« fragte die Tante, und ich mußte natürlich brav sein. »Ja, super. Danke, danke. Ich freue mich riesig.« Das rote Spielzeugauto habe ich am nächsten Tag meinem jüngeren Bruder geschenkt. Töfftöff? Wie sich das anhörte, ich war doch kein kleines Kind mehr! Ich spielte längst mit selbstgebastelten Raumschiffen. Wenn eine Tante, die mir jahrelang nichts geschenkt hatte, mit einem Spielzeugauto ankam, das sie auch noch Töfftöff nannte, konnte das nur bedeuten: Spielzeugautos gehörten zu den doofen Dingen, mit denen doofe Tanten ihre Doofheit bewiesen. Als ich am nächsten Morgen bemerkte, daß die Tante in einen Wagen einstieg, der so aussah wie ihr Geschenk, nur eben im Großformat, beschloß ich mit meinen sieben Jahren, weder mit Spielzeugautos noch mit sogenannten Töfftöffs jemals etwas zu tun zu haben. Wobei ich meine Meinung schon bald geändert habe.

In der ersten Klasse wurde ich gefragt, welche Karre meine Eltern fahren würden. Karre, das war Ende der siebziger Jahre noch ein cooles Wort. Wir spielten in jeder Pause Auto-Quartett, und irgendwann kam ich um eine Antwort nicht herum. Ich gab zu, daß es ein Passat war. »Welche Farbe? Neu oder gebraucht?« wollten die Klassenkameraden wissen. Es gab kein Entrinnen. »Orange, gebraucht, Baujahr 74.« Nicht ungewöhnlich in den Spätsiebzigern, könnte man meinen. Das sei wirklich ne Scheißkarre bekam ich sofort zu hören, und ich erinnere mich noch gut daran, wie peinlich es mir war, daß meine Eltern eine Scheißkarre fuhren. Mit jedem Schuljahr nahm das Gespött zu. Noch in der vierten Klasse – meine Eltern hatten sich längst einen neuen Gebrauchtwagen zugelegt, leider wieder einen in die Jahre gekommenen Passat, dieses Mal einen dunkelblauen – also bis zum Ende der Grundschule war ich der Typ, dessen Eltern sich nur Scheißkarren leisten konnten. Damit stand für mich fest: Wenn ich mal groß bin, werde ich so reich sein, daß ich die schnellsten und teuersten Autos kaufen kann. Allein um meinen Kindern die Lästerei auf dem Pausenhof zu ersparen.

Ich erzählte meinem Vater von meinem Plan, reich zu werden, und er fragte mich, wie ich das denn anstellen wolle. Denn der Eignungstest für weiterführende Schulen hatte dummerweise ergeben: *vielleicht geeignet für die Realschule*. Lego-Raumschiffe und Fußball-Spiele bedeuteten mir damals mehr als Mathe und Deutsch. Doch spät begriff ich, daß mich ein Wechsel zum Gymnasium von der Auto-Schmach erlösen und möglicherweise den Grundstein für die erste Million legen könnte. Meine blöden Grundschulfeinde gingen auf die Real- oder Hauptschule. Ich hatte nur noch wenige Monate Zeit, um meine Rechtschreibschwäche zu beheben, meine Rechenunlust zu bekämpfen und für Sachkunde zu büffeln. Aber ich war bereit! Selbst in den Ferien lernte ich, und am Ende der vierten Klasse bekam ich in allen Fächern, in denen ich bislang die Noten Befriedigend oder Ausreichend kassiert hatte, Gut oder Sehr gut. Trotzdem war es gar nicht so leicht, ein Gymnasium für mich zu finden, denn diese spontane Notenverbesserung erschien den meisten Schuldirektoren nicht nachvollziehbar. Wie ich das denn angestellt hätte, wollten alle wissen: Lehrer, Eltern, Tanten, Großeltern. Ich konnte ja schlecht sagen: Ich will später keine Scheißkarre fahren müssen. Also tat ich geheimnisvoll, sprach von »so einem Gefühl« oder davon, daß mein Vater mich überzeugt habe, mein Leben in die Hand zu nehmen. Und irgendwie stimmte das ja auch.

Es fand sich schließlich ein Gymnasium, das wegen seines miserablen Rufs noch freie Plätze hatte. Anfangs gefiel es mir dort. Es gab eine Sportlehrerin, die oft zu viel trank und nach dem Unterricht im schuleigenen Schwimmbad planschte. Und in den Pausen wurde Fußball gespielt, was mir deutlich besser gefiel als das langweilige Auto-Quartett.

Wenige Wochen waren auf dem Gymnasium vergangen, als Großmaul Thomas auf das leidige Auto-Thema zu sprechen kam. Thomas konnte mich nicht ausstehen, weil ich beim Pausenfußball mehr Tore schoß als er, obwohl er im Verein spielte und ich nur auf Bolzplätzen, und so fragte er mich vor allen Klassenkameraden: Was für eine Scheißkarre fahren deine Eltern? Erst antwortete ich nicht. Dann lief ich rot an. Der Scheißkerl Thomas grinste. »Wahrscheinlich einen roten Porsche«, lästerte er in Hinblick auf meine Gesichtsfarbe, und der ganze Schulhof lachte.

Zwei Wochen später begann die Englischlehrerin ihren Unterricht mit der Frage: »Let's talk about cars. What's the colour of your father's car, Carsten?« Die Klasse brüllte: »Red, red, red!« Wieder lief ich rot an. Die verwunderte Lehrerin schob eine Frage hinterher: »What kind of car is it?« Ich nahm all meinen Mut zusammen und antwortete: »It's a Ferrari.«

Schweigen im Klassenzimmer.

Wochenlang gab es nur ein Thema auf dem Schulhof: Ottes Alter hat nen Ferrari!? Und den wollte die Meute natürlich endlich sehen. Die meisten glaubten es ohnehin nicht, daß bei uns daheim ein Ferrari in der Garage stand. Zumal wir noch nicht mal eine Garage besaßen.

Heute bedauere ich, daß ich meinen Vater nicht um diesen Gefallen gebeten habe: einmal einen Ferrari auszuleihen und mich darin zur Schule zu bringen. Wahrscheinlich kannte ich meinen Vater aber auch zu gut. Wenn ich meiner Phantasie wieder mal freien Lauf gelassen hatte, belehrte er mich grundsätzlich: Lügen haben kurze Beine. Da ich tatsächlich nicht besonders lange Beine hatte, wußte ich mich gegen dieses Naturgesetz der mir unverständlichen Wahrheitskultur nicht zu wehren.

Auch schon in frühen Kindertagen kam mir das andere Geschlecht zu Hilfe. Dagmar, die von allen Jungs in der Klasse angemacht wurde, schien mich zu mögen. Ich spielte längst nicht mehr Fußball in den Pausen, sondern unterhielt mich mit Dagmar über die vielen Abenteuerbücher, die wir beide gelesen hatten.

Der eitle Thomas war so eifersüchtig, daß er Dagmar irgendwann fragte, warum sie sich denn mit mir abgebe. Ich stand in der Nähe und hörte Dagmar sagen: »Gestern habe ich den Ferrari gesehen, den Carsten zum Abitur bekommt. Sein Vater hat mir das Teil gezeigt. Ja, die Karre ist wirklich leuchtend rot. Abgefahren, abgefahren. Wir sind gleich mit 250 Sachen über die Autobahn gebrettert. Weißt du, wie sich das anfühlt? Nein, das weißt du nicht. Aber ich weiß, daß mich Carsten eines Tages mit dem Ferrari abholt. Kapierst du jetzt, warum ich mir den Kerl warmhalte?«

Damit war das Thema erledigt, und ich war zum ersten Mal in meinem Leben verliebt. Auf dem gemeinsamen Heimweg sagte ich ihr, daß ich sie ganz bestimmt eines Tages mit dem Ferrari abholen würde. »Du kannst auch mit dem Fahrrad kommen«, gab sie zurück.

Von diesem Tag an wußte ich, daß weder Lügen noch kurze Beine besonders schlimm sind. Ob ich ihr einen Gefallen tun könne, wollte ich wissen, und Dagmar wünschte sich nichts weiter als eine Geschichte. »Dir glaube ich alles«, sagte sie, und so erzählte ich ihr zum Dank dafür, daß sie mir mit einer Lüge beim Notlügen geholfen hatte, die wahre Geschichte, wie ich als Kindergartenkind die Gespenster der Straße kennengelernt hatte.

Wenn Geister fahren

Mein Bruder und ich unterhielten uns lautstark über Donald und Dagobert Duck, als das Autoradio laut piepte. Unser Vater bat um Ruhe, denn der Verkehrsfunk meldete einen Geisterfahrer. Mein Bruder zuckte mit den Schultern. Auch ich hatte keine Ahnung, was ein Geist auf der Autobahn zu suchen hatte, erzählte meinem Bruder aber, daß es solche Spukgestalten geben müsse, um die arroganten Mercedes-Fahrer zu ärgern, die angeblich meinten, sie besäßen eine eingebaute Vorfahrt.

Leider waren diese Geisterfahrer nie zur Stelle, wenn wir in unserem Volkswagen mal wieder von einem Flitzer mit Stern auf dem Kühler überholt wurden. Einige Jahre lang glaubte ich, was ich mir ausgedacht hatte. Geisterfahrer gehörten zu meinen Lieblingsgespenstern. Allerdings wollte ich mich mit den eigenwilligen Wesen, die ohne erkennbare Gründe auftauchten und verschwanden, irgendwann nicht mehr abfinden. Wir standen mal wieder in einem kilometerlangen Ferienstau auf der langen Reise an die Nordsee, als ich meine Eltern fragte, wo denn die Geister blieben, die doch sonst immer herbeieilten, wenn Bösewichter am Steuer unterwegs waren. Mein Vater lachte. Das Gelächter verging, als sich der Verkehrsfunk wieder meldete und durchgab, wie lang der Stau war, in dem wir steckten. Wir kamen nicht vorwärts, und Mutter klärte mich auf, warum Geisterfahrer keine Gespenster waren. Mein kleiner Bruder tat natürlich so, als hätte er es schon immer gewußt.

Die Wahrheit über die Geisterfahrer hat mein kindliches Gemüt sehr verstört. Nächtelang habe ich von schlimmsten Unfällen geträumt, in allen Einzelheiten stellte ich mir blutige Frontalzusammenstöße vor. Jede Autofahrt erschien mir seitdem als Wagnis. Wie froh war ich, daß es den Verkehrsfunk gab! Die Leute im Radio behielten den Überblick, wußten stets, was auf den Autobahnen los war.

In meinen Comics sah die Autowelt ganz anders aus. Da gab es keine Staus, sondern höchstens ein paar Tiere, die den Weg versperrten. *Familie Duck auf Ferienfahrt* – so hieß und heißt meine Lieblingsstory von Carl Barks, die im Juli 1950 erschien und deren großartige deutsche Übersetzung von Dr. Erika Fuchs in Walt Disneys *Barks Library* nachzulesen ist (Heft 18).

»Ach, Kinder«, sagt Donald im ersten Bild, »endlich Ferien. Ich freu' mich richtig auf die unberührte Natur. Da können wir den Großstadtmief endlich loswerden.« Seine Neffen warnen: »Nicht so schnell!« Doch Donald läßt sich nicht aufhalten, braust den Gefahren der »unberührten Natur«, die in Form von wilden Bären hinter jedem Felsblock lauern, einfach davon. »Na, ist das nicht herrlich? Kein Autoverkehr, kein Straßenlärm!« schwärmt Onkel Donald, während er mit seinem kugeligen Wagen auf einer Brücke steht, die von einer Schafherde verstopft ist. »Mäh, mäh, mäh«, blöken die Viecher, und die Ferienfahrt ist erst mal unterbrochen.

Von der verqueren Sehnsucht des Autofahrers nach der unberührten Natur wußte ich, als ich diese Geschichte zum ersten Mal las, noch wenig. Aber ich begriff, daß mit dem Schafstau nicht nur die Welt der Tiere beschrieben wurde. Ich zeigte meiner Mutter das Bild und sagte: »Wenn Donald den Verkehrsfunk eingeschaltet hätte, wäre ihm das nicht passiert.« Eigentlich kein Wunder, daß ich eines Tages beim Radio gelandet bin.

Es gibt eine bundesweite Richtlinie, nach der die Funkhäuser die »Leichtigkeit des Verkehrs« fördern sollen, und ich glaube, daß dies trotz aller Widrigkeiten auch gelingt. Es ist wie mit der Wettervorhersage. Die Zuhörer und Zuschauer werden immer anspruchsvoller, und die technischen Möglichkeiten, Stürme vorauszusagen und Staulängen zu bestimmen, werden immer besser. Was cholerisch veranlagte Zeitgenossen aber nicht beruhigen mag. Es soll Leute geben, die den Verkehrsfunker für die gemeldeten Staus verantwortlich machen. Meist sind es genau solche Hitzköpfe, die Unfälle verursachen und, wenn's schlecht ausgeht, Unschuldige in den Tod reißen.

Jeden Tag läuft eine Meldung wie diese über die Agenturen: »Bei einem schweren Verkehrsunfall auf der Bundesstraße B 465 zwischen Schemmerhofen und Warthausen sind heute nachmittag zwei Menschen ums Leben gekommen, vier weitere erlitten zum Teil lebensgefährliche Verletzungen. Aus bislang ungeklärter Ursache stießen dort zwei entgegenkommende Fahrzeuge zusammen. An der Unfallstelle sind Polizei, Feuerwehr, Notärzte, Rettungskräfte, und Notfallseelsorger im Einsatz. Die Bundesstraße wird voraussichtlich für mehrere Stunden in beide Richtungen gesperrt sein.«

Solange die Straße gesperrt ist und sich der Stau noch nicht aufgelöst hat, wird die Meldung im Sendegebiet verlesen. Sind die Spuren des tödlichen Unfalls beseitigt, gibt es die übliche Berichterstattung der Lokalzeitungen. Hier bekommt der anonyme Tod auf der B 465 dann einen Namen und ein Gesicht. Manchmal wird die Ursache für den Unfall nachgereicht. Ein riskantes Überholmanöver, überhöhte Geschwindigkeit, ein Fahrer, der am Steuer eingeschlafen ist. Oder zu viel Alk. Wie im Fall des österreichischen Rechtspopulisten Haider, der wahrscheinlich posthum noch populärer wird, weil er sich im Suff zu Tode gefahren hat. Oder wie im Fall eines Testfahrers von Daimler Chrysler, der als »Autobahnraser Rolf« Schlagzeilen machte. Der Mann soll den Prototyp eines hochmotorisierten Wagens, den Fachleute zynisch »Erlkönig« nennen, dazu mißbraucht haben, eine 21jährige Mutter und ihre zweijährige Tochter von der Fahrbahn zu drängeln. Den Unfall überlebten Mutter und Tochter nicht, Raser Rolf kam mit einer Bewährungsstrafe davon. Es gibt sie also doch, die Gespenster auf den Straßen.

Journalisten der Zeitschrift *Auto, Motor, Sport* haben in den fünfziger Jahren den Begriff »Erlkönig« für jene streng geheimen Testfahrzeuge geprägt, deren Piloten sich offenbar schon damals nicht an die Verkehrsregeln hielten – um die Grenzen des Fahrzeugs zu testen und um bloß nicht von einem Reporter fotografiert zu werden. Die kalten Automobilkrieger der Motorpresse waren vom geisterhaften Nachtwerk der Erlkönige so beeindruckt, daß sie eine holprige Umdichtung der berühmten Goethe-Ballade verfaßten:

Wer fährt da so rasch durch Regen und Wind?
Ist es ein Straßenkreuzer von drüben,
der nur im Umfang zurückgeblieben
oder gar Daimlers jüngstes Kind?

Kiffen und Kelle

Manchmal sehen Gespenster auch so aus wie mein Bruder, der im Gegensatz zu mir den Führerschein gemacht hat und zwischenzeitlich wieder abgeben mußte. Mein Bruder entsprach in dieser Hinsicht wahrscheinlich dem Prototyp des adoleszenten Autofahrers. Er war wie so viele in seinem Alter vor allem deshalb so scharf auf die Fahrerlaubnis, weil er endlich, wann er wollte, zu jeder Party, zu jeder Dorfdisco fahren konnte. Er besuchte gern den legendären Rockpalast, eine Institution der nächtlichen Unterhaltung, direkt am Rhein zwischen Bad Godesberg und Remagen.

Dieser Ort war wie andere Party-Ziele natürlich nicht mit Bus und Bahn zu erreichen. Eine Taxifahrt kam aus Preisgründen nicht in Frage, selbst wenn man sich mit Freunden einen Wagen geteilt hätte. Ein Problem, das bis heute nicht gelöst ist. Gäbe es einen kostenlosen Shuttle-Service für solche Destinationen, würde den Eltern viel Ärger erspart bleiben. Aber wahrscheinlich nähmen nur jene braven Mädchen das Angebot an, die sowieso nichts trinken und selbst nach einer anstrengenden Tanznacht Papis Wagen sicher nach Hause lenken können. Für meinen Bruder jedenfalls ging es nicht nur ums Hinfahren und Ankommen. Die Fahrt am Rhein entlang war ein Vergnügen, das er sich nicht nehmen lassen wollte, insbesondere dann nicht, wenn der Fahrtwind den Rausch des Abends so angenehm beflügelte.

Jugend ohne Exzeß ist eine Seltenheit. Da können Eltern

auf den Nachwuchs einreden, so lange sie wollen. Ich würde Führerscheine grundsätzlich erst an 21Jährige vergeben. Selbst wenn es dann mehr Diskussionen mit Mama oder Papa gäbe, weil die wieder den Mama- oder Papa-Taxidienst anbieten müssen. Wenig ist so trostlos wie die vielen Berichte in Lokalzeitungen über die wochenendlichen Party-Ausflüge, die an Alleebäumen, Ampeln oder im Straßengraben enden. Viel zu oft sind die toten Party-Gänger gerade mal volljährig. Alter schützt vor Torheit nicht, aber ein Großteil der Verkehrsopfer ist jung, das heißt unter 21 Jahren.

Bei meinem 19jährigen Bruder ist eine nächtliche Ausflugsfahrt einmal glimpflich, im Rückblick könnte man sagen: einigermaßen lustig ausgegangen. Die besten Geschichten der Jugend sind bekanntlich die, bei denen alles hätte viel schlimmer kommen können.

Mein Bruder muß tatsächlich wie ein Gespenst ausgesehen haben, als er den Rockpalast verließ. Er hatte nicht nur ein paar Bier, diverse Longdrinks und einen Jägermeister getrunken, er hatte auch etwas geraucht. Mein Bruder war gut drauf, er freute sich, seine Karre anzuschmeißen (die natürlich meinen Eltern gehörte), um wegzufliegen oder zumindest dahinzugleiten, die schöne Uferstraße entlang. Es war Sommer, die Fenster hatte er heruntergelassen. Das Rollgeräusch des Wagens war gut zu hören. Deshalb drehte er die *Red Hot Chili Peppers* noch etwas lauter. Und er steckte sich noch einen dicken Joint an, den er im Rockpalast vorbereitet hatte. Diese Fahrt war tatsächlich wie ein Flug. Einfach super, ja, er gab noch etwas mehr Gas.

Plötzlich steht der Bulle da. Wie aus dem Nichts. Am Straßenrand. Mit der Kelle in der Hand. Zu spät, die Kelle knallt gegen den Wagen. Scheiße. Anhalten oder weiterfahren? fragt sich mein Bruder. Er hält an. Er hört das Geschrei des Bullen, der am Straßenrand liegt. In der Ferne ein Stimmengewirr. Der Mann mit der Kelle ist also nicht allein. Woher kommen die jetzt alle? Mein Bruder denkt: Jetzt mal locker bleiben. Vielleicht hat er das dem Bullen, der ihn auffordert, den Wagen zu verlassen, auch gesagt: Hey, jetzt mal locker bleiben. Aber der Bulle bleibt nicht locker. Er will die Papiere sehen. Er will, daß mein Bruder endlich den Joint aus dem Mund nimmt. Er will einen Alkoholtest machen. Mein Bruder solle endlich aussteigen. Sofort. Plötzlich schreien die Bullen wieder. Über Funk wird die Info durchgegeben, da sei noch ein Spinner auf der Piste, der in Schlangenlinien fährt. Mein Bruder hört, wie die Bullen Verstärkung anfordern. »Das ist hier ein Irrenhaus«, brüllt einer, als der Krankenwagen vorfährt. Der Bulle, dem mein Bruder die Kelle aus der Hand gefahren hat, wird von einem Pfleger behandelt. »Sorry«, sagt mein Bruder. »Konsequenzen ... Körperverletzung«, nuschelt der Bulle. »Da haben Sie noch einmal Glück gehabt«, sagt der Mann von den Johannitern. »Nehmen Sie dem Herrn doch bitte etwas Blut ab«, sagt ein anderer Bulle, der mit der ruhigen Stimme. Er deutet auf meinen Bruder »Sie sind doch einverstanden?« fragt er. Mein Bruder nickt. Er hat ohnehin keine Wahl. Der Johanniter grinst und holt die Spritze. Die Polizei zieht Führerschein und Auto ein, mein Bruder läßt sich im Taxi nach Hause bringen. Die Ausnüchterungszelle bleibt ihm erspart.

Am nächsten Morgen konnte sich mein Bruder nicht an alles erinnern. Aber er wußte genau, daß einiges schiefgelaufen war. Er fragte sich, ob er etwas den Eltern erzählen sollte, aber er entschied sich dagegen. Vorerst jedenfalls. Er wollte abwarten, was auf ihn zukam. Tagelang geschah nichts, bis unser Vater einen Brief erhielt, in dem der Unfallhergang beschrieben, der Führerscheinentzug bestätigt und eine Anklage auf Körperverletzung angedroht wurde. Die Aufregung war besonders groß, da dem Unfallverursacher zu allem Übel auch Drogenmißbrauch vorgeworfen wurde. Spätestens mit dieser Information war meinem Vater klar, daß er nicht gemeint sein konnte, daß sein jüngster Sohn nicht nur eine etwas exzentrische Fahrweise pflegte, sondern auch verbotene Rauschmittel genoß. Ein Wunder, daß sich mein gesetzestreuer Vater von diesem Schock erholt hat.

Psycho

Als mein Bruder den Strafbefehl erhielt, wußte er damit wenig anzufangen. Er wurde beschuldigt »1. durch Fahrlässigkeit die Körperverletzung eines anderen verursacht zu haben, 2. fahrlässig im Straßenverkehr ein Fahrzeug geführt zu haben, obwohl Sie infolge des Genusses alkoholischer Getränke und anderer berauschender Mittel nicht in der Lage waren, es sicher zu führen und dadurch Leib und Leben anderer oder fremde Sachen von bedeutendem Wert gefährdet zu haben.« Ich weiß nicht, wie man solche Strafbefehle besser formuliert, aber als gelernter Küchenpsychologe würde ich sagen, der juridische Stil hält davon ab, sich mit den Vorwürfen ernsthaft auseinanderzusetzen. Selbst die Strafe von 40 Tagessätzen zu 20 Mark fiel verhältnismäßig milde aus (das sieht mein Bruder natürlich anders). Viel schlimmer war, daß die Fahrerlaubnis über einen Zeitraum von einem Jahr entzogen wurde und daß er, wollte er den Lappen je wiederhaben, nach der Sperre zum Idiotentest mußte.

Kaum war die automobile Zwangspause vorbei, meldete sich mein Bruder bei einem Psychiater und Neurologen namens Dr. Fritz Hengge, dessen Briefkopf in Frakturschrift gehalten war und der auch sonst recht altmodische »Testungen« durchführte. Zum Beispiel einen kuriosen Schreib- und Mal-Test. Mein Bruder schickte mir den Zettel. 12 Kästchen waren auszufüllen: »Haus (malen), Gesicht (malen), Baum (malen), Gestalt (malen), Tier (malen), Landschaft (malen), Pflanze (malen), Blumen (malen), Lieblingsspeise (schreiben), Farbe (schreiben), Hobby (schreiben), Sport (schreien).«

Mein Bruder war zutiefst verunsichert von den Aufgaben, was nicht nur an dem schreiend komischen Rechtschreibfehler in der Rubrik »Sport« lag. Was für ein Gesicht sollte er malen? Eines mit Pickel? Würde er dann für gehässig gehalten? Warum die Lieblingsspeise nicht auch »malen«, sondern »schreiben«? Oder sollte er seinen Lieblingssport (Segeln) vielleicht doch in den Wind schreien? Fragen über Fragen. Er wandte sich an mich, weil er dachte, wer Philosophie studierte, müßte sich auch mit diesem Psychokram auskennen. Etwas Freud hatte ich gelesen, aber »von einem projektiven Testverfahren« hatte ich noch nie gehört. Immerhin wußte ich nun, warum die nervenärztliche Untersuchung auch Idiotentest hieß.

Ich füllte die Kopie des idiotischen Wischs aus und schickte dem Bruder meine Empfehlungen: Ein »Haus mit vielen Fenstern« zu malen, um nicht als Klaustrophobiker durchzugehen; ein kreisrundes Grinsegesicht zu malen, um nicht als Depressiver behandelt zu werden; einen Tomatenbaum (und keinen Tomatenstrauch) zu malen, um nicht als Botaniker abgestempelt zu werden; bei der »Gestalt« eine Auto- oder Schiffsskizze zu wählen (und keineswegs einen nackten Frauenkörper, um nicht als sexfixiert zu gelten); in der Kategorie Tier einen »freundlichen Fisch« und keinen Kampfhund zu malen, um nicht in die Aggressionstherapie geschickt zu werden; bei einem Münchener Arzt im Feld »Landschaft« unbedingt bayrische Berge zu malen, um nicht als Vaterlandsverräter dazustehen; als Pflanze keinen

Kaktus zu malen, um nicht in die Neurotiker-Schublade gesteckt zu werden; als Blume nicht dieselbe Pflanze wie in der Pflanzen-Rubrik zu wählen, um nicht als Einfaltspinsel registriert zu werden; als Lieblingsspeise nicht Döner, sondern St. Jakobsmuscheln anzugeben, um als Kulinariker ernst genommen zu werden; als Lieblingsfarbe hellblau und nicht dunkelschwarz anzugeben, um nicht sofort eingewiesen zu werden; beim Hobby nicht Kiffen und beim (schreienden) Sport nicht Schießen einzutragen, sondern Singen bzw. Skilaufen. Mein Bruder tat, was ihm empfohlen.

Das Ergebnis des Seelendoktors: »Seine bildlichen Darstellungen sind einfach, ohne psychotische Inhalte.« Die Intelligenzprüfung ergibt »mittlere Werte«, beim »Persönlichkeits-Inventar bestehen keine vermehrten Neurose-Zeichen«. Und die »Hamilton-Angst-Skala zeigt geringe Werte«. Wobei mein Bruder beim schriftlichen Angst-Test unter anderem gefragt worden ist, ob er unter *Ejaculatio praecox* oder *Libidoverlust* leide.

Ich kann mir beim besten Willen nicht vorstellen, daß jemand, der seinen Führerschein wiederhaben will, an dieser Stelle anmerkt: »Ja, im Bett habe ich große Probleme«. Aber gerade diese Frage zeigt, wie idiotisch der Idiotentest ist. Man mag über erotische Projektionen von Autofahrern auf ihr Gefährt spekulieren, aber von Orgasmusproblemen ernsthaft auf die Fahrweise schließen zu wollen, ist großer Quatsch. Das Psycho-Spielchen, das selbst minderintelligente Menschen durchschauen, bringt immer nur das Ergebnis, das vom Arzt oder der Testperson gewünscht wird. So lautet im Falle meines Bruder des Neurologen abschließendes Urteil: »Dem Führen eines Kraftfahrzeugs im öffentlichen Straßenverkehr steht aus unserer Sicht nichts im Wege.«

So leicht bekommt man heute seinen Führerschein nicht wieder. Das aktuelle Testverfahren ist deutlich ausgefeilter, kostet mehr und nennt sich Medizinisch-Psychologische-Untersuchung. Wer wie mein Bruder mit Drogen und Alkohol auffällig geworden ist, hat derzeit allein für die MPU 765 Euro 65 zu zahlen. Statistiker gehen davon aus, daß der Führerscheinverlust inklusive Geldstrafen und Verdienstausfall durchschnittlich 7.000 Euro kostet. Was Delinquenten besonders ärgert: Rund 37 Prozent der jährlich 105.000 Gutachten sind negativ. Mich als Fußgänger und Fahrradfahrer beunruhigen diese Zahlen. Sind so viele Suffköpfe auf unseren Straßen unterwegs? Die größten Idioten werden aus dem Verkehr gezogen, leider nicht für immer …

Mein Bruder fährt inzwischen nur noch nüchtern. Dafür aber dreimal so schnell. Gerne leiht er sich die neuesten Modelle von Mercedes aus und rast mit 200 Sachen über die Autobahn. Er sagt: »Bevor ich mich ganz vom Auto verabschieden muß, will ich noch mal richtig Gas geben.« Was würde Psycho-Doktor Hengge zu solchem Verhalten sagen? Oder anders gefragt: Welche »bildlichen Darstellungen« passen zur Vorliebe für schnelle Autos? Soweit ich informiert bin, ist mit dem Sexualleben meines Bruders alles in Ordnung.

Alkoholkontrolle

Auch als betrunkener Fahrradfahrer erlebt man skurrile Abenteuer, die man später den Kindern erzählen kann. Mit dem Unterschied, daß sich ein Radler, mag er noch so bedröhnt sein, meist nur selbst gefährdet.

Im Sommer '90 verließ ich gegen fünf Uhr in der Früh eine Bonner Unifete. Die angebetete Kommilitonin war nicht erschienen, also habe ich viel billiges Bier getankt. Es wurden die üblichen Partyhits gespielt, die auch schon damals keiner mehr hören wollte, die aber wahrscheinlich noch heute und in fünfzig Jahren auf Unifeten zu hören sind. Die Mehrheit tanzte. Ich gehörte zur Minderheit. Damals hatte ich gerade Adornos Kulturindustrie-Kapitel in der *Dialektik der Aufklärung* gelesen, und so dachte ich nach dem siebten Abba-Song: Diese Veranstaltung gehört zum universalen Verblendungszusammenhang. Ich weiß noch heute, wie es sich angefühlt hat, den Rest des Abends, einsam in der Ecke stehend, lange und noch längere Adorno-Sätze aufzusagen, ohne daß jemand zuhörte. Betrunken vom Bier und berauscht von Adorno verließ ich die Party. Ich stieg aufs Rad, weit kam ich aber nicht. Denn obwohl ich nicht auf der Straße, sondern vorsichtshalber auf dem Fußweg unterwegs war, geriet ich in eine Alkoholkontrolle.

»Sie haben getrunken«, sagte der Polizist.

»Ja, die Musik war so schlecht«, antwortete ich.

»Dann wollen wir mal herausfinden, wie viel Sie intus haben.« Der Ordnungshüter lächelte und zog den Alkomaten hervor. Ich pustete, und das Ergebnis stand schon bald fest: 1,3 Promille. Er fügte an, der Wert beziehe sich auf AAK und nicht auf BAK, und ich dachte, das sei eine Geheimsprache der Polizei. Heute weiß ich, daß mit diesen Abkürzungen die Atemalkoholkonzentration und die Blutalkoholkonzentration gemeint sind.

»Daß Sie noch fest auf dem Sattel sitzen, ist erstaunlich«, meinte der Polizist.

»Da kann ich Sie beruhigen. Ich bin noch ziemlich klar im Kopf«, entgegnete ich. »Wenn Sie wollen, erzähle ich Ihnen etwas über die Kulturindustrie.«

Der Polizist wollte sich aber philosophisch nicht weiterbilden und fragte nach meinem Führerschein. Daß ich keinen besaß, glaubte er nicht. Er nahm meine Personalien auf und sagte, auch einem betrunkenen Fahrradfahrer könne der Führerschein entzogen werden.

»Deshalb habe ich ja auch nie einen Führerschein gemacht«, gab ich zurück. Diesen Kommentar fand der Mann des Gesetzes gar nicht komisch.

»Mein Kollege nimmt Sie jetzt mit auf die Wache. Da werden wir einen Bluttest machen, um herauszufinden, ob Sie sonst noch was eingenommen haben.«

»Ja, habe ich. Und zwar Adorno! Wenn auch nicht intravenös.«

Ich wurde aufgefordert, in der Fahrgastzelle des Streifenwagens Platz zu nehmen. Der junge Kollege, der mich zum Bluttest fuhr, war offensichtlich informiert worden. »Sie lesen Adorno?« fragte er. »Sie wissen, wer das ist?« konterte ich wenig freundlich, aber mein Fahrer ließ sich nicht aus der Ruhe bringen. Mit welchem Text ich mich beschäftigen würde, wollte er wissen, und es stellte sich bald heraus, daß sich der Mann nicht nur im Kulturindustrie-Kapitel erstaunlich gut auskannte. Er fragte mich, ob ich auch schon mal in die *Negative Dialektik* reingeschaut hätte. »Über den ersten Satz bin ich nicht hinausgekommen, aber mit diesem ersten Satz habe ich mich ein Semester lang beschäftigt«, behauptete ich, was natürlich übertrieben war. »Wie lautet denn der erste Satz?« wollte er nun wissen.

Ich zögerte. In meiner Bier-Birne rauschte es. Ich bekam den Satz nicht zusammen, stellte Nebensätze um, erfand Formulierungen, die keinen Sinn ergaben. Endlich die Erleuchtung: »Philosophie, die einmal überholt schien, erhält sich am Leben, weil der Augenblick ihrer Verwirklichung versäumt ward.«

Der Adorno lesende Polizist war genauso beeindruckt wie ich selbst. Diesen Satz kann ich heute noch auswendig aufsagen, er hat sich mir damals in mein von Alkohol überschwemmtes Hirn eingebrannt. Dank Adorno wurde auf einen Bluttest verzichtet. »Der Herr Philosophiestudent kann wieder gehen, der ist nüchterner, als er aussieht«, hieß es. Auch daß ich keine Fahrerlaubnis hatte, wurde nicht mehr bezweifelt. »An Ihrer Stelle würde ich niemals einen Führerschein machen«, sagte der freundliche Beamte, mit dem ich mich über Adorno unterhalten hatte, und über diese Bemerkung habe ich mindestens so lange nachgedacht wie über den ersten Satz der *Negativen Dialektik*. Wie kam der Typ darauf? Was hatte mein führerscheinloses Dasein mit Adorno zu tun? Was sagte die Philosophie, die überholt schien, zum automobilen Leben unserer Zeit? Gab es auch in dieser Hinsicht Augenblicke der Verwirklichung, die versäumt wurden?

Die Fragen treiben mich noch heute um. Wahrscheinlich hätte ich meine Auto-Biographie nie geschrieben, wäre ich diesem Polizisten nicht begegnet. Leider habe ich mir seinen Namen nicht gemerkt. Dafür war ich dann doch zu besoffen. Gerne hätte ich mich mit ihm mal nüchtern über Adorno unterhalten.

Auto als revolutionäres Objekt

Mit zwanzig war auch ich reif fürs Auto. Mit zwanzig hatte ich zum ersten Mal Jean-Luc Godards Film *Außer Atem* mit Jean-Paul Belmondo und Jean Seberg gesehen: die Geschichte des rücksichtslosen Rebellen und Kleinkriminellen Michel, der im geklauten Auto von Marseille nach Paris fährt, bei einer Verkehrskontrolle die Nerven verliert und einen Polizisten erschießt. Der Anti-Held ist ein Arschloch, aber so lässig wie er sitzt niemand im Auto. Das erkennt auch die junge Amerikanerin Patricia, die ihn auf seiner Flucht kennenlernt und sich in ihn verliebt. Was sie wiederum nicht davon abhält, ihn bei der Polizei zu verraten.

Auch der deutsche Untergrundkämpfer Andreas Baader wollte so lässig sein wie Belmondo. Zusammen mit Terrorkollegin Gudrun Ensslin fuhr er, während die bundesdeutsche Polizei fieberhaft nach ihm suchte, nach Paris, um sich dort in Posen fotografieren zu lassen, die stark an *Außer Atem* erinnerten. Tatsächlich gab es Parallelen zwischen dem Leben Baaders und der Filmfigur Michel. Auch Baader war ein krimineller Hochstapler, auch Baader liebte schnelle Autos, auch Baader war ein leidenschaftlicher Sonnenbrillenträger.

Als ich zur Welt kam, saß Baader bereits im Gefängnis. 1972, im Jahr seiner Verhaftung, war er an zahlreichen Sprengstoff-Anschlägen beteiligt, durch die vier Menschen starben. Wahrlich kein Vorbild. Und doch oder gerade deshalb wollte ich zwanzig Jahre später mindestens so böse wie

Baader und mindestens so lässig wie Belmondo sein. Die richtige Sonnenbrille hatte ich jedenfalls schon. Fehlte nur noch der Sportwagen. Zumal mich die Einsicht in die Notwendigkeit plagte, daß ein Auto nicht nur ein Auto, sondern ein revolutionäres Objekt sein kann, wenn nämlich mit dem Fahrzeug wichtige Propaganda-Materialien transportiert werden. Ich wollte nicht nur so aussehen wie Baader und Belmondo, ich war auch der Meinung, diesem Ziel etwas näher zu kommen, wenn ich zu später Stunde Plakate aufhängte, auf denen die »Freiheit der politischen Gefangenen« gefordert wurde.

Wie in *Außer Atem* kam eines Nachts auch unsere studentische Rebellengruppe in eine Fahrzeugkontrolle. Wir saßen zwar nicht in einem gestohlenen Wagen, aber wir transportierten illegale RAF-Plakate im Kofferraum. Wir hatten zum Glück kein Schießeisen dabei, aber wir waren, als die Polente den Wagen kontrollierte, wahrhaft außer Atem. Das Fahrzeug war auf die Mutter eines Genossen zugelassen, die einen noblen Party-Service in Bonn organisierte. Wahrscheinlich hat die Polizei deshalb ein Auge zugedrückt. Wir wären, wenn der Beamte die Fracht näher untersucht hätte, wahrscheinlich verhaftet worden. Freunde von uns, die man mit den gleichen Plakaten erwischt hatte, wurden zu einer Gefängnisstrafe wegen Unterstützung einer terroristischen Vereinigung verurteilt.

Es war ein gutes Gefühl, davongekommen zu sein. Wir wären am liebsten noch nach Amsterdam gefahren, um das Glück mit etwas Haschisch zu feiern. Aber Genosse Fahrer mußte den Wagen bei der Mutter abgeben, denn der Delikatessen-Vertrieb begann früh am Morgen. Vielleicht hätte ich in dieser Nacht wie Belmondo im Film oder Baader im ebenfalls unwirklichen Leben ein Auto geklaut – wenn ich es denn hätte fahren können. Rückblickend würde ich sagen, daß mein Unvermögen, einen Wagen zu lenken, auch dieses Mal von großem Vorteil war.

Das sah ich damals natürlich anders. Ich hielt es für meine revolutionäre Pflicht, endlich einen Führerschein zu machen. Also erkundigte ich mich bei allen Bonner Fahrschulen nach den Preisen für die Übungsstunden und Prüfungen. Doch selbst das beste Angebot überstieg mein Budget. Sollte ich auf den Lappen verzichten und heimlich im Auto von Genosse Fahrer üben? Meine Eltern waren der Meinung, ich sollte für den Führerschein mein Erspartes verwenden oder das Geld mit Ferienjobs verdienen. Ob sie ahnten, warum ich plötzlich hinter einer Fahrerlaubnis her war?

Ein schrecklicher Gewissenskonflikt: In den Semesterferien wollte ich nicht arbeiten, sondern mich am Strand von den Strapazen des revolutionären Kampfes erholen. Andererseits war ich als Führscheinloser keine große Hilfe, zumal Genosse Fahrer ankündigte, den Party-Service-Kombi der Mutter nicht mehr zweckentfremden zu wollen. Daß ich mich nicht entscheiden konnte, war die Entscheidung. Kaum war das Semester vorbei, stellte ich mich an den Straßenrand, um nach Südfrankreich zu trampen.

Ich hielt es für einen Wink des Schicksals, daß nach kurzer Wartezeit ein Wagen hielt, und dann auch noch ein roter Spider aus den siebziger Jahren! Ja, im Sportwagen nach Frankreich, wie einstmals Bandenchef Baader, das gefiel mir. Drinnen saß Professor M., von dem es hieß, er sei eine der wenigen linken Lehrkräfte an der Bonner Universität.

»Wohin soll es gehen?« fragte er.

»Nur weg von hier«, entgegnete ich lächelnd.

M. sagte, er sei auf dem Weg in die Toskana. Auch das war mir recht. »Meine Frau ist schon vorgefahren, um in Pisa eine Freundin zu besuchen. Der Beifahrersitz ist also frei.« Zum Glück hatte ich nicht viel Gepäck dabei, sonst hätte ich nicht mitkommen können. So wenig Platz war in dem Spider.

Diese Autofahrt habe ich anfangs sehr genossen. M. fuhr schnell, aber nicht waghalsig. Wir unterhielten uns über Marx, und er behielt den Überblick im Straßenverkehr. Ich bewunderte das polierte Chrom der alten Armaturen, strich übers schwarze Leder der Sitze und wünschte mir, eines Tages im schönen Alfa Romeo vor der Polizei nach Paris zu fliehen.

Wir waren nicht weit von Mailand entfernt, als Professor M. erzählte, er habe in meinem Alter Godards *Außer Atem* gesehen und daraufhin einen Führerschein gemacht. »Ja, ja, ich kam mir vor wie das rasende Teufelchen Michel im Film«, sagte er. Geradezu unheimlich war es, als M. mir außerdem gestand, nicht nur Schauspieler Belmondo, sondern auch Terrorist Baader bewundert zu haben. »Ja, wissen Sie überhaupt, wie gut der Andreas Auto fahren konnte?« Nein, das wußte ich nicht. Aber plötzlich fühlte ich mich sehr unwohl im Alfa Romeo des Herrn Professor, der nicht aufhören wollte, in seinen Erinnerungen zu schwelgen. Der Monolog wurde zur Lebensbeichte eines 68ers, der die Protagonisten der Revolte persönlich zu kennen schien. Fragen zu stellen, war nicht möglich, so schnell und laut sprach M. über seine »politische Vergangenheit«. Je schneller und lauter er redete, desto stärker drückte er auch aufs Gaspedal.

Obwohl wir das Verdeck bei der letzten Rast geschlossen hatten, war das Motorgeräusch unangenehm laut, jede Unebenheit des Autobahnbelags heftig zu spüren. Die Rede des Professors, die so melancholisch begonnen hatte, war inzwischen in eine Haßtirade umgekippt. M. beschimpfte seine ehemaligen Mitstreiter, mal, weil sie sich zu Renegaten entwickelt hatten, mal, weil sie Orthodoxe geblieben waren. Jetzt mochte er nichts mehr an dieser Zeit, die sein Leben geprägt hatte, gelten lassen, die Musik nicht, die Mode nicht, die politischen Ideale nicht und ihre Pervertierung sowieso nicht.

Seine Litanei endete erst, als er viele Stunden später feststellte: »Wir sind angekommen. Dort drüben ist das Haus. Wollen wir noch einen Rotwein trinken? Ich habe noch zwei, drei gute Flaschen im Keller.« Ich wollte nicht. Ich wollte weg. Wieder mal. Aber es war sehr spät, und ich war in der toskanischen Provinz. Also hörte ich mir den Rest seiner Vergangenheitsbewältigung an. Nach der dritten Flasche Wein, schlief ich auf dem Sofa ein. Der Herr Professor war aber noch nicht am Ende seines Vortrags angelangt. Am nächsten Morgen setzte er mich mit der Bemerkung vor die Tür, ich hätte ihn beleidigt, indem ich »mitten im Gespräch« zu schnarchen begonnen hätte.

Ich wunderte mich, daß ausgerechnet ein ehemaliger 68er so viel Wert auf Etikette legte, der aber, Knigge hin oder her, nicht bemerkt zu haben schien, daß er seinen »Gesprächspartner« zum stundenlangen Zuhören verurteilt hatte. Immerhin war ich nach diesem Erlebnis um eine Erfahrung und mehrere Erkenntnisse reicher: Ich würde mein revolutionäres Engagement sofort beenden, um mich später nicht mit quälenden Lebenslügen abmühen zu müssen. Der Mime Belmondo mochte einen lässigen Killer geben und der Mörder Baader als heißblütiger Terrorist die Rolle seines Lebens gefunden haben, nach der Reise ins Herz der finsteren Toskana-Fraktion hatte ich mit diesen Figuren nichts mehr zu schaffen. Das Auto war für mich kein revolutionäres Objekt mehr, sondern eine Projektionsfläche für kleinbürgerliche Protestphantasien. Meine Italien-Reise setzte ich mit Bus und Bahn fort.

Warum trampt niemand mehr?

Ja, warum bloß? Ist die Welt so viel gefährlicher als vor zwanzig, dreißig Jahren? Wer heute am Straßenrand den Daumen raushält, wird meist für einen Triebtäter oder Trottel gehalten. Heutzutage muß ein Tramper mehrere Stunden warten, bis endlich mal ein Wagen hält. Irgendwann in den neunziger Jahren, als selbst Alt-68er keine Anhalter mehr mitnahmen, scheint diese Art der Fortbewegung aus der Mode gekommen zu sein.

Noch in den Achtzigern bin ich quer durch Deutschland getrampt und möchte die meisten Begegnungen mit meinen fahrenden Gastgebern nicht missen. Selbstverständlich gab es auch Spinner wie etwa den Opel-Fahrer, der auf der Strecke von Bonn nach Berlin sechs Stunden lang Heino hörte. Furchtbar ängstliche Fahrer, die sich nicht trauten, einen LKW zu überholen. Geheimnisvolle Schweiger und anstrengende Labertaschen habe ich kennengelernt. Auch ein Exhibitionist war dabei, der sich hinterm Steuer bei Tempo 130 einen runterholte. Aber weder die Heino-Beschallung noch das Rubbel-Schauspiel haben mich traumatisiert; als Fußgänger erlebe ich weitaus unangenehmere Situationen.

Im Februar 2006 hat sich die *Deutsche Autostop Gesellschaft* gegründet, mit dem Ziel die »Autostopkultur« zu fördern. So merkwürdig es ist, daß sich ausgerechnet Tramper zu einem Verein zusammenschließen, so wichtig ist es der *Deutschen Autostop Gesellschaft*, nicht als Spießertruppe dazustehen, denn »AnhalterInnen sind meist sehr eigensinnige und freiheitsliebende Charaktere. Stundenlanges Warten im Regen an einer verlassenen Kreuzung setzt eine gewisse Sturheit und Abneigung gegenüber Altbekanntem voraus«.

Daher nennt sich der Verein nicht nur *Deutsche Autostop Gesellschaft*, sondern auch *Abgefahren e.V.* – es wird nicht am wenig abgefahrenen Namen liegen, wenn der Verein es nicht schafft, das Trampen wieder populär zu machen. Denn abgesehen von der oft neurotischen Angst, die Wagenlenker wie Anhalter heutzutage voreinander haben, hat sich das Autofahren grundsätzlich verändert. Die Fahrzeuge haben sich mit der umfangreichen Sicherheits- und Klimatechnik, der teuren Unterhaltungselektronik an Bord und den feinen Ledersitzen zu rollenden Wohnzimmern, zu heiligen Orten der Privatsphäre entwickelt. Kein Wunder, daß es Versicherungen gibt, die in ihren Tarifen die Fahrzeuginsassen per Vertragsabschluß festlegen. Das Auto wird damit zu einem genau definierten Schutzraum, zu dem Fremde keinen Zutritt haben. Trampgeschichten, wie sie Jack Kerouac in seinem 1957 erschienenen Roman *On the road* erzählt, können heute nicht mehr erlebt werden, weil es sowohl Fortbewegungsmittel als auch Fahrer von damals nicht mehr gibt: »Die sagenhafteste Mitfahrgelegenheit meines Leben sollte noch kommen, ein Lastwagen mit flacher Pritsche hinten, darauf sechs, sieben Jungen ausgestreckt, und die Fahrer, zwei junge blonde Farmer aus Minnesota, sammelten jede Menschenseele auf, die sie am Straßenrand fanden – die zwei lustigsten, fröhlichsten, nett aussehenden Holzköpfe, die zu treffen man sich wünschen konnte, beide in Baumwollhemden und Latzhosen und sonst nichts; beide muskelbepackt und solide mit einem breiten Hallo-Lächeln für jeden, der ihnen über den Weg lief.«

Fünfzig Jahre später fahren in den USA die meisten Menschen mit verriegelten Türen. Und in Deutschland sieht es nicht besser aus. Wer sich auf einer Raststätte um eine Mitfahrgelegenheit bemüht, wird selten mit einem breiten Hallo-Lächeln begrüßt. Die Leute schauen eher weg, als hätten sie einen weder gesehen noch gehört. In Zeiten kollektiver Angst wird der Anhalter zum Auslaufmodell. Selbst wenn Kriminalstatistiken zeigen, daß die Angst unbegründet ist. Zu Beginn des 21. Jahrhunderts sind nicht mehr Bösewichter unterwegs als in den wilden Sechzigern und Siebzigern. Doch Angst läßt sich nicht mit guten Argumenten verscheuchen. Zumal sich die Ängste in der Angstgesellschaft leicht rationalisieren lassen. Der 19jährige Sohn eines Kollegen sagt, er würde nicht trampen, weil er pünktlich ankommen wolle. Und die Fahrer haben kein schlechtes Gewissen, wenn sie einen Tramper im Regen stehenlassen, denn sie denken vor allem an ihre Versicherungspolice.

Das wird sich möglicherweise ändern, wenn künftig andere Fahrzeuge gebaut werden (dazu später mehr), wenn das Auto wieder primär Fortbewegungs- und Transportmittel ist, wenn der Wagen kein hermetisches System mehr ist, sondern jeder weitere Fahrgast eine Verbesserung der staatlich kontrollierten Ökobilanz darstellt. Dann bekäme jeder, der einen Anhalter mitnähme, einen Bonuspunkt im Fahrtenbuch gutgeschrieben. Versicherungen, die das ausschlössen, wären verboten. Ein Tramper-Traum?

Mein Vater hält solche Entwicklungen für wenig wahrscheinlich. Er ist auch der Meinung, der Klimawandel sei eine Medienhysterie und nach der vorübergehenden Wärmeperiode käme garantiert wieder eine neue Eiszeit. Tramper nimmt er trotzdem mit, weil er sich an seine Studentenzeit erinnert, an Reisen nach Italien und Frankreich, die er sich auf anderem Wege nicht hätte leisten können. Als Kind habe ich mich immer gewundert, wenn mein Vater wildfremde Leute mitgenommen und ihnen erzählt hat, auch er sei mal ein »Tramper« gewesen. Ich habe mir dann vorzustellen versucht, wie mein Vater mit langen Haaren und zerfetzten Jeans durch die Lande zog. Aber er hat sich, das zeigen die Fotos aus dieser Zeit, im Anzug an den Straßenrand gestellt. Vielleicht liegt es, wie er behauptet, auch an der wenig eleganten Kleidung und am oft »ungepflegten Äußeren«, daß es Anhalter heute so schwer haben, mitgenommen zu werden. Neulich sah ich einen Tramper, der nicht das Ziel seiner Reise auf eine Pappe geschrieben hatte, sondern nur den Spruch: »Ich bin kein Mörder.« Die Autofahrer schienen dem Mann nicht zu glauben. Er war mit Zottelmähne und Schmuddeljacke unterwegs.

Nur in Ostdeutschland, wo der Autostop zu Zeiten der DDR sehr beliebt war, würde ich als Anhalter nicht im Dreiteiler auftreten. Das könnte insbesondere bei älteren Ossis, die von westdeutschen Anzugträgern übers Ohr gehauen wurden, mißverstanden werden. Wobei ich in den deutschnationalen Zonen des Ostens auch nicht als Neu-Hippie um einen Lift bäte. Zu groß die Gefahr, daß ein grimmiger Glatzkopf am Steuer sitzt. Freunde des Autostops sollten sich angesichts hiesiger Xenophobie besser ins Ausland begeben. In den Niederlanden sind Anhalter immer noch gern gesehen, und auch in vielen asiatischen Ländern kommt man als Hitchhiker gut voran.

Leider gilt aber auch dort die paradoxe Regel: Je mehr Autos auf den Straßen, desto unbeliebter sind Anhalter. Der wirtschaftliche Aufschwung in Asien hat zu einer raschen Motorisierung der Bevölkerung geführt. Man hat den Eindruck, die Menschen möchten möglichst schnell nachholen, was für Europäer und Amerikaner schon seit Jahrzehnten selbstverständlich ist. Vielleicht ahnen sie auch, daß sich die Autowelt bald grundlegend ändern wird. Zugunsten der Tramper? Das Ende des klassischen Individualverkehrs könnte auch das Ende der Mitfahrkultur bedeuten. Warum sollte ein rollender Roboter so viel Mitgefühl haben, einen Anhalter mitzunehmen?

Banker ohne Führerschein?

Anfang der neunziger Jahre verließ ich die revolutionäre Party-Metropole Bonn und zog nach Ost-Berlin, wo sich eine Auto-Revolution abspielte. In kurzer Zeit verschwanden die Trabis von den Straßen und wurden durch westdeutsche Neuwagen ersetzt. Als in den neuen Bundesländern daraufhin viele Privathaushalte pleite waren, haben sich die Ostler als Opfer begriffen und die kapitalistischen Verführer aus dem Westen beschimpft. Etwas vereinfacht gesagt, war die vielzitierte »Mauer in den Köpfen« auch eine Folge der ostdeutschen Autofixierung. Fairerweise muß man zugeben, daß die Ossis nur nachahmten, was die Brüdern und Schwestern aus dem Westen jahrzehntelang vorgelebt hatten.

Unter den Philosophiestudenten an der Westberliner Freien Universität gab es hingegen nur wenige Autofahrer. Selbst die Professorenschaft pendelte in aller Regel mit der U-Bahn nach Dahlem oder ging, wenn sie in Uni-Nähe wohnte, zu Fuß zur Vorlesung.

Eine Stadt wie Berlin ist für ein autoloses Leben prädestiniert. Und wer keinen Führerschein hat und vernünftig ist, macht dort keinen. Warum auch? Die Busse und Bahnen fahren 24 Stunden lang, jedenfalls die wichtigen Linien zu den wichtigen Locations und Lokalen. Das Umland wird überschätzt, das weiß der Neu-Berliner bald, und so richtet man sich in seinem Kiez ein. Die wenigen Kommilitonen, die Führerschein und Auto besaßen, kamen aus Zehlendorf oder Grunewald. Das waren meist Frauen, die zum Studienbeginn nach Neukölln oder Friedrichshain gezogen waren und für die das Auto eine beruhigende Funktion hatte: Der Wagen stand vor der Tür, um, wenn es nötig sein sollte, jederzeit wieder zurück ins anständige Berlin zu flüchten. Ich wohnte im Ostberliner Bezirk Schöneweide und fuhr jeden Tag mit den Bahnen der BVG über eine Stunde nach Dahlem. Ein Auto habe ich damals trotzdem nicht vermißt, sondern die lange Fahrzeit zur Buchlektüre genutzt.

Zwei Mitstudenten, die mit mir zeitgleich Examen gemacht haben, ließen sich von ihren Eltern zum Magister einen Führerschein schenken. Heute sind die beiden Taxifahrer. Ich weiß nicht, was aus ihnen geworden wäre, wenn sie die Finger vom Auto gelassen hätten. Vielleicht hätten sie nicht das getan, was viel zu viele Philosophie-Absolventen ohne Job tun. Fragen Sie mal einen Berliner Taxifahrer, ob er Kant oder Hegel gelesen hat! Wundern Sie sich aber nicht, wenn er antwortet: »Nee, nur Schopenhauer und Nietzsche.« Für mich kam eine Taxifahrer-Karriere aus vielen Gründen nicht in Frage, was nicht heißt, daß ich diesen Beruf nicht wertschätze. Im Gegenteil, ich bewundere Taxifahrer. Wer stundenlang im Auto sitzt, um die allerseltsamsten Leute zu transportieren, macht Schwerstarbeit.

Zu meinem ersten ordentlichen Vorstellungsgespräch bin ich nicht mit dem Taxi, sondern mit dem Fahrrad gefahren. Das wäre nicht der Erwähnung wert, wenn ich mich bei der *taz* oder einem anderen Ökobetrieb beworben hätte. Aber nach dem Philosophiestudium, nach revolutionären, literarischen und journalistischen Gehversuchen hatte ich keine Lust mehr aufs Bramarbasieren, und so bewarb ich mich bei diversen Banken. Eine wollte mich überraschenderweise kennenlernen. Ich wurde an einem Montagmorgen um neun Uhr zu einem Vorstellungsgespräch erwartet.

Noch müde vom (für meine damaligen Gewohnheiten) frühen Aufstehen und in freudiger Erwartung auf das Gespräch achtete ich nicht darauf, wie es um meinen dunkelgrauen Lieblingsanzug bestellt war, obwohl ich die Problemzonen meiner dünnen Stoffhose durchaus kannte. Als Fahrrad fahrender Anzugträger hat man ohnehin viel zu bedenken. Noch ein Blick raus aus dem Fenster, um zu klären, wie das Wetter ist. Wenn nötig noch ein Blick in die Tasche, um zu überprüfen, ob Regenhose und Regenjacke eingepackt sind. Man will ja nicht völlig durchweicht vor dem Leiter der Personalabteilung sitzen. Oder doch besser mit dem Taxi? Ich habe an alles gedacht, nur nicht daran, daß die Hose auf dem Weg zum Vorstellungsgespräch durchscheuern könnte. Was sie aber tat. Ich fuhr den Landwehrkanal entlang, als ich, durchaus passend, in der Nähe des Prinzenbades nackte Haut an meinem Sattel spürte. Da war ein riesengroßes Loch irgendwo zwischen den Beinen.

Leider hatte ich keine Zeit, um mich unterwegs neu einzukleiden. Ich radelte weiter und das Loch wurde größer. Als ich ankam, war mein Hintern wund. Ratlos stand ich vor der Bank und fragte mich, ob ich als konsequenter Fahrradfahrer überhaupt Bankmanager werden konnte. Diese Frage sollten andere beantworten, sagte ich mir nach einer Weile und betrat die Eingangshalle.

Eine Mitarbeiterin im pfirsichfarbenen Kostüm holte mich ab. Sie erzählte nicht, ob sie Aktienhändlerin oder Sekretärin war, aber ich hatte das Gefühl, daß sie mich ausfragte. Sie war gut über mich informiert und wollte noch mehr wissen. Während wir im Aufzug standen, fragte sie, warum ich mich nach dem Philosophiestudium ausgerechnet bei einer Bank beworben hatte. Dabei starrte sie auf meine kaputte Hose, was mich dermaßen irritierte, daß ich nicht in der Lage war, selbst meine rudimentären Kenntnisse über die Finanzwirtschaft an die Frau zu bringen. Um überhaupt etwas zu sagen, fragte ich nun meinerseits, warum *sie* zur Bank gegangen sei. »Um Geld zu verdienen«, antwortete die Dame knapp und gab mir zu verstehen, daß jemand, der weder Volkswirtschaft noch Betriebswirtschaft studiert hatte, im Grunde keine Chancen hatte, den begehrten Ausbildungsplatz im Trainee-Programm zu bekommen.

Als ich in einen Raum mit rundem Tisch geführt wurde, verabschiedete sich die Dame mit den Worten: »Herr Dr. Nauny kommt sofort. Viel Erfolg!« Doch an den mochte ich nicht mehr glauben, zumal Dr. Nauny, als er eine halbe Stunde später kam, sich mit mir nicht über wirtschaftliche Themen unterhalten wollte. Wir sprachen übers Wetter, übers Tennisspielen und über seine Erlebnisse auf Bonner Unifeten in den siebziger Jahren. Der Mann kam auch aus dem Rheinland, und offensichtlich hatte er mich nur deshalb zum Bewerbungsgespräch eingeladen. Nach einer guten Stunde Plauderei wechselte er den Tonfall.

»Stellen Sie sich vor, sie hätten über den Kreditantrag eines guten Kunden zu entscheiden. Der Kunde benötigt 500.000 Mark, um seinen Betrieb vor der Pleite zu retten. Was würden Sie tun?«

»Ich würde erst mal schauen, warum der Betrieb rote Zahlen schreibt. Und welche Summen auch für die Bank verloren wären, wenn der Kredit nicht freigegeben wird. Ich nehme an, es ist ein Kunde, der schon einige Kredite erhalten hat.«

»Ja, genau. Nehmen wir außerdem an, es handelt sich um einen der letzten Bekleidungshersteller in der Region.«

»Dann würde ich mich fragen, ob es Produkte gibt, die auch mit hiesigen Lohn- und Betriebskosten, einen Markt finden.« Ich war erstaunt, wie flüssig mir diese Sätze über die Lippen kamen, und bemerkte nicht, daß ich mich längst in eine argumentative Sackgasse manövriert hatte.

»Welche Produkte könnten das sein?« fragte Dr. Nauny.

Mir fiel nichts ein. T-Shirts? Unterhosen?

Ich überlegte eine Weile, senkte meinen Kopf und sah das Loch in meiner Hose. Das war's! Anzüge für Fahrradfahrer! Anzüge aus sattelfestem Material! Und schmalen Hosenbeinen, die nicht zwischen die Speichen geraten können.

Wie ich denn darauf käme, wollte Dr. Nauny wissen. Meine Produktinnovation schien ihn nicht zu überzeugen. Er musterte mich. »Fahren Sie Fahrrad, wenn Sie einen Anzug tragen?«

»Ja.«

»Ach, tatsächlich? Da sind sie wahrscheinlich der einzige.« Dr. Nauny, der freundliche Rheinländer, war nun nicht mehr freundlich.

»Vielleicht heute noch«, entgegnete ich. »Wenn es mit den Benzinpreisen so weitergeht, wird die Nachfrage nach Anzügen, die zweiradtauglich sind, bestimmt steigen.«

»Sie haben Phantasie«, sagt Dr. Nauny doppeldeutig und beschloß das Gespräch. Er stand auf, schüttelte mir die Hand, und ich wußte in diesem Moment, daß mich Dr. Nauny nicht zum Bankmanager machen würde. Hierfür bin ich ihm heute sehr dankbar. Sehr nett war außerdem, daß er mich beim Hinausgehen nicht auf mein Hosenloch angesprochen hat.

Dr. Nauny war ein Banker alter Schule. Er war damals um die sechzig, heute ist er im Ruhestand. Und wird sich als Rentner über extrem schwankende Benzinpreise und fallende Autokurse ärgern, was er zu Berufszeiten nicht für möglich gehalten hatte. Ich weiß nicht, welche Leute Dr. Nauny im Laufe seines Personalabteilungslebens eingestellt hat, aber wenn das alles Schwestern und Brüder in seinem Geiste sind, hat die Bank keine Freude mit den Nauny-Spießern. Wäre ich genommen worden, hätte ich meine Kunden davon überzeugt, nicht in zweifelhafte Immobilienfonds und deutsche Autowerte zu investieren, sondern in die lukrative Produktion von abriebfesten Anzugstoffen. Dieses Geldinstitut stünde heute besser da als alle anderen.

Banker auf dem Fahrrad? Ist heute kein Problem mehr. Wobei der sattelfeste Anzug meines Wissens noch immer nicht erfunden worden ist. Eine Marktlücke, die garantiert bald geschlossen wird. Fragt sich nur, welcher Banker genug Phantasie hat.

Paris auf Rädern

Wahrscheinlich wird es ein Pariser Modeschöpfer sein, der demnächst einen schicken Anzug für Fahrradfahrer entwirft. Denn ausgerechnet in der Stadt, in der bis vor kurzem jeder Gang zum Bäcker mit dem Auto absolviert wurde, ist das Rad in Mode gekommen. Kaum vorstellbar, aber wahr. Bis vor kurzem war es lebensgefährlich, in Paris Fahrrad zu fahren. Jetzt ist es nur noch gefährlich, dafür aber äußerst angesagt: Während die Metro, so mein Eindruck, seit Jahren vor allem von Touristen und jener wachsenden Bevölkerungsgruppe genutzt wird, die sich sowieso kein Auto leisten kann, schwingt sich die selbstbewußte Pariser Mittelschicht auf den Sattel. Dabei haben diese Radler keineswegs das Bedürfnis, ihr neues Gefährt zu besitzen. Warum auch? Unter dem Motto »La ville est plus belle à vélo« hat Paris ab 2007 damit begonnen, die Fahrradwege auszubauen und ein flächendeckendes System von Rad-Leihstationen einzurichten.

Nun werden viele Deutsche sagen: Leihfahrräder gibt es bei uns auch; in Berlin, Köln, Stuttgart oder München stehen die Räder der Deutsche Bahn in den innerstädtischen Gebieten. Das stimmt, aber die Dimensionen sind andere. Abgesehen davon, daß die Räder der Deutschen Bahn neudeutsch *CallBikes* heißen, was gar nicht schön ist, bleibt ihre Anzahl eher überschaubar. In Berlin gibt es derzeit 1650 *CallBikes*, in München 1300, in Köln 800 und in Stuttgart 400. Das Anmeldeverfahren läuft über Handy und Zugangscode, und leider, so meine Erfahrung, klappt das nicht immer. Einfach und kundenfreundlich dagegen das Pariser System.

Auf den 400 Kilometer langen Fahrradwegen soll es demnächst alle 300 Meter eine Station zur Ausleihe bzw. zum Abstellen der Räder geben; insgesamt werden etwa 20.000 städtische Leihräder zur Verfügung stehen. Das Computerprogramm der Rad-Terminals ist auch in deutscher Sprache abrufbar. Je nach Belieben wählt man einen Tages- oder Stundentarif, es gibt aber auch Monats- und Jahresabonnements. Man kann sich registrieren lassen, muß das aber nicht.

Offiziell heißt das Angebot: *Vélos en libre-service à Paris*. Das kann sich natürlich keiner merken. Also wird der Pariser Mietdrahtesel kurz und lässig *Vélib'* genannt. Als ich im Herbst 2007 Paris besuchte, hatte ich den Eindruck, daß an jeder Ecke (und nicht nur in Touristengegenden) neue Vélib-Sammelstellen eingerichtet werden und daß halb Paris auf den edlen, grauen Leihrädern sitzt. Wer in Frankreichs Hauptstadt, so die neue Devise der Vélib-Citoyens, bei halbwegs passablem Wetter mit dem Auto zum Museum oder zum Mittagessen fährt, ist selber schuld und gilt als vorgestrig. Das Vélib gibt es ausschließlich in einer Frauenversion, also ohne die lästige Stange, die von uns Männern akrobatische Verrenkungen beim Auf- und Absteigen verlangt. Das Vélib ist damit keineswegs ein Damengefährt. Nein, gerade bei den Männern ist Frischluft-Mobilität angesagt.

Laurent zum Beispiel ist begeisterter Vélib-Nutzer. Ich habe ihn Mitte der Neunziger in Berlin kennengelernt. Damals studierte er wie ich Philosophie – er hatte allerdings den noch festeren Vorsatz, eines Tages viel Geld zu verdienen. Er bekam nach dem Studium einen Job bei einer Bank. Wahrscheinlich hat er damals bei seinem Einstellungsgespräch nicht übers Fahrradfahren gesprochen. Heute fahren Laurent und seine Kollegen mit dem Vélib zur Arbeit. Er gehört zu den erfolgreichsten Investmentbankern der Stadt. Natürlich trägt Laurent, wenn er auf dem Vélib sitzt, Anzug, Hemd und Krawatte. Im Büro hat er zur Sicherheit eine frische Garnitur deponiert. Einen häßlichen Regenoverall, den ich im Notfall trage, würde er niemals überziehen.

Laurent fährt Vélib, obwohl er einen Führerschein hat, obwohl er sich zwanzig Autos leisten könnte, wahrscheinlich drei davon mit Chauffeur. Aber seitdem Paris im Fahrrad-Fieber ist, will er aufs Vélib nicht mehr verzichten. Wer das Leihrad nutzt, gilt in seinem Job inzwischen als ganz besonders modern. Laurent hat sich auf Rohstoff-Fonds spezialisiert. Er handelt mit Öl und Raps, mit Kaffee und Soja. Ich verstehe nicht viel von diesem Geschäft, weiß aber, daß die Spekulation mit diesen Gütern dazu führt, daß die Preise auf dem Weltmarkt steigen und daß darunter sehr viele Menschen zu leiden haben. Wenn ich Laurent auf die dunklen Seiten seines Börsenspiels anspreche, weicht er aus. »Wenn ich das nicht mache, übernimmt ein anderer den Job. Aber immerhin tue ich was für die Umwelt und fahre mit dem Rad zur Arbeit. Die Bank würde mir einen Dienstwagen stellen, aber ich verzichte.«

Mir wäre es lieber, Laurent ließe sich in der Limousine zu seinem Büro bringen, und dort würde er dann dafür sorgen, daß Reis und Weizen für jene Menschen bezahlbar bleiben, die sich vor allem von Reis und Weizen ernähren. So aber wird das Radfahren, an sich eine feine und weitgehend ideologiefreie Sache, zur moralischen Handlung, die andere Vergehen ausgleichen soll. Früher habe ich mich mit Laurent oft über Kant unterhalten, den er während des Studiums eifrig las und verehrte (auch wenn ihn schon damals vor allem die britischen Utilitaristen faszinierten). Vom kategorischen Imperativ, von Moralphilosophie überhaupt, will er heute nichts mehr hören. Dabei sitzt ihm die Moral ständig im Nacken. Sonst würde er nicht versuchen, mit dem Vélib sein schlechtes Gewissen zu beruhigen.

Den Dienstwagen würde Laurent sowieso in der Garage stehen lassen. Weil er mit dem Vélib schneller durch den Pariser Stau kommt (»Zeit ist Geld«) und weil er auf dem Rad zeigen kann, was für ein toller Kerl er ist. Laurent ist seit Jahren auf der Suche nach der Frau fürs Leben. Und er meint, sie unter den vielen Vélib-Fahrerinnen in Paris endlich zu finden.

Dienstwagen ade!

Vor wenigen Jahren noch war der Dienstwagen auch in Deutschland ein sicherer Hinweis auf die Wertschätzung einer Firma gegenüber auserwählten Mitarbeitern. Heute ist der Dienstwagen ein Auslaufmodell. Aus verschiedenen Gründen. Die Finanzämter schauen genau hin und verlangen von den Dienstwagenfahrern die Angabe nach dem geldwerten Vorteil, der selbstverständlich versteuert werden muß. Ein Dienstwagen beinhaltet die Verpflichtung, ihn auch zu fahren, was im morgendlichen Berufsverkehr zum Ärgernis werden kann. Der Dienstwagen ist außerdem kein Statussymbol mehr. Er dient eher als Ausrede dafür, daß man eine etwas zu groß geratene, Sprit verschlingende Limousine fährt.

Kanzlerin und Bundespräsident benutzen Dienstautos. Ist auch verständlich, die hohen Damen und Herren würden ansonsten noch häufiger mit den Dienstflugzeugen der Luftwaffe verschickt, die bekanntlich oft technische Probleme haben. Außenminister Fischer wäre beinahe mal mit einem Dienstflugzeug abgestürzt. Dann lieber ein Dienstwagen mit Airbag und ABS. Der Vorstandsvorsitzende eines Autokonzerns hat einen Dienstwagen und der Intendant einer Rundfunkanstalt auch. Und sonst?

Im Mercedes-Museum in Stuttgart sind die berühmtesten Dienstautos der Welt ausgestellt. Das weiße Papamobil von Johannes Paul II. zum Beispiel. Selbstverständlich die Silberpfeile der Rennpiloten, auf die der Konzern besonders stolz ist. Fast bescheiden sieht dagegen die Staatskarosse von Konrad Adenauer aus, der schwarze Mercedes Benz 300.

Es wird immer Berufsgruppen geben, deren Job darin besteht, sich im PKW oder LKW, im Bus oder Spezialfahrzeug fortzubewegen. Ohne Krankenwagen, Leichenwagen und Feuerwehrwagen geht es nicht. Auch Busfahrer sind auf ihre Dienstfahrzeuge angewiesen. Gäbe es ausschließlich die wirklich nötigen Dienstfahrzeuge, wäre in Sachen Umweltschutz viel gewonnen. Wie heißt es bei Mercedes-Benz? »Die Verträglichkeiten von individueller Mobilität und Umwelt sind ein zentrales Forschungsgebiet von Mercedes-Benz. Dazu gehören ökologische Prinzipien beim Bau von Fahrzeugen, genau wie bei deren späterer Demontage.« Wenn Mercedes es ernst meinte mit solchen Sätzen, würden sie keine Luxus-Dienstwagen bauen. Denn allein die Produktion eines solchen Wagens verschlingt Unmengen von Ressourcen. Die tonnenschweren Brummer aus der Premiumklasse eines jeden Auto-Herstellers haben mit »individueller Mobilität« und »ökologischen Prinzipien« nichts zu tun. Die Öko-Phrasen aber zeigen, daß die Konzerne unter Rechtfertigungsdruck stehen. Und der Druck wird weiter steigen. Selbst wenn aus dem Auspuff eines Autos irgendwann nur noch Wasser tröpfelt, werden die Produktionsdaten in die Umweltbilanz eines Fahrzeugs eingehen. Und hier gilt die Regel: Je größer, desto schlechter.

Es gibt natürlich Leute, denen der Luxus-Dienstwagen wichtiger ist als alles andere – dementsprechend schwer ist es dann, sich von dem Wagen zu trennen. Als das Privatfernsehen Anfang der neunziger Jahre große Erfolge feierte, gehörte der Dienstwagen zum Salär von leitenden Redakteuren. Ein Sport-Reporter, der für die Formel 1 zuständig war, fuhr schon mal einen Ferrari. Ende der neunziger Jahre wurden die meisten Dienstautos bei RTL und SAT.1 abgeschafft. Da gab es ein Hauen und Stechen um die verbliebenen Dienstwagen. Und wer seinen behalten durfte, war eine große Nummer und legte in der Mittagspause den Wagenschlüssel mit entsprechendem Markenemblem demonstrativ auf den Kantinentisch.

Eine besondere Form des Dienstwagens ist der Shuttle-Service, den sogenannte Very Important Persons beanspruchen; insbesondere Schauspieler und Modeleute lassen sich gerne vom Hotel zum Arbeitsplatz kutschieren. Früher dachte ich, das sei ihrer Eitelkeit geschuldet. Heute weiß ich, daß die Zahl der Führerscheinlosen in diesen Berufgruppen besonders hoch ist. Christian Ulmen hat keinen Lappen, Wolfgang Joop und Claudia Schiffer auch nicht. Was Frau Schiffer nicht davon abhielt, Werbung für einen französischen Autohersteller zu machen, der wahrscheinlich gar nicht wußte, daß ein deutsches Model keinen Führerschein besitzt. Mit der Straßenbahn fahren die Damen und Herren, die so berühmt sind, selbstverständlich nicht, weil an jeder Haltestelle ein Paparazzo einstiege.

Der moderne Arbeitgeber, der nicht im Showbiz tätig ist, bietet heutzutage keinen Dienstwagen an, sondern baut eine S-Bahn-Station. Wie Lehnhoff Hartstahl. Ein Unternehmen, das »Werkzeuge zum Baggern« herstellt. Lehnhoff expandiert. Lehnhoff sucht Fachleute. Neulich las ich die folgende Stellenanzeige: »Wir, Deutschlands Nr. 1 für Baumaschinenausrüstungen, suchen für unsere neue Hi-Tec Roboterfertigung qualifizierte und engagierte Stahlbauschlosser (m/w).« Mit einem Dienstwagen braucht Lehnhoff nicht zu werben. Die Anzeige verrät: »Mit der S-Bahn in Ihre Zukunft! Lehnhoff Hartstahl hat ab sofort eine eigene Haltestelle. Fahren Sie umweltbewußt mit dem S-Bahn-Verbund direkt in Ihren supermodernen Arbeitsplatz. Sparen Sie Zeit, Nerven und Geld!« Rät Lehnhoff Hartstahl (und nicht der Biobauer Sonnenschein).

Besonders weitsichtige Arbeitgeber bieten ihren Mitarbeitern inzwischen statt des Dienstwagens ein Dienstfahrrad an. Bundestagsabgeordnete fahren mit dem Rad zum Reichstag, und auch Journalisten, die kurz mal einen Termin um die Ecke wahrnehmen, nutzen die Vorzüge eines Dienstfahrrades. Selbst Führungskräfte sind stolz darauf, aufs Zweirad umgestiegen zu sein. Wie zum Beispiel der Oberbürgermeister von Baden-Baden. Für den wurde am Rathaus, kaum war er gewählt, ein eigener OB-Fahrradparkplatz eingerichtet.

Ein Abteilungsleiter, der sich gegen das allgemeine Betriebsklima für die Anschaffung von Dienstfahrrädern einsetzt, darf sich unter Umständen zwar hämische Kommentare jener Kollegen anhören, die ihr automobiles Fortkommen womöglich noch vertraglich fixiert haben. Aber insgeheim beneiden sie ihren Chef, der wieder mal das richtige Gespür für Neuerungen bewiesen hat. Er hat vor Jahren das Diensthandy eingeführt, jetzt das Dienstfahrrad. Alles zu seiner Zeit.

Es wird Mitarbeiter geben, die das Dienstfahrrad aus körperlichen Gründen nicht benutzen können. Ein kluger Chef wird auch an die Mitarbeiterinnen denken, die um ihr Make-up besorgt sind. Wer nicht will, muß nicht. Der Zwang zum Dienstfahrrad wäre ein Widerspruch in sich selbst. Das Fahrrad bedeutet mehr Freiheit. Vom Arbeitsalltag. Von der eigenen Unbeweglichkeit. Der Utopist in mir sagt: Kämen alle Büromenschen zu ihren Sitzungen zu Fuß oder mit dem Fahrrad, gäbe es weniger Entscheidungen, die darauf hinauslaufen, daß alles so bleibt, wie es ist.

Lob des Automobils

Hans würde ich nie vorschlagen, aufs Fahrrad umzusteigen. Hans braucht keine frische Luft im Kopf, um kreativ zu sein. Hans hat keine andere Wahl. Er ist sowieso flexibel. Sucht nach Lösungen, wo es eigentlich keine gibt. Hans wurde, als er im Bauch seiner Mutter heranwuchs, von dem Beruhigungsmittel Contergan malträtiert. Hans hat verkürzte Arme, und auch die Beinentwicklung wurde durch das Medikament geschädigt. Als er noch ein Kind war, haben seine Eltern ihm ein Spezialfahrrad anfertigen lassen. Doch Hans mochte sein, wie er es nennt, Behindertenrad nicht. Es war kein Zweirad, sondern ein Dreirad mit Riesensitz. »Kaum war ich achtzehn, habe ich den Führerschein gemacht.« Was damals gar nicht so leicht war, weil die Technik fehlte. Also hat Hans zusammen mit seinem Vater ein Lenkrad entwickelt, das er mit seinen Füßen bedienen konnte. Auch Gaspedal, Bremse und Schaltung wurden so verlegt, daß er sie mühelos erreichen konnte. Dreißig Jahre später ist Hans nicht mehr auf ein Cockpit der Marke Eigenbau angewiesen. Die meisten Autohersteller bieten maßgeschneiderte Fahrhilfen an und gewähren für die Grundausstattung anständige Rabatte.

Wenn Hans Auto fährt, ist das großes Theater. Lässig lehnt er sich zurück, drückt mit dem rechten Zeh auf einen Knopf, um das Radio einzuschalten. Dann startet er den Saab mit dem linken Fuß. Gleichzeitig greift er sich mit dem rechten eine Zigarette, die in einem Fach liegt, wo sonst die Handbremse eingebaut ist. Rauchen im Auto kann ich eigentlich kaum ertragen, aber wenn ich neben Hans auf dem Beifahrersitz Platz genommen habe, fällt mir der Zigarettengestank kaum auf. Jedes Mal bewundere ich, wie dreist er seinen Wagen durch den Stadtverkehr lenkt. Wie riskant er überholt, wie schnell er auf der Autobahn fährt. Einen Unfall hat Hans noch nie verursacht.

Die Sicherheit des Wagenlenkers überträgt sich sofort auf den Beifahrer. Wenn Hans am Steuer sitzt, kann auch ich der überhöhten Geschwindigkeit etwas abgewinnen. Nur einmal hat er mich wirklich nervös gemacht. Wir fuhren auf dem Weg zu einer Geburtstagsparty durch einen Tunnel, als er sagte, er müsse sofort umkehren, er habe das Geschenk daheim vergessen. Als kein Gegenverkehr in Sicht war, schaute er kurz in den Rückspiegel, rief »Festhalten!«, riß das Lenkrad mit dem einen Fuß herum und drückte mit dem anderen auf den Bremshebel. Mein Herz raste. Er blieb cool. Trotzdem bat ich ihn, nie wieder einen U-Turn im Tunnel hinzulegen, wenn ich an Bord sei. Er nickte und lächelte. Gäbe es keine Autos, wäre das aus einem Grund sehr schade: Ich hätte ein Fahrgenie namens Hans nicht erleben können.

Er weiß um seine Fähigkeiten, und die bestehen darin, das Auto weniger als Fahrzeug, sondern vielmehr als Prothese zu sehen, die eng mit seinem beschädigten Körper verbunden ist. Wie ich eine Brille aufsetze und mit der Sehhilfe erst zum Mensch werde, setzt sich Hans ins Auto und fühlt sich befreit von den lästigen Einschränkungen, die ihm auferlegt sind. Hans wollte sein Berufsleben im Auto verbringen. Als Busfahrer zum Beispiel. Aber er bekam nach der Schule keinen Ausbildungsplatz. Trotzdem gab er nicht auf.

Er machte ein Praktikum bei *Essen auf Rädern.* Dort wollte man ihn zwar nur ins Büro stecken, aber Hans bestand darauf, zumindest als Beifahrer ab und zu auf Tour zu gehen. Einmal durfte Hans das Fischmenü für Oma Frank an die Tür bringen. Hans mußte mit der Wärmebox in den Händen sechs Stockwerke überwinden. Treppensteigen gehört definitiv nicht zu seinen Lieblingsbeschäftigungen, aber er schaffte es. Oma Frank war so gerührt, daß er fünf Mark Trinkgeld bekam. Was für damalige Verhältnisse sehr großzügig war. Da Hans das Trinkgeld mit den Kollegen teilte, wurde er nun regelmäßig zu den Omis und Opis geschickt. Was sich für die gesamte Belegschaft auszahlte. »Behindertenbonus« nennt Hans das. »Den habe ich mir doch auch verdient, oder?« Man könnte auch sagen: Hans hat sich durchgesetzt, trotz Behindertenmalus.

Irgendwann wollte Hans nicht länger nur den »Trinkgeld-Conti« spielen. Er bat den Chef, endlich einen Wagen so umzubauen, daß auch er das Essen durch die Stadt fahren konnte. Der Boss machte den Fehler seines Lebens und lehnte ab. Hans kündigte und gründete ein eigenes Unternehmen, das er einfach nur »Hans hilft« nannte. An seinem letzten Arbeitstag bei *Essen auf Rädern* verteilte er an die Omis und Opis einen Zettel, auf dem die Menüs standen, die er nun künftig anbot. Das Geschäft war ein Riesenerfolg. Daheim stand seine Mutter am Herd und kochte, Hans brachte das Essen zu seinen Kunden, und der frisch gebakkene Firmenchef brachte auch Zeitungen, organisierte einen Klempner und kümmerte sich um Arzttermine. Sein ehemaliger Arbeitgeber verklagte Hans auf Diebstahl der Kundendatei, kam damit aber nicht durch.

So erfolgreich Hans war, er konnte die Arbeit irgendwann nicht mehr allein bewältigen. Und auch die Mutter in der Küche klagte über die enormen Nahrungsmittelmengen, die gekauft und zubereitet werden mußten. Hans mietete Räume, stellte Köche und eine Bürokraft ein. Und auch zwei Fahrer. Das war eine kritische Phase seines wachsenden Unternehmens. Die Speisen, die er verteilen ließ, mochten noch so gut sein, den Omis und Opis kam es darauf an, den Chef persönlich zu sehen. Hans hilft, und nicht Dieter oder Susi. Er versprach, mindestens einmal in der Woche vorbeizukommen, sich dann sogar etwas mehr Zeit zu nehmen, und dieser Kompromiß wurde akzeptiert. So fährt er, Tag für Tag, von Termin zu Termin. Inzwischen haben die meisten Häuser einen Aufzug, so daß das leidige Treppensteigen wegfällt. Wenn er also nicht bei den Damen und Herren zum Kaffeeplausch eingeladen ist, sitzt er am Steuer, fährt in der Stadt umher. Die Mittagspause verbringt er auf der Autobahn. Bei Tempo 200 entspannt er sich am besten.

Es gibt Orte, die Hans nie aufsuchen würde. Autofreie Inseln wie Spiekeroog und Hiddensee zum Beispiel. Was sollte er dort? Ferien machen in der Naturidylle? Sollte sich Hans in einen Bollerwagen setzen? Das würde er ablehnen, und zwar mit einem Verweis auf die Menschenwürde. Zivilisation ist für ihn Automobilität. Die Natur ist, wenn man auf rollende Prothesen angewiesen ist, in der Tat nicht besonders idyllisch. Wobei auch ich mich in den autofreien Oasen nach kurzer Zeit unwohl fühle. Erst freue ich mich über die Ruhe, über die Abwesenheit von Autoabgasen, vom Lärm vom allgegenwärtigen Blech. Ich genieße die freien Gehwege, die nicht von unverschämten Autofahrern zugeparkt werden.

Ich erhole mich, weil das Leben auf autofreien Inseln grundsätzlich langsamer ist. Niemand rast durch den Ort. Man muß endlich mal nicht darauf achten, von einem rollenden Geschoß überfahren zu werden. Nach ein paar Tagen betrachte ich den Rückzugsort mit anderen Augen, erscheint mir die autofreie Insel als Legitimation dafür, anderswo besonders kräftig auf die Tube zu drücken. Die wenigsten Inselgäste reisen mit dem Zug an, die meisten sind überzeugte Autofahrer. Wenn ich auf Spiekeroog bin, denke ich an den Autoreisezug nach Sylt, der mir immer gut gefallen hat, an die Staus zwischen Kampen und Westerland, die dem unwirklichen Inseltreiben etwas Normalität verleihen.

Ähnlich die Entwicklung in deutschen Innenstädten. Autofrei sind die nur, damit möglichst viele dort ungestört einkaufen können. Eigentlich müßte das Wort »Fußgängerzone« abschreckend wirken. Zu einer Zeit, als jeder in Westdeutschland an Stacheldraht und Mauer dachte, wenn über die Zone gesprochen wurde, machten sich die Kommunalpolitiker von Flensburg bis Freiburg daran, die Innenstädte zu zonalisieren (oder heißt es: zonifizieren?). Man kommt aus diesen Zonen zwar leicht wieder raus, und doch erinnern diese Orte an die Ostzone. Schließen die Geschäfte, sind die Fußgängerzonen mindestens so ausgestorben wie die Industriequartiere in Bitterfeld.

Eine autofreie Stadt, wie ich sie mir vorstelle, hätte nichts mit dem Fußgängerzonenhorror zu tun, wie man ihn in Köln oder Bochum, in Stuttgart oder Karlsruhe erleben kann. Die Fußgängerzonen haben die deutschen Städte gesichtslos gemacht. Überall gibt es die gleichen Geschäfte, überall die obligatorische Eisdiele oder identisch eingerichtete Kaffeehauskette. Dabei scheint gerade die Uniformität den Leuten zu gefallen. Ob Wolfsburg oder Wuppertal, die Orte sind sich sehr ähnlich geworden. Insofern kann man auch zu Hause bleiben.

Kaum vorstellbar, daß auch das deutsche Erfolgsmodell Fußgängerzone eines Tages zum Auslaufmodell wird. Die aus Amerika importierte Shopping-Mall wird trotzdem dafür sorgen, daß die innerstädtische Fußgängerzone noch weiter verödet. Ich hätte nie gedacht, daß ich mal in einer Fußgängerzone einen Aufruf besorgter Bürger zur Rettung einer Fußgängerzone unterschreibe. Wer keinen Führerschein hat, ist auf Geschäfte angewiesen, die zu Fuß oder mit dem Fahrrad zu erreichen sind. Insbesondere in der Provinz wird die Mall, das Outlet-Center, die Ansammlung sogenannter Fachmärkte auf der längst nicht mehr grünen Wiese zum Feind der gepflegten Fußgängerzone. Die Mall mit angegliederter Riesengarage, im Innern ein autofreier Alptraum, ist in der Regel nur für Autofahrer zu erreichen.

Mir ist unbegreiflich, warum diese Orte des totalen Konsums freiwillig frequentiert werden. Selbst wenn es dort alles zu kaufen gibt, selbst wenn in jeder Etage ein anderes Restaurant untergebracht ist, diverse Kinderbelustigungen, ein Kino vielleicht. Das Überangebot lockt die Kundschaft, möglicherweise auch der kostenlose Parkplatz. Aber wie lassen sich die von frischer Luft und Tageslicht hermetisch abgeschirmten, dafür aber mit Säuselmusik und Werbung beschallten Räume stundenlang ertragen? Wenn dort wenigstens Motorengeräusche zu hören wären! Lieber lasse ich mich von Hans zum nächsten Drive-In von McDonald's kutschieren, als in einer Shopping-Mall das allerfeinste Sushi zu schnabulieren.

Konsequent inkonsequent

Wenn ich mit Freunden über meine Führerscheinlosigkeit spreche, bekomme ich oft den Vorwurf zu hören, ich sei inkonsequent. Sich zum Drive-In fahren zu lassen, aber für die Einführung von Dienstfahrrädern plädieren? Sich ans Steuer eines Cabrios setzen, nur um einer Frau zu imponieren? Aber von der neuen Pariser Liebe zum Zweirad schwärmen? Wie paßt das alles zusammen? Gar nicht. Ich halte Autofahrer nicht per se für Halunken und Radfahrer nicht grundsätzlich für die besseren Menschen. Wie käme ich auch dazu?

Die Moralisierung und Ideologisierung der Mobilität ist nicht die Lösung, sondern ein Teil des Problems. Zumal man feststellt, daß die feindlichen Fraktionen sich ähnlicher sind, als sie es für möglich halten. Es gibt nicht wenige überzeugte Radfahrer, die ihre Fortbewegung als Kampfsport betreiben. Wer als Fußgänger mit Kinderwagen versehentlich den Radweg am Münchner Isarufer benutzt und von rasenden Radrüpeln beschimpft wird, mag das motorlose Zweirad nicht länger als Fortbewegungsmittel der Zukunft anpreisen. Man stelle sich einmal vor, es gäbe nur noch Radler. Was wäre dann auf den Straßen los? Mord und Totschlag? Radler können genauso rücksichtslos sein wie Automobilisten, was wahrscheinlich daran liegt, daß der Kampf mit dem motorisierten Konkurrenten schlimme Spuren hinterlassen hat.

Eines aber soll dem Radfahrer zugebilligt werden. Mit seinem Vehikel kann er unter keinen Umständen so gefährlich werden wie ein Idiot im Auto. Abgesehen vom verbalen Dreck, den ein Radler verursachen mag, gehört sein Fortbewegungsmittel zu den saubersten überhaupt. Wer Fahrrad fährt, hat erreicht, wovon Autohersteller noch träumen: »Mit Hochdruck arbeiten wir an der Entwicklung der Brennstoffzellen-Technologie F-Cell und des Batterie-elektrischen Antriebes. Darüber hinaus schaffen wir nachhaltige und ressourcenschonende Arbeitsprozesse – in allen Unternehmensbereichen. (...) Und verfolgen mit demselben Anspruch, der uns seit Erfindung des Automobils antreibt, unser langfristig wichtigstes Ziel: die emissionsfreie Mobilität.« Hätte mir jemand vor zehn Jahren gesagt, Mercedes-Benz verfolge als langfristig wichtigstes Ziel die emissionsfreie Mobilität, hätte ich ihn ausgelacht. Etwas seltsam ist dieser Sinneswandel schon. Als die Daimler AG eine neue Luxuslimousine noch nicht als »sparsamste S-Klasse aller Zeiten« bewarb, rußte für alle gut erkennbar noch schwarzgrauer Qualm aus dem Auspuff, aber den meisten Leuten, insbesondere den S-Klasse-Fahrern, waren die Emissionswerte piepegal. Heute sind die Abgase mit dem bloßen Augen kaum noch zu sehen, doch selbst für den potentiellen Mercedes-Kunden wird der Ausstoß von gespenstischem Kohlendioxid und nicht minder geheimnisvollem Feinstaub zum Argument, möglicherweise doch einen anderen Wagen zu kaufen (sonst würden die Werbeleute das unsichtbare Zeug nicht erwähnen).

Verstärkt hat sich der Druck auch durch ein Urteil des Leipziger Bundesverwaltungsgerichts aus dem Jahre 2007, in dem festgeschrieben wurde, daß Anwohner von vielbefahrenen Straßen vor gesundheitsschädlichem Feinstaub geschützt werden müssen. Dieter Janecek, der Geschäftsführer der bayrischen Grünen, hatte geklagt, weil er die Verschmutzung an seinem Wohnort nicht länger hinnehmen wollte. Laut einer EU-Richtlinie darf die Konzentration von Feinstaub den Grenzwert von 50 Mikrogramm pro Kubikmeter Luft nicht öfter als an 35 Tagen im Jahr überschreiten. Wer auch immer diese Grenzwerte festgelegt hat und wie sinnvoll sie auch sein mögen, an der Landshuter Allee in München, wo Janecek wohnt, wurden bereits im Frühjahr 35 Überschreitungen des Grenzwertes gemessen.

Der Fall wurde bundesweit diskutiert. Eine breite Öffentlichkeit nahm zur Kenntnis, daß Feinstaubpartikel, weil sie so klein sind, ungehindert in die Lunge gelangen und dort Entzündungen, Allergien, Herz-Kreislauf-Erkrankungen und Krebs auslösen können. Wobei die Höhe der Opferzahlen in der Diskussion so stark schwankte, daß die Validität der Daten bezweifelt wurde. Die Weltgesundheitsorganisation nimmt für Deutschland jährlich 17.000 Menschen an, die an den Folgen von Feinstaub-Erkrankungen sterben, laut einer EU-Studie sind es sogar 65.000.

Die Kommunen reagierten sehr unterschiedlich auf den Richterspruch aus Leipzig. Mir hätte es gefallen, wenn die Innenstädte mit Teppichböden ausgelegt worden wären. Immerhin konnten Forscher der Gesellschaft für Umwelt- und Innenraumanalytik aus Mönchengladbach einen signifikanten Anstieg von Feinstaub in Räumen mit Glattböden nachweisen. Teppiche, so die Erkenntnisse der Wissenschaftler, würden den Staub binden. Viele Städte haben, statt sich um Auslegeware zu kümmern, sogenannte Umweltzonen eingerichtet. Als Folge wurden Millionen Diesel-Fahrzeuge mit

Rußfiltern ausgerüstet, um die begehrte Plakette zu erhalten, welche die Einfahrt in die Umweltzonen erlaubt. Eine City-Maut nach Londoner Vorbild war zwar nicht durchzusetzen, aber schon die beschlossenen Maßnahmen zeigten, daß sich unser Land geändert hatte.

Die Umweltbewegten wunderten sich, daß sich doch etwas bewegt im Autobauerland. Und ihre Gegner, die über die Gefahren des Feinstaubs jahrelang gelacht hatten, stellten fest, daß das Leben auch in einer Umweltzone angenehm sein kann. Die Kritik an der automobilen Umweltverschmutzung war zum Konsensthema geworden. In meiner Jugend, als Mercedes noch bedenkenlos Dreckschleudern produzierte, waren radikalökologische Thesen noch subversiv. Sie richteten sich gegen eine politische Klasse, die frei nach Helmut Kohl alle Probleme aussitzen wollte. Heute pflegen nicht wenige Politiker, die zu Beginn ihrer Karrieren den sauren Regen und das Waldsterben als Propaganda der Grünen gegeißelt hatten, eine schmierige Umweltrhetorik. Mag eine Regierung zwischenzeitlich, wenn es nützlich oder notwendig ist, auch wieder klassische Industriepolitik betreiben und alle Umweltziele fallenlassen, opportunistisch sind die radikalen Meinungsumschwünge allemal. Für mich sind die Worte der Wendehälse eine Warnung.

Welche Forderungen werden Populisten stellen, wenn die Natur gänzlich verrücktspielt, wenn Wirbelstürme Ernten vernichten, Überschwemmungen Millionenschäden verursachen, wenn Menschen sterben, weil die Sommerhitze unerträglich wird und Wissenschaftler noch deutlicher darauf hinweisen, daß all diese Katastrophen auch mit unserer Energie- und Verkehrspolitik zu tun haben? Was dann?

Was muß geschehen, damit sich westliche Demokratien in Ökodiktaturen verwandeln? Abwegig? Daß Mercedes-Benz heute darauf Wert legt, Ökomobile zu bauen, hätte ich in meiner Jugend auch für abwegig gehalten.

Zu erörtern wäre, welche Kriterien erfüllt sein müssen, um von einer Ökodiktatur zu sprechen. Die Organisatoren einer solchen Staatsform werden sich garantiert nicht an vergangenen Diktaturen orientieren. Damit kämen sie nicht weit. Aber sie könnten einen Umweltfundamentalismus zum Gesetz machen, der quasireligiöse Züge trüge. Das wäre in bestimmten Krisenzeiten durchsetzbar. Jedem Untertan würde ein Kohlendioxid-Kontingent zugewiesen, das er am Tag verbrauchen dürfte. Und die Auto-Biographie eines Menschen wäre eine Art Sündenregister. Jeder Autokilometer, den man fährt (und gefahren ist?), würde aufgelistet werden. Die Strafpunkte errechneten sich am Umfang der Umweltverschmutzung. Emissionsarme Autos kämen in diesem System besser weg als die Schwerverbrecher von Mercedes-Benz. Der motorisierte Ausflug ins Grüne müßte fortan als Ordnungswidrigkeit eingestuft werden. Eine Organisation wie der ADAC wäre eine kriminelle Vereinigung, die wahrscheinlich aus dem Untergrund Lobbyarbeit betriebe.

Wie sähen die Strafen in einer Ökodiktatur aus? Dürfte finanzielle Buße geleistet werden oder müßte ein Delinquent, der unbeirrt einen Hummer H2 fährt, in den Knast? Schwer vorauszusagen, was sich Politiker ausdenken, die weder rechts noch links, sondern nur noch öko sein wollen. In der Ökodiktatur, die es hoffentlich nie geben wird, gäbe es eine neue Art der Lebenslüge: Die meisten Sünder werden behaupten, nie ein Auto gefahren zu haben. Social Fiction?

Oldtimer im Park

Wenn der Mensch sich ernsthaft vornimmt, die Natur zu retten, die er beschmutzt und ausgebeutet hat, kann es auf jeden Fall ungemütlich werden. Durchaus realistisch ist, daß eines Tages die letzten Rückzugsräume der gepflegten Autokultur verschwinden. Noch werden die Freunde eleganter Fahrzeugklassiker an den schönsten Orten des Landes herzlich empfangen, noch kann ich die Oldtimer nicht nur im Museum, sondern auch auf der Straße bewundern. Aber wie lange noch? Immerhin sind die Oldtimer die allergrößten Stinker.

Ein traditionsreiches Treffen der automobilen Nostalgiker findet in Baden-Baden statt. Seit Jahrzehnten lädt das Weltdorf im Nordschwarzwald zum *Internationalen Oldtimer-Meeting*. Durch den Kurpark und die Kaiserallee fahren die prachtvollsten Autos, die je gebaut wurden: ein Ford T (1927), ein Bugatti 40 (1928), ein Buick Sedan (1929), ein Mercedes-Benz Carbriolet 230 A (1937), ein Opel Olympia (1952), ein Borgward Isabella (1960), ein Ford Mustang (1968), elegante Bentleys, Austin-Haleys, Cadillacs, Messerschmitts, ein stolzer Adler und ein unbezahlbarer Jaguar. Ich mag den silberfarbenen Mercedes-Benz SL 300 mit den legendären Flügeltüren am liebsten. Wenn sie geöffnet sind, sieht der Wagen aus, als würde er sich gleich in die Lüfte erheben.

Die Besitzer dieser Prunkstücke haben sich zur offiziellen Parade und Preisverleihung der schönsten Oldtimer fein angezogen. Es ist ein Karneval mit gehobener Retro-Verkleidung. Ich frage mich, woher die Leute diese Kostüme haben, und werde sogleich aufgeklärt: »Die nähen wir selbst«, behauptet eine Frau, die leider nicht sagen will, wie sie heißt. Was ich durchaus nachvollziehen kann. Beim Baden-Badener Oldtimer-Meeting nehmen Damen und Herren teil, die schon vom Namen her Damen und Herren sind: Baronin von Wolff Ickenstein zum Beispiel, Graf von Kageneck, Herr Dr. Dr. Donhauser, der eine oder andere Professor, auch die Familien Landgraf und Edelmann sind mit von der Partie (die heißen wirklich so).

All die vornehmen Gäste haben es sich an dem heißen Julitag unter den alten Bäumen des Kurparks gemütlich gemacht. Wer Oldtimer fährt, weiß auch ein Picknick zu genießen. Zur Bratwurst wird Champagner getrunken, und das Publikum bestaunt das frugale Mahl der feinen Leute. Berührungsängste scheinen die Herrschaften nicht zu haben. Ich erkundige mich bei einem Triumph-Fahrer, ob er im Alltag eventuell einen neuen Wagen mit Bluemotion-Technik fahren würde. »Niemals, lieber gehe ich zu Fuß«, schießt es aus ihm heraus. Dieser Mann in den besten Jahren hat sich vom Auto in seiner aktuellen Gestalt verabschiedet. Der Triumph-Fahrer liest wahrscheinlich auch das Oldtimermagazin *Motor Klassik*, das mit folgendem Spruch wirbt: »Echte Kerle. Echte Autos. Keine Servo. Keine Automatik. Kein ABS. Kein ESP. Alles über Autos, die noch echte Autos waren.«

Echte Kerle? Echte Autos? Die Zeitschrift *Motor Klassik* sollte sich vielleicht eine neue Werbeagentur suchen. Beim Rundgang über den Oldtimer-Parcours stelle ich fest, daß diese Auto-Szene keineswegs von Männern dominiert wird. Neben der Baronin von Wolff Ickenstein nehmen an der Veranstaltung zahlreiche Ladys teil, die nicht so aussehen, als wollten sie für einen »echten Kerl« gehalten werden. Wer ein altes Auto fährt, muß doch nicht zwangsläufig antiquierte Ansichten über Männer- und Frauenrollen vertreten. Möglicherweise irre ich mich aber auch. Und die stolze Besitzerin des F12 Roadster der Auto Union sieht nur aus wie eine Frau und wünscht, als echter Kerl in einem echten Auto ernstgenommen werden.

So verwirrend die Geschlechterfrage, so trügerisch das Kurstadt-Idyll. Denn mag das Ambiente auch optimal zu den alten Autos passen, Baden-Baden wird sich überlegen müssen, ob die motorisierte Vergangenheit noch eine Zukunft hat im Gartenparadies. Denn der berühmte Luftkurort kämpft derzeit um die berühmte gute Luft. Messungen haben ergeben, daß Grenzwerte überschritten werden. Daß die Kurstadtluft nicht mehr zum Kuren taugt. Weil es trotz aller Zufahrtsbeschränkungen immer noch zu viele Autos in der Innenstadt gibt.

Auch wenn Baden-Baden zu keiner Zeit nur vom klassischen Heilbetrieb gelebt hat, sondern eher für Glückspiele aller Art berühmt ist, mag man auf das Gütesiegel »Luftkurort« nicht verzichten. Allein der Schlagzeilen wegen! Man stelle sich mal vor, fiese Kolumnisten aus Norddeutschland oder Südsibirien erfahren von der schlechten Luft in Baden-Baden und schreiben darüber. Kaum vorstellbar, wie sich das auf das Geschäft auswirkt. Die Lokalpolitiker wollen etwas tun. Aber was? Sie sitzen in der Zwickmühle. Verbannen sie die Autos aus der Innenstadt, bekommen sie Ärger mit der Bevölkerung, denen die gute Luft weniger wichtig ist als die Automobilität. Auch sind Streitereien mit Geschäftsleuten vorprogrammiert, die wissen, daß ihre Kunden aus der ländlichen Umgebung nicht zu Fuß unterwegs sind. In der Provinz fällt es schwerer, sich vom Auto zu verabschieden, und doch ist die Entwicklung nicht aufzuhalten. Die Umweltfrage ist auch hier eine Wirtschaftsfrage. Städte wie Baden-Baden, die im Wettstreit um die Gunst der reichen Gäste konkurrenzfähig bleiben wollen, werden den Lärm und Dreck des alltäglichen Verkehrs nicht länger tolerieren. Allein um einmal im Jahr die stinkenden Schönheiten zum Internationalen Oldtimer-Meeting einladen zu können. Da ist man konsequent inkonsequent. In Baden-Baden waren Diktatoren mit den unterschiedlichsten Wahnvorstellungen zu Gast, Ökopopulisten aber würde man in der Kurstadt nicht willkommen heißen.

Auto mit Fähnchen

Wenn unsere Fußball-Nationalmannschaft ein Länderspiel gewinnt, ist die gute Luft auch dem umweltbewegten Kurstädter gleichgültig – dann nämlich ist Zeit für den Autokorso. Wie überall in Deutschland. Das war nicht immer so. Ich erinnere mich noch gut an die Anfänge des teutonischen Autokorsos, die ich in Bonn erlebt habe: Noch kurz vor dem Abpfiff des Endspiels der Fußballweltmeisterschaft 1990 fuhr kaum ein Auto durch die Altstadt, und selbst auf der mehrspurigen Konrad-Adenauer-Allee hätte man Rollschuh laufen können. *So* ruhig war es selbst in dem beschaulichen Universitätsstädtchen am Rhein nur selten. Dann aber war Deutschland Weltmeister.

Auch in der kleinen Bundeshauptstadt wurde groß gefeiert. Daheim vor dem Fernseher, in Cafés, Kneipen – und auch auf den Straßen. Ich sah einen kleinen Autokorso und dachte: Wie peinlich! Wild hupende Fahrzeuge hatte es in Bonn bislang nicht gegeben. Dafür gab es in der Stadt am Rhein auch zu viel Polizei, die für Ruhe und Ordnung sorgte.

Zwei historische Ereignisse in dichter Folge schienen die Gemüter in Ost und West zu verändern und die Begeisterung für den Autokorso erst möglich zu machen: der Untergang der DDR und die erste gesamtdeutsche Fußball-Weltmeisterschaft. Mit dem nationalen Freudentaumel der Ossis, so mein Eindruck, änderten sich allmählich auch die kollektiven Jubelrituale im Westen. Ohne die Rufe nach Wiedervereinigung und Einführung der D-Mark in Ostdeutschland, ohne die schwarz-rot-goldenen Fahnenaufmärsche in Leipzig und Berlin, ohne die Trabi-Kolonnen über den Berliner Kurfürstendamm hätte sich der nationale Autokorso nicht zum Standardritual auch der westdeutschen Fußballfans entwickelt.

In Bonn waren es vor allem die Studenten der juristischen Fakultät, die den Titelgewinn der wiedervereinigten deutschen Fußballmannschaft in ihren VW Golf Cabrios feierten. Bei den Jubelparaden saßen die Männer meist am Steuer, die weiblichen Fans schwenkten die Flaggen. Die Autos waren mit Bierkästen beladen, und manch ein fahrender Fußballfan, der betrunken das Deutschlandlied in allen drei Strophen trällerte, mußte seinen Führerschein an diesem Abend abgeben.

Deutschland erlebte den nächsten fahneneuphorischen Höhepunkt, als Oliver Bierhoff sechs Jahre später die deutsche Mannschaft mit seinem legendären Golden Goal zum Europameister machte. Ein Massenphänomen waren Autokorso und automobile Flaggenparade in Deutschland aber noch nicht. Das änderte sich grundlegend mit der Weltmeisterschaft 2006 im eigenen Land. Deutschlands Boulevardzeitungen verteilten Millionen Fähnchen, die bereitwillig ans Fahrzeug geklemmt wurden. Seltsam piefig sahen diese Standarten fürs gemeine Volk aus, und doch wurde die Fahnenfröhlichkeit als Zeichen für den angeblich entkrampften Umgang der Deutschen mit den eigenen Nationalsymbolen gedeutet. Der Autokorso, ursprünglich ein italienisches Jubelritual, war endgültig bei den miesepetrigen Germanen angekommen. Im Fernsehen und Feuilleton gab es Debatten darüber, ob schwarz-rot-goldene Schminke, schwarz-rot-goldene Hüte, schwarz-rot-goldene Hosen und Hemden, ob dieser Farbenrausch Ausdruck eines neuen Party-Patriotismus sei. Deutschland wurde bekanntlich nicht Weltmeister im eigenen Land, und die Fähnchen am Auto verschwanden bald wieder. Über die Ergebnisse einer Studie von Marburger Psychologen, die nach dem schwarz-rot-goldenen Fußballspektakel tatsächlich eine Zunahme nationalistischer und rassistischer Ansichten in Deutschland feststellten, wurde auch nicht mehr diskutiert. Weder im Fernsehen noch im Feuilleton.

Jetzt werden die Fähnchen zu jedem Turnier ausgepackt, und nach einem Sieg der deutschen Nationalmannschaft, mag das Spiel noch so schlecht gewesen sein, gibt es stundenlange Hupkonzerte und Autokorso-Stau. Gewinnen die Italiener oder die Türken, sind die Italiener oder Türken bzw. die Deutschen mit italienischem oder türkischem Migrationshintergrund auf den Straßen. Dabei ist weder die Migration noch die Integration von Belang, beim Fußball entscheidet die Herkunft. Es gibt nur wenige Deutsche, die sich an einem türkischen Korso beteiligen. Und unsere türkischen und türkischstämmigen Freunde halten sich auffällig zurück, wenn die Deutschen siegen. Spielen die Deutschen gegen die Türken, ist ohnehin alles geklärt, dann wird der Korso zu einer Volksgruppendemo (multikulturelles Verbrüdern und Verschwestern eingeschlossen).

Vorbild für dieses ritualisierte Kolonnenfahren ist der Corso in Rom, der im 18. Jahrhundert ein Ort war, sich seiner sozialen Klasse zu vergewissern. Deutschlands berühmtester Italien-Reisender, Johann Wolfgang Goethe, schreibt über diese Spazierfahrt: »Schon alle Sonn- und Festtage eines Jahres ist der römische Corso belebt. Die vornehmern und reichern Römer fahren hier eine oder anderthalb Stunden vor Nacht in einer sehr zahlreichen Reihe spazieren; die Wagen kommen vom venezianischen Palast herunter, halten sich an der linken Seite, fahren, wenn es schön Wetter ist, an dem Obelisk vorbei, zum Tore hinaus auf den Flamischen Weg, manchmal bis Ponte molle. Die früher oder später Umkehrenden halten sich an die andere Seite; so ziehen die beiden Wagenreihen in der besten Ordnung aneinander hin.« Dem Deutschen imponiert die Ordnung im Corso, die sich zu später Stunde allerdings jäh auflöst: »Sobald die Nacht eingeläutet wird, ist diese Ordnung unterbrochen; jeder wendet, wo es ihm beliebt, und sucht seinen nächsten Weg, oft zur Unbequemlichkeit vieler andern Equipagen, welche in dem engen Raum dadurch gehindert und aufgehalten werden.«

Wo der historische Corso endet, nämlich im Chaos der Fuhrwerke und Fußgänger, beginnt der automobile Korso unserer Zeit. Goethe hätte wahrscheinlich wenig Freude gehabt beim Anblick von Fußballfans, die grölend am Steuer sitzen, ständig hupen und mit Fähnchen wedeln. Vom Glanz des Corso, der auch heute noch in Italien zelebriert wird, haben die Rundfahrten der Fußballfans nichts. Es ließe sich über die lärmende Menge auf Rädern auch nichts Schönes schreiben, wie das Goethe in seiner *Italienischen Reise* noch tun konnte: »Diese Abendspazierfahrt, welche in allen großen italienischen Städten brillant ist und in jeder kleinen Stadt, wäre es auch nur mit einigen Kutschen, nachgeahmt wird, lockt viele Fußgänger in den Corso; jedermann kommt, um zu sehen oder gesehen zu werden.«

Vielleicht sollten die Leute wieder mit Kutschen umherfahren; das sähe nicht nur eleganter aus, es wäre auch umweltfreundlicher. So aber gibt es einen Streit darüber, ob die Wimpel am Fahrzeugdach, die Minimalausstattung für den Fußball-Korso, umweltschädlich sind. Der österreichische Automobilclub will herausgefunden haben, daß der Spritverbrauch durch den erhöhten Luftwiderstand steigen soll, »bis zu 0,5 Liter je 100 Kilometer auf Autobahnen oder Überlandfahrten«. Wobei das Fähnchen sowieso nicht auf der Autobahn ausgeführt werden darf, weil es sich bei schneller Fahrt von der Karosserie lösen und anderen Verkehrsteilnehmern vor die Scheibe knallen kann.

Während das Sicherheitsproblem jedem einleuchtet, mag man über den Umweltaspekt lächeln. Wer nimmt schon die Deutschlandflagge vom Dach, weil das ein paar Cent mehr kostet? So viel ist uns der Nationalstolz schon wert. Aber wenn man den Mehrverbrauch von Benzin und Diesel europaweit hochrechnet, dann bekommt die Wimpelgeschichte eine andere Bedeutung, wie im *Spiegel* nachzulesen war: »Danach ergibt sich bei einer Durchschnittsgeschwindigkeit von 50 Kilometern pro Stunde und 30 Tagen Wimpelbenutzung ein Mehrverbrauch von 1,35 Millionen Litern Benzin und Diesel. Das entspricht einer zusätzlichen Klimabelastung von 111.000 Kilogramm Kohlendioxid.« Ganz schön dreckig, diese Wimpelei. Es soll Aerodynamiker geben, die andere Zahlen errechnen, wobei es zweitrangig ist, in welchem Ausmaß die Auto-Wimpel das Klima belasten, angesichts der Tatsache, daß die abendlichen Autokorsos während Europa- und Weltmeisterschaften auch ohne Fahrzeugbeflaggung eine Umweltsauerei sind.

Wer sich über Flaggen am Fahrzeug und automobile Jubelrituale mokiert, gilt schnell als Spielverderber. Die Deutschen freuen sich darüber, daß sie sich endlich genauso freuen können und dürfen wie die Italiener oder Türken, und gegen so viel Gefühl kommt der Verstand nicht an. Also hält man sich in diesem Punkt besser zurück. An einer Diskussion über ein Autokorso-Verbot jedenfalls werden sich nur Leute beteiligen, die gern mal wieder in einer Talkshow sitzen wollen. Möglicherweise bewirken die Benzinpreise ohnehin bald ein Umdenken. Mag der Sprit zwischenzeitlich erschwinglich sein, zur nächsten Weltmeisterschaft werden die Preise wieder erhöht. Die Ölgesellschaften wissen genau, wann die Nachfrage steigt. Irgendwann wird der Autokorso zum Kostenfaktor, über den dann doch nachgedacht wird. Warten wir also ab, bis die Schmerzgrenze erreicht ist.

Welt ohne Öl

Wenn das Benzin bezahlbar bleibt, wenn das Heizöl sogar billiger ist als im Vorjahr, dann will sich kein Kunde darüber Gedanken machen, wie es um die Ölreserven bestellt ist. Wenn aber in den Nachrichten ein neuer Höchstpreis für Rohöl und damit in aller Regel ein Preisanstieg für Benzin und Diesel verkündet wird, schwärmen Magazinjournalisten gleich aus, um den armen Autofahrer an Deutschlands Tankstellen zu befragen: Was er denn davon halte?

Der arme Autofahrer hat irgendwo mal gehört, daß Staat und Mineralölkonzerne kräftig verdienen am Sprit, also lautet die Antwort grundsätzlich: »Abzocke!« Vielleicht stimmt es sogar, daß beim Öl gezockt wird, aber mit der simplen Tatsache, daß bei steigendem Verbrauch und geringerem Fördervolumen langfristig die Preise steigen, mag sich der arme Autofahrer nicht beschäftigen. Schuld sind immer die anderen. Als gäbe es ein Recht darauf, billig zu tanken. In seltenen Fällen wird der arme Autofahrer gefragt, was er tun werde, sollte es irgendwann gar kein Benzin mehr geben. Der Fernsehzuschauer sieht dann völlig ratlose Gesichter. Nein, diese Frage hat sich der arme Autofahrer noch nicht gestellt, und wenn doch, keine Antwort auf die Frage gefunden. Ganz, ganz selten kündigt der arme Autofahrer an, das geliebte Gefährt seltener zu benutzen und auf andere Verkehrsmittel umzusteigen. Der arme Autofahrer ist ein Phänomen. Denn so arm können die meisten Autofahrer gar nicht sein, so viel Geld sie für Wagen und Sprit ausgeben.

Selbstverständlich gibt es Pendler, die mit dem Auto zur Arbeit fahren müssen, die in einem Dorf malochen, das mit Bus und Bahn nicht zu erreichen ist. Ich kenne einen Metzgergesellen, der sehr wenig verdient und verständlicherweise über die steigenden Spritpreise klagt, weil der Betrieb, der ihn ausbildet, leider in einem weit entfernten, überaus finsteren Schwarzwaldkaff liegt. Es würde gegen die Menschenwürde verstoßen, dem Mann zu empfehlen, das Pendeln zwischen Heimatort und Schlachterei aufzugeben und sich eine Wohnung in der Nähe des Arbeitgebers zu suchen. Und leider arbeiten die wenigsten Menschen bei Firmen wie Lehnhoff Hartstahl, die ihren Mitarbeitern eine eigene S-Bahn-Station anbieten. Doch auch andere Arbeitgeber werden umdenken. Wir Arbeitnehmer sowieso.

Der arme Autofahrer mag meckern, er wird aus Frust über hohe Benzinpreise womöglich rechtsradikal wählen, weil ihm irgendein Demagoge den deutschen Volkssprit für 50 Cent pro Liter verspricht. Aber so billig wird der Kraftstoff ganz bestimmt nicht mehr. Selbst wenn die Konzerne geringere Dividenden an die Aktionäre ausschütteten und der Staat auf alle Abgaben verzichtete. Auch in Zeiten einer Wirtschaftskrise, in der Rohstoffe an Wert verlieren und damit auch die Spritkosten fallen, wird der Treibstoff fürs Auto nur vorübergehend etwas billiger, um dann neue Höchstpreise zu erzielen.

Die Ölkonzerne wissen das, und deshalb haben sie in den vergangenen Jahren bestens verdient. 2007 konnte Shell einen Umsatz von sagenhaften 356 Milliarden Dollar ausweisen, 12 Prozent mehr als im Vorjahr. Der Gewinn stieg auf 31,3 Milliarden Dollar, ein Plus von 23 Prozent gegenüber dem Vorjahr. Das werden historische Rekordmarken sein. In zehn, zwanzig Jahren werden Ölmanager von diesen fetten Jahren schwärmen. Denn die Fördermengen stagnieren oder sind rückläufig. Niemand weiß genau, wie sich die Fördermengen entwickeln werden. Seit Jahren streiten sich Wissenschaftler und Ökonomen, Mineralölkonzerne und Umweltaktivisten, wie groß das weltweite Ölvorkommen in zwanzig, dreißig Jahren noch ist, wie teuer der Rohstoff Öl dann sein wird und wie die Menschen mit dieser Entwicklung umgehen sollen. Aber daß die Ressourcen unbegrenzt sind und daß es immer so weitergeht wie bisher, behauptet inzwischen niemand mehr.

Die *Energy Watch Group* ist ein von dem Grünen-Parlamentarier Hans-Josef Fell gegründetes Netzwerk von internationalen Wissenschaftlern und Politikern, die sich mit der Frage beschäftigen, in welchem Maße fossile und atomare Energieressourcen verfügbar sind und wie lange diese Reserven ausreichen. Die *Energy Watch Group* behauptet, die Ölproduktion würde sich bis zum Jahr 2030 halbieren, die Mineralölkonzerne behaupten, die Förderung lasse sich durchaus erhöhen. Die Preise müßten allerdings steigen, um weitere Bohrungen nach Öl zu finanzieren. Außerdem müßten zahlreiche Förderanlagen modernisiert werden. Was die Ölgesellschaften kurioserweise nicht getan haben. Der amerikanische Konzern Exxon Mobil gibt regelmäßig mehr Geld für Dividenden aus als für die Erschließung neuer Ölfelder.

Als Anfang der siebziger Jahre die ersten Berichte vom

Club of Rome über die Grenzen des Wachstums erschienen, wurden die Autoren des Reports noch als Schwarzseher und Ökofundamentalisten beschimpft. Inzwischen geben sogar Manager der Mineralölindustrie zu, daß die maximale Fördermenge bereits überschritten sei und daß es nun, Jahr für Jahr, Jahrzehnt für Jahrzehnt weniger Öl auf dem Weltmarkt geben werde. Wie sich die Verknappung auf unser Leben auswirkt, auf unsere Vorstellungen von Mobilität, auf unsere Landwirtschaft, auf die Nutzung von Heizungs- und Kühlsystemen, auf unser Gesundheitswesen, unsere Architektur, auf die Energie verschlingende Informationstechnologie, auf die Geopolitik der Großmächte, das alles kann man heute nicht genau sagen. Selbst wer nichts von düsteren Prognosen hält, wie sie etwa von dem Energiejournalisten Richard Heinberg in dem Buch *Öl-Ende* ausgebreitet werden, der Kampf um die Ressourcen wird rabiater. Der Beschluß der Europäischen Union, die klassische Glühbirne zu verbieten und nur noch Sparlampen zuzulassen, wird in die Energiegeschichte der industrialisierten Welt nur als Fußnote eingehen.

Und was macht der arme Autofahrer? Jammern, Gas geben und hoffen, daß es bald leistungsstarke Elektroautos oder so viel Biosprit gibt, daß Erdöl oder Erdgas als Kraftstoffe überflüssig werden. »Wir müssen uns endlich unabhängig machen von den Arabern und Russen«, sagt der arme Autofahrer. Daß der Strom auch produziert werden muß, möglicherweise in Atomkraftwerken, ist dem armen Autofahrer gleichgültig. Er muß sich um den verstrahlten Atommüll ja nicht kümmern. Und daß die Produktion von Biosprit dafür sorgt, daß Agrarflächen in Biospritfelder umgewandelt werden und daß damit die Preise für Nahrungsmittel steigen, stört den armen Autofahrer nur am Rande. Bei uns gibt es ja Aldi und Lidl. Die werden sich schon darum kümmern, daß Bier, Schinken und Brot bezahlbar bleiben.

Daß der Strom fürs Elektromobil nicht einfach nur aus der Steckdose kommt und daß der gepriesene Biosprit nicht bio ist, weiß eigentlich jeder Depp. Der arme Autofahrer aber ist klug genug, sich nicht den Kopf zu zerbrechen. Sollte er aber. Denn wenn der Bedarf nach Biokraftstoffen weiter wächst, werden noch mehr Regenwälder abgetragen, um die Anbauflächen zu erweitern. Beim Ausbau von Biospritplantagen in Brasilien oder Südostasien würde, argumentieren Kritiker, sogar deutlich mehr Kohlendioxid freigesetzt, als durch den Ersatz fossiler Brennstoffe eingespart werden könne. In der Europäischen Union will man es besser machen und Biomasse vor allem aus pflanzlichen Abfällen oder aus Grünschnitt herstellen. Was das Grundproblem nicht löst. Denn selbst wenn Biosprit den klassischen Kraftstoffen in höheren Mengen beigemischt werden sollte (was technisch einigermaßen problematisch ist), wird die Umwelt weiterhin verpestet, verstärkt sich der Treibhauseffekt. Was auch in den hinterletzten Ecken der Republik zu erleben ist. Selbst auf der Schwäbischen Alb nehmen die Unwetter zu, so daß eine Autofahrt auch für den ärmsten Autofahrer tödlich enden kann.

In der Debatte ums böse Kohlendioxid scheint die Atomkraft wieder ein besseres, gar ein grünes Image erhalten zu haben. Auch deshalb forciert die Autoindustrie die Entwicklung von Elektromotoren. Was im verborgenen Salzbergwerk strahlt, wird die meisten Autofahrer weniger interessieren als die allzu sichtbaren Schäden durch Wirbelstürme, die immer häufiger und immer heftiger zuschlagen. Aber wer sagt überhaupt, daß es im Zeitalter der Elektromobile nicht auch umweltfreundliche Ladestellen gibt, die neben dem Atomstrom auch Elektrizität aus Wind- oder Wasserkraft anbieten? Noch ist nicht geklärt, wo der benötige Ökostrom herkommen soll. Beim Stromlieferanten RWE zum Beispiel werden nur rund drei Prozent der Energie durch regenerative Quellen erzeugt.

Die deutschen Autobauer ärgern sich inzwischen darüber, daß immer nur Toyota oder Honda genannt werden, wenn das Gespräch auf Elektrofahrzeuge kommt. BMW forciert die Zusammenarbeit mit dem Stromkonzern Vattenfall, um den Mini E serienreif zu machen, und auch Daimler will die mediale Aufmerksamkeit, die dem Thema wieder zukommt, nicht vollends den Japanern überlassen. Wie weit die technologischen Bemühungen gehen, ist schwer zu sagen, aber die Presseabteilung des Stuttgarter Konzerns wird sich gefreut haben, als die *Frankfurter Rundschau* titelte: »Daimler steht unter Strom«. Neben Feldversuchen in London und Rom werden nun auch im Berliner Straßenverkehr rund 150 Elektro-Smarts getestet, die 41 PS haben und auf 110 Kilometer Reichweite maximal 120 Stundenkilometer fahren können. Es ist wirklich ein Witz der automobilen Geschichte, daß ausgerechnet der Smart doch noch elektrisch wird. Das Serienmodell soll angeblich ab dem Jahr 2012 im Rastatter Werk gebaut werden. (Was mich sehr freut, denn diese Produktionsstätten werden regelmäßig für Popkonzerte genutzt. Die Industrieroboter tanzen dann mehr oder weniger im Takt der Musik. Auf dieses Schauspiel will ich nicht verzichten.)

Swatch-Erfinder Nicolas Hayek wollte schon in den achtziger Jahren mit VW ein kleines, buntes und umweltfreundliches Kunststoffauto entwickeln. Doch dann kam Ferdinand Piëch nach Wolfsburg, der die Vision Hayeks nicht verstand. Eine rollende Uhr? Ein Swatch-Mobil mit Elektromotor? Wozu und für wen? Piëch verabschiedete sich von Hayek, der allerdings nicht aufgab und nach neuen Kooperationspartnern suchte. Erstaunlicherweise fand er bei Mercedes-Benz einen Mitstreiter: Der Ingenieur Johann Tomforde verfolgte ähnliche Ideen, konnte sie aber im Hause Daimler nicht durchsetzen. 1972 wurde ihm nach der Vorstellung seiner Pläne mitgeteilt: »Jetzt baust du wieder richtige Autos!« Der erfolgreiche Uhrenmogul aus der Schweiz konnte die konservativen Manager schließlich überreden, den Smart zu bauen. Allerdings nicht als Elektro- oder Hybridmodell, wie es Hayek wollte.

Statt konsequent auf alternative Antriebsenergien zu setzen und einen automobilen Gegenentwurf zu realisieren, wurde ein Kompromißfahrzeug produziert, das kaum Käufer fand. In der vom Verkehrsclub Deutschland (VCD) veröffentlichten Liste der umweltfreundlichsten Autos wurde der erste Smart auf Platz 23 geführt. Hayek hatte sich von dem Projekt längst enttäuscht zurückgezogen. Was mal eine automobile Vision war, wurde zum Gespött. Zur Markteinführung fragten Autojournalisten, ob der Zweisitzer für Schwule und Lesben gedacht sei. Die hätten keine Kinder, die auch noch unterzubringen wären. »Mit dem Smart werdet ihr maximal das verdienen, was das Schiebedach der

S-Klasse erwirtschaftet«, soll Wolfgang Reitzle gesagt haben, damals Entwicklungschef bei BMW. Der Verkauf verlief tatsächlich schleppend, und wenn die Fahrzeuge die Klimabilanz der Mercedes-Flotte nicht ein wenig verbessert hätten, wäre die Produktion wahrscheinlich schon früher gestoppt worden. Auch der aktuelle Elektro-Smart ist vor allem ein Prestigeobjekt, das die gewünschten Schlagzeilen macht. Für den Massengebrauch ist der Wagen noch immer unbrauchbar, hat er doch eine Akkuladezeit von acht Stunden.

Der VCD hat wohl recht damit, wenn er kritisiert, die Diskussion um Biokraftstoffe und der aktuelle Hype ums Elektromobil würden von Seiten der hiesigen Industrie genutzt, um von vergangenen Fehlplanungen und dem mangelnden Willen abzulenken, den Durchschnittsverbrauch der Serienmodelle deutlich zu senken, den Bau besonders schneller und besonders schwerer Fahrzeuge einzuschränken, das Auto mit den bekannten Treibstoffen als Fortbewegungsmittel grundsätzlich zur Disposition zu stellen. Denn kaum waren die Folgen der Finanzkrise auch im Autogeschäft zu spüren, erhöhten deutsche Lobbyisten den Druck auf EU-Umweltkommissar Stavros Dimas, der den Spritverbrauch im Flottendurchschnitt einer Firma von 2012 an auf 5,5 Liter pro 100 Kilometer begrenzen und Überschreitungen dieses Grenzwertes mit Strafen belegen will.

Das Argument der deutschen Autobauer, die vor allem Fahrzeuge mit einem durchschnittlichen Verbrauch von zehn Litern (und mehr) anbieten, ist bekannt: »Unsere Kunden wollen keinen Paradigmenwechsel.« Mag sein. Wer will schon auf alte Gewohnheiten verzichten? Der arme Autofahrer, der die alten Spritfresser weiterfahren und trotzdem wenig bezahlen möchte? Der reiche(re) Autofahrer, dem Anschaffungspreis, Unterhaltskosten und Umweltwerte eines Wagens mehr oder weniger gleichgültig sind, dem es nur darauf ankommt, eine schicke Maximalmaschine durch die Gegend zu bewegen?

Monsterautos

Eine, wenn nicht *die* Horrorvorstellung von Eltern ist es, einen Augenblick nicht auf den Nachwuchs aufgepaßt zu haben und zu sehen, wie das Kind von einem Auto angefahren, überfahren, verletzt, getötet wird. Es passiert immer wieder. Es wird immer wieder passieren. Warum? Weil selbst Familienväter in Tempo-30-Zonen nicht Tempo 30 fahren wollen, weil auch mehrfache Mütter durch Spielstraßen brausen. Weil die Autowelt nicht zur Kinderwelt paßt. Denn selbst wenn sich alle Autofahrer an alle Geschwindigkeitsbegrenzungen hielten, würden Kinder vors Auto laufen. Wären die kleinsten und schwächsten Verkehrsteilnehmer der Maßstab für die Organisation des Straßenverkehrs, dürfte es kein Auto mehr geben. Wobei mit dieser Argumentation alles verdammt werden kann, was das Erwachsenenleben bunt und reizvoll macht. Aber es lohnt sich, einmal hinzuschauen, wie Kinder auf sogenannte Sport Utility Vehicles reagieren.

Die fünfjährige Sophie wird Tag für Tag im Porsche Cayenne zum Kindergarten gebracht. Die Eltern der anderen Kindergartenkinder fahren kleinere Autos, aber das interessiert Sophie in ihrem Alter nicht. Dann beginnt die Schulzeit. Die kleine Sophie sitzt nach wie vor im Mama-Taxi. Das pfiffige Kind bemerkt bald, daß die Autos, in denen die Klassenkameraden sitzen, ähnlich groß sind. Was ein Porsche Cayenne über die Einkommensklasse ihrer Eltern aussagt, weiß Sophie noch nicht. Aber sie wundert sich, warum die Freundinnen aus dem Kindergarten, deren

Eltern kleinere Autos fahren, nicht auf die schicke Privatschule am Waldesrand gehen, die sie nun besucht. Vielleicht zieht Sophie daraus den Schluß, daß Schultyp und Autotyp etwas miteinander zu tun haben. Vielleicht macht sie sich auch keine Gedanken darüber. Autos, sagt Sophie, sind nicht ihr Ding. Noch nicht.

Doch eines Tages, als sie vor Unterrichtsbeginn mal wieder im SUV-Stau vor der Schule steht, bemerkt Sophie, wie komisch es doch sei, daß ausgerechnet die kleinsten Mamas in den größten Autos säßen. Die Mutter reagiert ungehalten. Wo sie das denn aufgeschnappt habe? Wahrscheinlich im Kindergarten, da habe es auch so viele Neider gegeben! Sophie wundert sich, warum Mama schon wieder so schlechte Laune hat, verabschiedet sich wortlos und überquert die Straße. Plötzlich steht sie zwischen zwei Riesenkisten, sieht nur noch dicke Stoßstangen um sich herum und schreit. Aber niemand hört sie, niemand sieht sie.

Sophie wird ins Krankenhaus eingeliefert. Es ist nichts Schlimmes passiert. Eine Rippenprellung, Schürfwunden. Ihre Mama fährt seitdem nicht mehr SUV, sondern Mini. Sophie ist nun in der dritten Klasse, der Unfall ist Jahre her. Doch die Angst vor der großen Maschine ist geblieben. Sie zuckt zusammen, wenn Autos an ihr vorbeifahren. Und das Motorgeräusch eines Cayenne erkennt sie sofort. In diese, wie Sophie sagt, *Monsterautos* will sie nie mehr einsteigen. Ihre Klassenkameraden verstehen Sophie nicht. Maximilian und Charlotte, Anna und Tim sind stolz darauf, daß ihre Eltern Monsterautos fahren. Und wenn sie mal groß sind, wollen sie auch eines haben. Wenn es dann noch Monsterautos gibt.

In Norwegen wird für den Cayenne eine Zulassungssteuer von über 50.000 Euro fällig, in den Niederlanden fast 40.000. Auch andere Länder wie Frankreich und Spanien planen Sondergebühren für Muttis Allradpanzer. Vielleicht kommt ja auch ein deutscher Umweltminister auf die Idee, eine neue Abwrackprämie aufzulegen, die gezahlt wird, wenn ein Monsterauto gegen ein Umweltmobil eingetauscht wird. Wahrscheinlicher aber ist, daß SUV-Besitzer vor lauter Frust über neue Ökobestimmungen ihre Fahrzeuge ins Feld steuern und dort verrotten lassen. Eine Abwrackprämie würde die betuchten Wagenlenker eines Cayenne lediglich amüsieren; über drastische Strafsteuern ärgern sie sich gewaltig.

Irgendwann wird Sophie im Unterricht lernen, daß der Cayenne, als Mama ihn noch fuhr, 358 Gramm Kohlendioxid pro Kilometer in die Luft gepustet hat und daß es auch damals schon Fahrzeuge gab, die vielleicht nicht so gut aussahen wie Mamas Monsterauto, die aber nur ein Drittel des schädlichen Treibhausgases erzeugt haben. Sie wird vielleicht ihre Mama fragen, ob sie sich über die Umweltbilanz ihres Monsterautos Gedanken gemacht hat. Aufgeweckte Teenies wie Sophie können, selbst wenn sie vornehme Privatschulen besuchen, die richtigen Fragen stellen. Sie werden sich mit Ausreden nicht zufriedengeben, selbst wenn Maximilian oder Charlotte ihr die Freundschaft aufkündigen, weil sie mit der Öko-Tusse Sophie nichts mehr zu tun haben wollen.

Sophie hofft, daß es irgendwann keine Monsterautos mehr gibt. Ihre Mutter liest ihr einen Zeitungsartikel vor, der davon handelt, daß die Verkaufszahlen zurückgehen und der Umsatz in jenen Ländern, in denen eine SUV-Strafsteuer erhoben wird, einbricht. In Deutschland geht man aber wieder einen Sonderweg. Hier gibt man sich umweltbewegt, wenn es um Regenwälder oder ferne Meere geht. Sobald die heimische Autoindustrie betroffen ist, geht Industriepolitik vor Umweltpolitik. Kaum vorstellbar, daß auch in Deutschland eine stattliche SUV-Abgabe eingeführt wird. Im Gegenteil. Man streicht die Kfz-Steuer. Für die Minis wie die Maxis.

Man stelle sich vor, irgendein Hinterbänkler dächte laut darüber nach, eine SUV-Strafsteuer in Deutschland einzuführen, gleich hätte man wieder eine Neiddebatte auf allen Kanälen. Die Monsterautobesitzer in Politik, Wirtschaft und Medien würden sich über die Mißgunst des Hinterbänklers und die seiner Unterschicht-Wähler auslassen. Und am Ende hieße es wieder: Zigtausend Arbeitsplätze seien in Gefahr, ja, die Neidhammel sollten froh sein, daß es Leute gibt, die viel Geld in ein Monsterauto investieren. Nein, allein um eine weitere Wiederholung dieser stumpfsinnigen Debatte zu verhindern, ist es besser, daß kein Hinterbänkler auf die Idee kommt, die Monsterautos genauso zu besteuern wie in Norwegen oder in den Niederlanden. Der politisch-industriell-mediale Autokomplex ist eine Macht, die den Diskurs über Mobilität hierzulande beherrscht. Aber wie lange noch? Wie viele faule Kompromisse werden zwischen den Auto-Nationen Frankreich und Deutschland noch geschlossen werden, um ja nicht die hiesige Produktion zu benachteiligen?

Zum Glück gibt es in der erweiterten EU nicht nur Länder, in denen Autos produziert werden. Die drastische Besteuerung von Monsterautos und anderen Dreckschleudern wird auch deshalb mittelfristig zur europäischen Norm, und dann wird sich zeigen, was der deutsche Autokomplex auszurichten vermag. Es ist davon auszugehen, daß die folgende Neiddebatte zunehmend mit nationalistischen Argumenten geführt wird. Dann müssen mal wieder »deutsche Interessen« gegen »Brüsseler Bürokraten« verteidigt werden. Aber unsere europäischen Freunde, die sich mit Lobby-Propaganda auskennen, werden nicht nachgeben, und so blöd sind auch unsere Volksvertreter nicht, daß sie Europas Einheit wegen ein paar Monsterautos gefährden. Oder doch?

Geländewagen ohne Gelände

Ist das Monsterauto, das wie ein Geländewagen aussieht, aber zum Shoppen und Kindwegbringen eingesetzt wird, eine automobile Erscheinung, die bald von den Straßen verschwinden wird? *Der Spiegel* hat den SUV unlängst als »unsinnige Fahrzeuggattung«, »Inbegriff asozialer Makromobilität« und »späte Verirrung« beschimpft. Allerdings können eben auch Verirrungen erfolgreich sein. Selbst Firmen wie Peugeot, die in der Vergangenheit vor allem Kleinwagen verkauft haben, bringen inzwischen Auto-Bullen auf den Markt. Vielleicht wird die französische Firma mit ihrem Modell nicht so erfolgreich sein wie Porsche, doch es wird immer Leute geben, die etwas höher sitzen, die noch mehr Metall um sich herum haben wollen als alle anderen Verkehrsteilnehmer. Weil sie offenbar Angst haben, ohne diesen Panzer unter die Räder zu kommen.

Ängste sind ein zentraler Triebfaktor für den Kauf eines Autos: Da gibt es die Angst, den Alltag ohne Auto nicht bewältigen zu können. Die Angst, die Kinder im Notfall nicht schnell genug ins Krankenhaus bringen zu können. Die Angst, nicht mehr unabhängig zu sein. Die Angst vor dem Statusverlust. Über ihre Ängste, seien sie berechtigt oder nicht, sprechen Autokäufer äußerst ungern. Und doch muß man sich mit ihnen beschäftigen, um nachzuvollziehen, warum sich eine zierliche Lady ausgerechnet für einen Geländewagen entscheidet, obwohl sie garantiert nie einen Feldweg befahren, nicht mal eine allzu große Pfütze durchqueren würde. So unterschiedlich die Motive für den Kauf eines Autos im einzelnen sind, die Sehnsüchte, Wünsche und Ängste von SUV-Fahrern sind erschreckend ähnlich. Daher halte ich eine küchenpsychologische Erklärung dieses Phänomens für durchaus angemessen.

Sophies Mutter sagt, sie habe sich für den Cayenne entschieden, weil sie sich in dem Wagen besonders sicher gefühlt habe. »Ich glaube, daß mir bei einem Unfall in einem kleineren Fahrzeug mehr passiert.« In Crashtests wurde bewiesen, was Sophies Mutter vermutet. Fußgänger, Motorradfahrer und andere Nicht-SUV-Fahrzeuge sehen schlecht aus, wenn sie mit einem fahrenden Koloß kollidieren. Allein wegen der erhöhten Stoßstange. Wer ein Monsterauto fährt, macht sich wenig Gedanken darüber. Alles dreht sich um die eigene Sicherheit. Auch wenn die durch eine Gefährdung aller anderen Verkehrsteilnehmer erkauft ist.

Nun ist Sophies Mutter mit ihrem Cayenne nicht mit 200 Sachen über die Autobahn gerast, auf der Landstraße und im Stadtverkehr ist sie ebenfalls vorsichtig gefahren. Bei ihrem Fahrstil gefährdet sie weder sich noch andere. Aber sie hat Angst: »Vor anderen Leuten, die rücksichtslos fahren.« Die Sorge ist berechtigt, aber auch im SUV ist man nicht hundertprozentig sicher. Denn die rasenden Irren sitzen selten im Kleinwagen, sondern in tonnenschweren Limousinen und Geländemobilen. Wenn zwei Monsterautos zusammenkrachen, enden beide Wagen auf dem Schrottplatz und alle Insassen im Krankenhaus oder auf dem Friedhof.

Je länger ich mit Sophies Mutter über ihre SUV-Zeit spreche, desto weniger rational sind ihre Argumente. Schließlich sagt sie: »Die Stürme werden auch bei uns immer heftiger. Und neulich gab es einen Platzregen, der die Straße vor unserem Haus überschwemmt hat. Das Wetter dreht durch, und ich glaube, ein Geländewagen ist dafür besser geeignet als mein Mini. Der wird doch weggeweht oder weggespült.« So paradox es ist, aber die Angst vor den Folgen der Klimakatastrophe, die mit den Monsterautos noch beschleunigt wird, hat Sophies Mutter dazu getrieben, sich einen Klimakiller zuzulegen. Nach diesem Geständnis habe ich auch andere SUV-Fahrer gezielt nach ihren Ängsten befragt. Immer mit ähnlichen Ergebnissen: Die Welt sei unwirtlich geworden, da brauche man unterwegs erhöhten Schutz. Ein SUV-Fahrer versuchte, ironisch zu antworten: »Wenn die Welt untergeht, fahre ich wenigstens das richtige Auto.«

Während Frauen also noch Angst vor der Apokalypse haben und sich deshalb in einem SUV wohl fühlen, haben manche Männer so etwas wie eine Sehnsucht nach dem Unheil entwickelt: Die Klimakatastrophe wird für sie zum Abenteuer, das im Off-Roader erst richtig Spaß macht. Von Emanzipation und Elternzeit entmannt, will dieser Typ Mann sein verbeultes Ego endlich wieder aufrichten. Dabei wären die meisten SUVs im Ernstfall überfordert. Ein »echter« Geländewagen ist in jeder Hinsicht stabiler gebaut als die meisten SUVs, verfügt zumindest über starre Achsen und eine vorschaltbare Getriebefunktion, um bei niedrigen Geschwindigkeiten höhere Vortriebskräfte abzurufen.

Ein SUV ist modischer Schnickschnack, eine Geländewagen-Illusion, mit der man je nach Bedarf Ängste vor der Apokalypse sowie Katastrophen-Sehnsüchte befriedigen oder aber Minderwertigkeitskomplexe kompensieren kann.

Solange das Wetter sich nicht beruhigt, Frauen sich nicht von eingebildeten Ängsten befreien und Männer ihr Männerbild von dicken Autos abhängig machen, werden weiterhin SUVs produziert. Und zwar für fast jeden Geldbeutel. Auf dem deutschen Markt gibt es rund 60 Modelle, davon die Hälfte mit Dieselantrieb. Das Angebot liegt zwischen 10.000 Euro für einen Lada Niva und 120.000 Euro für eine 500 PS-Granate von Mercedes (wobei die Preise in der gegenwärtigen Autokrise ständig nach unten korrigiert werden).

Auch die Hersteller gehen davon aus, daß nur fünf Prozent der SUVs im Gelände eingesetzt werden. Dabei soll der Wagen, selbst wenn er geteerte Straßen nicht verläßt, trotzdem nach Landleben aussehen. Kein Problem: Matsch gibt es mittlerweile aus der Sprühdose. Das Zeug enthält keine Steine, der sensible SUV-Fahrer will ja keine Kratzer im Lack. Als ich zum ersten Mal davon hörte, hielt ich es für einen Scherz, dann habe ich die Homepage des deutschen Anbieters angesehen: www.sprayonmud.de. Elf Euro kostet die Matschsprühflasche.

Wer Schlamm aufs Auto sprüht, weil er unter Rechtfertigungsdruck steht oder meint, das sehe cool aus, interessiert sich garantiert nicht für den CO2-Ausstoß des liebevoll beschmierten Wagens und wird deshalb auch bereitwillig Strafsteuern zahlen. Solange SUV-Fahrer glauben, für den persönlichen oder globalen Weltuntergang das richtige Auto zu besitzen, ist auch völlig unerheblich, ob der Wagen wie bei BMW etwas tautologisch *Sport Activity Vehicle* heißt oder ob es sich nur um sogenannte *Softroader* handelt, die im Gelände gar nichts zu suchen haben. Hauptsache aufgebockt, schweres Gerät und Power im System.

Angesichts dieser Rücksichtslosigkeit erweisen sich die Warnungen des Weltklimarates als wirkungslos. In seinem letzten Bericht wurde noch einmal darauf hingewiesen, daß die Kohlendioxid-Emissionen von 1970 bis 2004 um 80 % gestiegen sind und sich die Zunahme in den letzten zehn Jahren dramatisch beschleunigt hat. Die Experten sind sich weitgehend einig, daß es sich hierbei nicht um eine »natürliche« Entwicklung handelt, die unsere Erde, Emissionen hin oder her, ohnehin verändert hätte: »Die Folgen«, so liest man im aktuellen Bericht des Weltklimarates, »sind bereits nachweisbar und weit verbreitet, in vielen Fällen können sie auf menschliche Aktivitäten zurückgeführt werden.« Und zu diesen Aktivitäten gehört maßgeblich auch der Autoverkehr. Die Folgen des Treibhauseffekts werden wohl auch SUV-Fahrer kennen: Erderwärmung, Abschmelzen der Pole und Gletscher, Artensterben, Zerstörung von Öko-Systemen, extreme Wetterereignisse. Die gesundheitlichen, politischen und ökonomischen Folgekosten sind kaum absehbar. Wobei die Auswirkungen und Gefährdungen ungleich verteilt sind. Die ärmsten Länder der Welt sind vom Klimawandel, der vor allem durch die Industrienationen verursacht wird, am stärksten betroffen. Man habe nur ein kleines Zeitfenster von 15 Jahren, so der Weltklimarat, um die schlimmsten Folgen der Erderwärmung zu verhindern.

Die leidige Öko-Debatte muß den Freunden des städtischen Geländewagens ziemlich auf die Nerven gehen. Jedenfalls werden sie auffällig unverschämt, wenn man sie auf die Umweltwerte ihrer Fahrzeuge anspricht. Wahrscheinlich werden demnächst SUVs hergestellt, die etwas klimafreundlicher unterwegs sind. Entweder verbessern sich die Verbrauchswerte tatsächlich, oder es wird ein wenig getrickst: Wenn zum Beispiel in einem künftigen Klima-Paß Abgaswerte mit der maximalen Ladung eines Wagens verrechnet werden, wie das etwa unser Verkehrsminister vorgeschlagen hat, würde ein Porsche Cayenne so gut abschneiden wie ein VW Golf.

Die Industrie wird unterstützt von begeisterten Auto-Journalisten – Ökologie hin, Sicherheit her. Ausgerechnet im April 2008, als der Ölpreis so hoch war wie nie, schreibt meine ansonsten sehr geschätzte Tageszeitung: »Tatsächlich ist ein SUV ein praktisches Auto: Es geht viel rein, man sitzt hoch, was einen schönen Überblick und einen bequemen Einstieg mit sich bringt, und wegen des Allradantriebs darf man sich auch im Winter auf der sicheren Seite fühlen.«

Formulierungen wie aus der Werbung. Wer bezahlt überhaupt Auto-Journalisten? Die Zeitung oder die Fahrzeug-Hersteller? Wenn man in der Wüste und nicht in einer deutschen Kleinstadt unterwegs ist, hat man im Geländewagen gewiß einen »schönen Überblick«.

Frau kauft Auto

Wenn meine Frau den Wunsch gehabt hätte, sich ausgerechnet ein SUV-Modell zuzulegen, wäre das für mich (wahrscheinlich) kein Trennungsgrund gewesen. Dann hätte ich mich eben als SUV-Beifahrer zum Deppen gemacht, was für mich kein Problem gewesen wäre, da ich als Führerscheinloser ständig Situationen erlebe, in denen ich Humor beweisen muß. So zum Beispiel beim Autokauf.

Kaum war die Liebste schwanger, trat sie aus dem Stadtmobil-Verbund aus und informierte sich über die Vor- und Nachteile der kinderwagentauglichen Mini-Vans. Ich habe mich an der Auswahl insofern beteiligt, als ich Kommentare zum Design abgegeben habe. Meine Urteile lauteten »sehr häßlich«, »häßlich« und »weniger häßlich«. Das lag nicht daran, daß ich mich mit dem geplanten Autokauf nicht anfreunden konnte. Ich sehe ein, daß ein eigener Wagen das Leben mit Kind vereinfacht. Aber leider entsprechen Familienkutschen wie so viele Dinge, mit denen werdende Eltern konfrontiert werden, nicht meinen ästhetischen Ansprüchen. Ich halte es für eine Zumutung, so viel Geld für einen Wagen auszugeben, der nur »weniger häßlich« ist als andere Modelle. Denn auch als Führerscheinloser habe ich Sinn für automobile Schönheit. Ich bewundere die Arbeit der Designer, die den neu-alten Fiat 500 entworfen haben. Mir gefällt das Audi Cabrio A4. Aber das sind keine Fahrzeuge für die angehende Kleinfamilie.

Meine Frau hat meine Kommentare völlig zu Recht ignoriert und sich für einen Wagen entschieden, dessen Name nicht ins Deutsche zu übersetzen ist, aber dennoch viel über den Stauraum verrät: Roomster! Sie organisierte einen Termin bei der nächsten Škoda-Niederlassung, um weitere Einzelheiten zu besprechen, und kündigte an, daß sie mit ihrem Mann kommen werde. Das hat die Autohändlerin wohl als Warnung aufgefaßt. Kaum hatten wir das Geschäft betreten, bot sie mir eine Probefahrt im Vorführwagen an. Ich sagte, die werde meine Frau übernehmen.

Wir fuhren eine Weile über eine Landstraße, als mich die Autohändlerin fragte: »Was halten Sie von dem Wagen?« Ich zögerte. Sollte ich antworten: »Weniger häßlich als andere«? Das wäre unhöflich gewesen. Also sagte ich: »Das Auto rollt.« Ich hätte auch sagen können: »Wenn es regnet, wird die Straße naß.« Sie nahm wohl an, daß ich auf eher robustere Fahrzeuge stehe, auf einen VW Touareg zum Beispiel.

»Wenn Sie wollen, stelle ich Ihnen auch mal den Touareg vor. Da wird immer gesagt, die SUVs seien nicht geländefähig, aber ich sage ihnen, mit dem Touareg können Sie Weinberge hochfahren.«

Ich nickte und erzählte ihr, wie Reinhard Meyer, der sympathischste Fahrtrainer unter der Sonne, mir auf dem Touareg-Geländeparcours in der VW Autostadt in Wolfsburg alle Finessen dieses Wagens bereits vorgeführt hatte. Sie kannte Meyer nicht, aber als ich erzählte, wie wir mit dem Touareg Treppenstufen runtergefahren sind, und daß mich dieses Auto auch deshalb interessiere, weil die, wie mir Meyer erklärt hatte, *Keyless-Go-Funktion* sehr praktisch für Banküberfälle sei, schluckte sie und wandte sich wieder meiner Frau zu, die mit dem Roomster sehr gut zurechtzukommen schien.

Wir näherten uns der Škoda-Niederlassung, als die Autoverkäuferin noch einmal nachhakte: »Und Sie wollen wirklich nicht?« Ich schüttelte den Kopf, und sie machte ein trauriges Gesicht. Sie befürchtete offenbar, daß der Autokauf von meinem Wohlwollen abhinge. »Bei uns entscheidet die Frau, welches Auto gekauft wird«, sagte ich, und meine Liebste lachte.

»Na ja, Sie müssen doch auch damit einverstanden sein, oder?« erwiderte die Verkäuferin.

»Nö, muß ich nicht. Ich werde das Ding ja nicht fahren«, sagte ich.

»Welches Auto fahren Sie denn?« wollte sie nun endlich wissen, und als ich erklärte, keinen Führerschein zu haben, setzte Sie nach: »Lappen weg?«

»Nee, Lappen nie gemacht. Wenn ich im Auto sitze, dann nur als Beifahrer.«

Ich habe dieses Sprüchlein schon zigmal aufsagen müssen, aber noch nie wurde ich so ratlos angeschaut wie von dieser Autohändlerin. Sie war offenbar stolz darauf, sich in einer Männerdomäne durchgesetzt zu haben, und nun stand da ein Mann, der von der Banküberfalltaste im Touareg begeistert war und der keine Ahnung hatte, wie ein Roomster gestartet wird.

Sie schaute auf den Bauch meiner Frau und fragte mich, was ich täte, wenn es mit den Wehen losginge.

»Ich rufe ein Taxi«, antwortete ich. »Selbst wenn ich Auto fahren könnte, würde ich mich dann nicht ans Steuer setzen. Da halte ich lieber Händchen und überlasse den Verkehr einem, der nicht ganz so aufgeregt ist.« Meine Frau nickte zustimmend und sagte milde lächelnd: »Der Roomster gefällt mir. Haben Sie den Kaufvertrag schon vorbereitet?«

Geburtsvorbereitungskurs im Autohaus

Der moderne Mann besucht zusammen mit der schwangeren Frau einen Geburtsvorbereitungskurs, und wenn der Nachwuchs auf der Welt ist, einen Baby-Massagekurs, einen Baby-Schwimmkurs und einen Pekip-Kurs. Aber alles der Reihe nach.

Als ich vor dem vierstöckigen Gebäude stand, wo der Geburtsvorbereitungskurs stattfinden sollte, konnte ich nicht glauben, was ich sah: ein Autohaus! Im Erdgeschoß waren die Neuwagen ausgestellt, und als ich das Treppenhaus betrat, roch es nicht nach Babyöl, sondern nach Abgasen und Gummi. Auch im vierten Stock, den die Hebamme angemietet hatte, waren die Geruchsverhältnisse nicht besser. Also saßen wir werdenden Mütter und Väter in einem großen Raum, machten Atemübungen und lernten unsere Beckenbodenmuskulatur kennen, während es schrecklich nach Auto stank. Niemand außer mir schien das merkwürdig zu finden. Vielleicht lag es auch daran, daß einige Teilnehmer im Rastätter Mercedes-Werk arbeiteten und an automobile Gerüche gewöhnt waren. Ich hielt den Ort jedenfalls für ein schlechtes Omen, war aber dann doch sehr froh, daß die Hebamme bei der Einstiegsrunde nicht gleich fragte, welches Auto wir denn besäßen. Dann hätte ich wieder trotzig sagen müssen: »Einen Ferrari!«

Während der Veranstaltung wurde uns Männern eine Broschüre von der Bundeszentrale für gesundheitliche Aufklärung überreicht. Titel: »Beifahrer. Kleiner Tourenplaner für werdende Väter«. Ich fühlte mich sofort angesprochen. Die übrigen Männer im Kurs lächelten und legten das Heft zur Seite. Dabei schien es darin gerade um Typen wie sie zu gehen. Auf Seite drei wurde Sven zitiert, der grundsätzlich das Steuer in der Hand haben will: »Und das ist ein Problem, das hab ich grundsätzlich mit allen möglichen Sachen, nicht nur Geburt, sondern allen anderen Sachen, wo ich nichts tun kann, wo ich nicht eingreifen kann. Ein simples Beispiel: Ich kann niemals Motorradfahren als Beifahrer.«

Vielleicht sollten Frauen, bevor sie Kinder in die Welt setzen, die potentiellen Väter genau überprüfen, ob sie auch zum Beifahrer taugen (und ob sie sich einigermaßen artikulieren können). Auch in unserem Geburtsvorbereitungskurs waren die Fragen der Teilnehmer verräterisch. Während sich die Frauen nach der Geburt erkundigten, wollten die Männer wissen, ob fürs Auto unbedingt ein Maxi-Cosi angeschafft werden müsse oder ob auch andere Kindersitze empfehlenswert seien. Die Hebamme gab bereitwillig Auskunft und empfahl den Männern, schon mal Taxigeld zur Seite zu legen. Wenn es denn mit der Geburt losginge, solle man besser nicht mit dem eigenen Wagen in die Klinik fahren. Ein Mann flüsterte seinem Nachbarn ins Ohr: »Taxi, von wegen! Ich bin doch kein Weichei!« Dieser ganze Kerl sollte später auf Dienstreise sein, als die Frühgeburt seines Sohnes begann. Seine Frau war doch aufs Taxi angewiesen. Ausgerechnet an diesem Nachmittag aber hatte sie kein Bargeld im Haus, und sie mußte darauf vertrauen, einen netten Taxifahrer zu erwischen (zumal es Taxifahrer gibt, die wegen der drohenden Scherereien nur ungern Hochschwangere transportieren). Sie ärgerte sich über ihren Mann, der darauf bestanden hatte, sie in die Klinik zu bringen. Der raste, nachdem ihn seine Frau über den Blasensprung informiert hatte, von Frankfurt nach Baden-Baden, aber er kam wenige Minuten zu spät. Weil er die Autobahnausfahrt, die zur Kurstadt führt und die er wahrlich gut kennt, leider verpaßt hatte. So aufgeregt war er.

Vielleicht hätte er doch ins Blättchen der Gesundheitsaufklärer reinschauen sollen: »Für all diejenigen, die keine Hausgeburt planen, fängt die Geburt bekanntlich mit der Fahrt in die Klinik oder ins Geburtshaus an. Das Auto steht vollgetankt vor der Haustüre, und aus Männersicht ist es oft eine ›Ehrensache‹, diese Fahrt zu übernehmen. Doch nicht wenige sind gerade dann besonders aufgeregt, wenn ›es‹ losgeht. Warum nicht den Transport einem Taxifahrer, Freund oder Bekannten überlassen? Das würde dem werdenden Vater auf jeden Fall garantieren, seine Partnerin aufmerksam und insbesondere unbeschadet zum Geburtsort begleiten zu können.« Was für ihn, der kein Weichei sein wollte, eine Ehrensache war, wäre für sie beinahe schiefgegangen.

Als Führerscheinloser wird man die Dummheit, sich ans Steuer zu setzen, während die Frau in den Wehen liegt, nicht begehen. Mein Leben als Beifahrer hat mich nicht nur vor antiquierten Männlichkeitsvorstellungen bewahrt, sondern auch optimal vorbereitet, Vater zu werden. Mitten in der Nacht sind meine Frau und ich zum Krankenhaus gefahren worden, und der Taxifahrer erzählte mit großer Freude von seinen eigenen drei Kindern. Er war so einfühlsam, keine unangenehmen Details über die Geburt zu erwähnen. Im Gegenteil. Er berichtete mit Stolz, daß seine Kinder eine gute Ausbildung bekommen haben, um nicht wie die Eltern ihr Berufsleben im Taxi zu verbringen. Und noch etwas erzählt er: Auch als Taxifahrer hatte er sich und seine Frau immer von einem Kollegen fahren lassen, als sich die Geburten der Kinder ankündigten.

Vom Cabrio zum Kleinkindabteil

Wir trafen uns auf einem Parkplatz, wie jeden Mittwoch kurz vor drei, denn gleich sollte der Baby-Massagekurs beginnen. Wir, das waren drei Paare mit ihren Säuglingen. Drei Paare, ein Autotyp. Wir alle fuhren einen Mini-Van, das heißt, ich fuhr natürlich nicht. Ich saß auf der Rückbank neben dem Baby, das sich in der Sicherheitsschale sehr wohl zu fühlen schien. Vielleicht lag das auch an mir – welches Kind hat schon einen Vater, der lieber hinten sitzt und sich um den Nachwuchs kümmert?

Kaum waren wir ausgestiegen, begann die Fachsimpelei. Welcher Mini-Van welche Vorteile hat. Welcher Mini-Van mehr Stauraum hat und trotzdem akzeptabel bzw. »weniger häßlich« aussieht. Als Petra, Mutter von Marie, sagte, sie hätten sich ihren Mini-Van schon vor der Geburt ihrer Tochter kaufen sollen, so toll sei der Wagen, schüttelte meine Frau den Kopf. »Wenn ich nicht schwanger geworden wäre, hätte ich mir ein Cabrio zugelegt.«

»Das hört sich ja fast so an, als hätte dir dein Kind einen Traum zerstört«, meckerte Petra. Sie gehörte zu den Müttern mit ganz festen Mütter-Ansichten. Doppelverdiener ohne Kind, aber mit Cabrio waren ihr aus prinzipiellen Gründen nicht sympathisch. Meine Frau entgegnete trocken: »Carsten sitzt so gerne im Fahrtwind.« Ich grinste und erwartete die in solchen Situationen übliche Frage, warum ich als Fan des Fahrtwindes keinen Führerschein machen wolle, aber Petra biß sich auf die Lippen und sagte zur drei Monate alten Marie: »Komm, wir gehen jetzt zum Massieren.« Vater Tim trottete hinterher.

»Wenn Auto, dann Cabrio«, sagte ich zu Melanie, die das Gespräch verfolgt hatte.

»Ja, finde ich auch. Habe mich aber nie getraut, das zu sagen. Wenn wir Nico nicht bekommen hätten, wär's bei uns auch ein Cabrio geworden.«

Melanies Mann ergänzte: »So schön sind diese Mini-Vans wirklich nicht. Ins Cabrio paßt halt leider kein Kinderwagen rein.«

»Das wäre doch eine Marktlücke, der Cabrio-Van«, sagte ich und versuchte mir vorzustellen, wie ein solches Gefährt aussehen könnte. Weit kam ich nicht mit meinen gestalterischen Phantasien, denn gleich begann der Baby-Massagekurs.

Marie schrie noch immer, hörte auch während der hektischen Massage ihrer Mutter nicht auf zu schreien. Petra und Anhang verloren die Nerven und gingen bald wieder. Ich aber massierte meine entspannte Tochter und träumte vom Fahrtwind. Für mich ist ein Cabrio, vor allem wenn das Verdeck geöffnet ist, nur ein halbes Auto und damit doppelt sympathisch. Das kann ich nicht sinnvoll begründen, aber mich erinnern Cabrios an die allerersten Automobile und daran, daß es damals nicht ganz so irrsinnig zuging auf den Straßen. Wer offen fährt, legt weniger Wert darauf, besonders schnell zu sein. Die Geschwindigkeit des Wagens nimmt man sowieso viel intensiver wahr. Nur die Hartgesottenen fahren auf der Autobahn mit offenem Verdeck. Ein Sportwagen-Cabrio ist ein Widerspruch in sich selbst. Entweder schnell oder oben ohne: Ein Cabrio gehört nicht auf die Rennpiste, sondern auf die Landstraße, in eine schöne Landschaft.

Auf der Rückbank einer Kinderkutsche sitzend, ist es mir vollkommen gleichgültig, wo ich mich gerade befinde. Ob Bergkulisse oder Lüneburger Heide, ob Landstraße oder Autobahn, mein Blick hängt an der Tochter. Unter diesen Umständen ist mir der Mini-Van gerade recht. Wobei ich längere Fahrten auf der Autobahn grundsätzlich nicht mag, selbst wenn neben mir die lächelnde Tochter sitzt. Spätestens wenn meine Frau flucht, weil wieder mal ein Idiot rechts überholt und die Geschwindigkeitsvorgabe ignoriert, wenn wir stundenlang im Stau stehen und Frau Wagenlenkerin auf seltene Schimpfwörter zurückgreift, wünsche ich mir, nie in unseren Mini-Van eingestiegen zu sein und doch die Bahn genommen zu haben …

Klar, die Zugverspätungen nerven. Ja, das Service-Personal ist zuweilen überfordert. Ja, die Preise sind zu hoch. Verglichen mit den Ärgernissen einer Autoreise sind das jedoch Kleinigkeiten. Der Bahnreisende genießt vor allem drei Vorteile. Er hat die Möglichkeit, während der Fahrt einen Spaziergang zu machen, ein Gespräch mit dem wildfremden Nachbarn zu beginnen oder das Zugrestaurant aufsuchen, diesen fast anachronistischen Ort, der daran erinnert, daß Reisen auch etwas mit Kultur zu tun hat. Ob nun in der Transsibirischen Eisbahn, im Schweizer Glacier-Express, im legendären Zug von Mombasa nach Nairobi oder auch im deutschen Bahnrestaurant, das Essen ist zwar selten gut, aber darauf kommt es gar nicht an. Mir gefällt, wie sich im Zugrestaurant das Zeitempfinden verändert, sich ein neues Reisegefühl einstellt.

Nachdem mir im kenianischen Speisewagen in aller Seelenruhe koloniales Silberbesteck vorgelegt worden war, paßte sich auch mein Verzehrtempo der Reisegeschwindigkeit an. Stundenlang saß ich in dem rollenden Restaurant, und wenn ich hinausschaute in Kenias Steppe, überholten uns Zebras oder lief ein Vogelstrauß mit dem Blechwurm um die Wette. Eigentlich schade, daß der Schweizer Glacier-Express nicht genauso langsam ist. Immerhin läßt das Hochgebirge keine Hochgeschwindigkeit zu. Die Aussicht aus dem Panoramawagen ist phänomenal. Noch schöner wäre, könnte man das Glasdach öffnen und wie in einem Zugcabriolet geruhsam durch die Alpenwelt fahren.

Im Speisewagen der Deutschen Bahn erlebt man Gegenteiliges. Der ICE rast durch die Landschaft, alles verschwimmt. Das paßt zu den passablen Weinen, die inzwischen angeboten werden. Wenn man will, wird die Reise hier wirklich zum Rausch. Das rollende Lokal ist besser als sein Ruf. Das meinten auch die vielen Reisenden, die sich bei der Bahn beschwerten, als das Management genau das Falsche tun wollte, nämlich den Speisewagen durch popelige Bistroabteile ersetzen. Zum Glück wurde dieser Plan nicht umgesetzt, was mich sehr erstaunt hat. Wer regelmäßig Zug fährt und erlebt, was alles nicht klappt, traut der Bahn den größten Blödsinn zu. Wobei mir die ständige Meckerei über das deutsche Zugwesen, das nicht genesen will, seltsam neurotisch erscheint. Haben die Leute keine anderen Probleme?

So schlimm ist das Bahnfahren auch wieder nicht, daß man gleich ein Bahnhasserbuch schreiben oder kaufen muß. Es ist leicht, sich über die denglischen Ansagen der Schaffner zu amüsieren. *Senk ju vor träwelling.* Ja, witzig. Wenn man auf urdeutschen Oberlehrerhumor steht. Ich bin in der Tat sehr dankbar, mit der Bahn reisen zu dürfen. Vor allem, seitdem ich Vater bin und die Vorzüge des Kleinkindabteils zu schätzen weiß. Hier habe ich Olga kennengelernt, die ihrem Sohn Georg auf den Bahnreisen Deutschunterricht gibt, damit der Kleine auf dem Schulhof oder im Zug nicht von Leuten verlacht wird, weil er manche Wörter so schön russisch ausspricht wie seine Mutter.

Im Kleinkindabteil machte ich auch die Bekanntschaft mit einer Frau, die angeblich im dritten Monat schwanger war, nirgendwo sonst Platz nehmen wollte als zwischen uns Vätern, Müttern, Kindern. Nachdem sie sich nicht an einem Gespräch über den Wickeltisch in der Behindertentoilette beteiligt hatte, verließ sie, kaum begann das Baby einer Mitreisenden zu schreien, fluchtartig das Abteil. Im Kleinkindabteil hockt man dicht aufeinander, was durchaus anstrengend ist, was die Anwesenden aber auch zwingt, Rücksicht zu nehmen. Das fällt nicht leicht, ist aber sehr lehrreich. Wie auch Andrea erfahren mußte.

Mir war sie schon auf dem Bahnsteig aufgefallen. Nervös ging sie mit ihrer Tochter im Arm umher. Gab ihrem Mann Hinweise, was er zu tun und zu lassen habe. Andrea und ihr Mann waren mit einem befreundeten Paar unterwegs, das einen Säugling und eine Dreijährige zu betreuen hatte. Kaum hielt der ICE im Kölner Hauptbahnhof, stürmte Andrea ins Kleinkindabteil. Als ich dort ankam, begrüßte sie mich mit den Worten: »Vier Erwachsene, drei Kinder. Hier ist kein Platz mehr.« Ich wünschte ihr einen guten Abend und zählte die Sitze. »Meine Frau und ich begnügen uns mit dieser schmalen Bank, meine Tochter wird auf dem Boden spielen«, sagte ich und ließ mich nieder. Andrea hyperventilierte. »Ja, aber, vier, nein, sechs Erwachsene, drei, nein, vier Kinder, wie soll das denn gehen?« Es ging. Nach einer guten Stunde Fahrzeit krabbelte Andreas Mädchen zu unserer Tochter, die vergnügt auf einer gelb leuchtenden Decke lag. Ob das okay sei, fragte die Mutter verunsichert. »Selbstverständlich«, gab ich zurück, »auf der Krabbeldecke ist mindestens Platz für drei Kinder, vielleicht sogar für vier Erwachsene.«

Andrea lächelte etwas verkniffen, aber sie schien zu begreifen, daß ihr Verhalten unangemessen war. Sie brauchte noch eine Stunde, um mir zu sagen: »Ich wollte mich noch entschuldigen, wegen vorhin, da war ich etwas, ich weiß gar nicht, wie ich das erklären soll, bin selbst erschrocken über mich.« Unsere Kinder lagen nebeneinander und lächelten sich an, als wäre diese Bahnfahrt die schönste Sache der Welt.

Bahnfahrten (können) zivilisieren. Im Auto erlebt man derlei nicht. Hier flucht jeder für sich, die Aggression bleibt im Wagen. »Auto kommt von Autismus«, sagt Kollege Wiglaf Droste, der ständig unterwegs ist, aber auch nie am Steuer sitzt. Welcher Autobahnraser entschuldigt sich schon für seine unverschämte Lichthupe? Und wenn man, statt sich im Speisewagen zu entspannen, auch noch eine häßliche Raste ansteuern muß, wird die Autoreise zur Qual …

Weiße Streifen, grüner Rand

Vor zwanzig Jahren habe ich Autobahnraststätten geliebt. Weil ich mich darauf verlassen konnte, daß es dort immer Jägerschnitzel gab. Ich wußte damals, an welcher Raststätte der Republik das Schnitzel besonders gut war und wo man besser keine Schnitzel-Rast machte. Als ich nicht mehr mit den Eltern in den Urlaub fuhr, als ich grundsätzlich darauf verzichtete, mit dem Auto in die Ferien aufzubrechen, verlor ich auch das Interesse an den Autobahnraststätten-Jägerschnitzeln. Dann aber, zwei Jahrzehnte später, habe ich wieder einen Versuch gemacht. Mit Frau und Kind. Rasthaus Leipheim. Jägerschnitzel, 9,70 Euro. Kindheitserinnerungen aufzufrischen, ist immer heikel. Aber Jägerschnitzel in Leipheim ist besonders schlimm.

Vom lauwarmen und zähen Schnitzel mit Pappsoße koste ich zwei Happen und stelle fest, daß es ungenießbar ist. Erschwerend kommt hinzu, daß es im Gastraum nach Burger King riecht, denn diese Raststätte beherbergt auch den Fastfood-Riesen. Und das geht gar nicht: Jägerschnitzel im Mund, Whopper in der Nase. Wahrscheinlich hätte ich einen Burger mit Fritten nehmen sollen, denke ich, denn die schmecken überall gleich mittelmäßig. Schlimm nur, daß das Jägerschnitzel, das in der Zubereitung viel Zuneigung braucht, heutzutage wie Fastfood hergestellt wird. Aber niemand beschwert sich. Das Publikum ist genügsam.

Doch nicht nur das Essen ist schlechter geworden; mit den funktionalen Neubauten verschwand auch der Charme der alten Raststätte. Im Ruhrpott findet man diese Museen der bundesrepublikanischen Geschichte noch. Meist sind es Bauten aus den fünfziger Jahren, mit Lampen aus den Sechzigern, Stühlen aus den Siebzigen und Toiletten aus den Achtzigern. Der Stilmix erinnert an eine Vergangenheit, in der das Rasthaus noch keine Raste war. Damals wurde die Unterbrechung der Fahrt genossen, man brachte etwas Zeit mit ins Lokal. In den Rasthausküchen wurden ordentliche Schnitzel zubereitet, es gab in den Speiseräumen weiße Tücher auf den Tischen, und wenn man zu viel getrunken hatte, konnte man sich in den Gästezimmern ausruhen. Heute wird das Autobahn-Fertigessen oft in Mikrowellen aufgewärmt, und die Pampe darf in aller Regel an schmierigen Plastiktischen verzehrt werden. Statt Kellner, die noch einen Kaffee anbieten, gibt es vielerorts Selbstbedienung und lange Schlangen vor dem Getränkeautomaten. Mein Vater hat mir erzählt, daß in den sechziger Jahren Leute aus der ganzen Welt nach Deutschland kamen, um die vorbildlich geführten Raststätten der Bundesautobahn zu bewundern.

Die besten Vorsätze haben natürlich nicht verhindert, daß es an diesen Orten automobiler Ordentlichkeit zuweilen drunter und drüber ging, daß dort Geiseln genommen und Autos geklaut wurden, Ehen zerbrachen und neue Liebesgeschichten begannen. Wer eine Raststätte betrieben hat, konnte damals viel erleben: nicht nur Totalschäden und Todesfälle, sondern auch Einsätze gegen Terroristen. Viele Pächter berichten von regelmäßigen Auftritten der gefürchteten Sondereinsatzkommandos. So ruhmreich die Vergangenheit, so trostlos die Gegenwart. Und wie sieht bloß die Zukunft der Rasthäuser aus? Werden die Zapfsäulen verschwinden, weil die Benzinmotoren aussterben? Oder gibt es, um die Autofahrer nicht zu verwirren, den Strom fürs Elektromobil auch aus dicken Schläuchen und einer Anlage, die wie eine Zapfsäule aussieht? Werden womöglich die Massen fernbleiben, weil die Antriebsenergie zu teuer geworden ist? Werden die Autobahn-Lokalitäten geschlossen, weil die dort üblichen Jägerschnitzel als Gefahr für die Gesundheit eingestuft werden?

Einige Raststätten wird es hoffentlich noch in hundert Jahren geben, wie etwa die außergewöhnliche Anlage am Rande der A8 in Seligweiler. Die ist zwar in architekturästhetischer Hinsicht das Grauen, aber wenn man die Inneneinrichtung des Restaurants unter Retro-Schick verbucht, wird man sich vollends aufs Essen konzentrieren, das in Seligweiler tatsächlich selig macht. Mitten durch die gute Stube verläuft die Grenze zwischen Bayern und Württemberg, und dementsprechend bayerisch und schwäbisch ist die Speisekarte ausgerichtet. Die Spätzle sind selbstgemacht, das Wild vorzüglich, so ein Restaurant hätte man gerne um die Ecke. Aber wer wohnt schon in Seligweiler? Wer dagegen in Leipheim rastet, träumt von Gerichten, die im besten Sinne als gutbürgerlich zu bezeichnen sind. Auch Leipheim ist bürgerlich, aber in der aktuellen Horrorvariante.

Immerhin bietet die Anlage saubere Toiletten, und da ich den ADAC-Raststätten-Test gelesen habe, weiß ich auch, daß im Sanitärbereich Wickeltische zur Verfügung stehen. Insofern werden wir dann doch mit Leipheim versöhnt. Nach einer vergleichsweise entspannten Wickelpause verlassen wir die Raststätte guter Laune. Das ungenießbare Jägerschnitzel habe ich längst vergessen.

Es geht wieder hinaus auf die Autobahn. Meine Frau gibt Gas, hinter uns ist ein LKW mit über 100 Sachen unterwegs. Allein das Einfädeln ist ein Kunststück, wenn die Autobahn voll ist. Wir sind wenige Minuten unterwegs, als uns ein blinkendes Schild vor dem zu erwartenden Stau warnt. »Gut, daß wir die Kleine gerade gewickelt haben«, sage ich und ahne nicht, welche Mühen noch vor uns liegen. Ansonsten hätte ich mir auch die Bemerkung verkniffen, daß jeder Deutsche durchschnittlich 60 Stunden pro Jahr im Stau steht. Ich hatte mich kurz vor der Autoreise mit den Erkenntnissen der Stauforschung beschäftigt, und meine Frau schien sich über mein Halbwissen zu amüsieren. Ich erklärte ihr, daß in aller Regel nicht ein Unfall schuld am Stau sei, sondern das miserable Fahrverhalten besonders eiliger Verkehrsteilnehmer: Dichtes Auffahren und plötzliche Spurwechsel führen dazu, daß andere Autofahrer bremsen müssen, die folgenden noch stärker, was zu einer Kettenreaktion führt. Weil am Ende eines Staus jede Sekunde ein Wagen hinzukommt, die an der Stauspitze stehenden Autos aber mehrere Sekunden brauchen, um das Fahrzeug wieder zu beschleunigen, entstehen kilometerlange Blechschlangen, die pro Stunde um 15 Kilometer wachsen.

Nachdem wir eine Stunde lang nur wenige Meter vorangekommen waren, fragte mich meine Frau, ob es sinnvoll sei, die Autobahn bei der nächsten Ausfahrt zu verlassen. Wieder wartete ich mit meinem angelesenen Wissen auf, daß es unterschiedliche Stautypen gäbe: die Nervösen, die jeden Verkehrshinweis zum Anlaß nehmen, Umwege zu fahren, die aber länger unterwegs sind als die geduldig Wartenden; die besonders Schlauen, die den Verkehrsfunk hören und absichtlich in Staus hineinfahren, weil sie hoffen, daß die Meldung veraltet ist (was regelmäßig der Fall ist); und die Abgezockten, die alle Warnungen ignorieren und damit, wenn man den Stauforschern glauben mag, alles richtig machen. Die Wissenschaftler haben nur eines nicht bedacht: Was ist zu tun, wenn man drei Stunden im Stau steht, die Frau am Steuer und ein führerscheinloser Mann auf der Rückbank sowie ein schreiendes Kind im Maxi-Cosi sitzt? Denn inzwischen war die Windel wieder voll, und die Kleine hatte Durst. Doch wie stillen, wenn der Verkehr nicht zum Stillstand kam, sondern zähflüssig durch die Landschaft zog – und es auch keine Standspur gab? Wir hatten Glück, als wir einen kleinen Feldweg entdeckten, der aus welchen Gründen auch immer von der Autobahn abzweigte. Obwohl die Einfahrt verboten war, nutzten wir die Gelegenheit, um dem Stau zu entfliehen. Das Kind wurde gewickelt und bekam die nötige Milch. Ich war sehr, sehr, sehr erleichtert. Mir war durchaus bewußt, daß der Stau auch deshalb ein ernsthaftes Problem darstellte, weil die stillende Mutter den Wagen lenkte und der Vater dem Baby nicht geben konnte, was es brauchte. Wenn das Kind doch ein paar Jahre älter gewesen wäre, hätte ich es mit Gummibärchen und Donald-Duck-Heften beruhigen können! Oder ich hätte ihm erklärt, welches Autokennzeichen zu welchem Ort gehört. Dieses Ratespiel gehörte, sobald ich lesen konnte, zu meinen Lieblingsbeschäftigungen auf langen Autoreisen. Aber die Kleine war wirklich noch sehr klein und brauchte die Mutter, die aber dummerweise mit einem führerscheinlosen Vater unterwegs war.

Als unsere Tochter wieder satt, sauber und zufrieden war,

fragte meine Frau, ob sie in den Stau zurückkehren oder in den dunklen Wald hineinfahren solle. »Entscheide du«, sagte ich. Sie schaltete das Radio ein. »Ja, ich weiß, daß die Meldungen oft veraltet sind«, entgegnete sie gereizt. »Aber was soll ich sonst tun?« Es gab auf keinem Sender aktuelle Verkehrsnachrichten, aber wir beide mußten lachen, als auf irgendeinem Musikkanal ausgerechnet das berühmteste aller Autobahnlieder gespielt wurde.

Wir fahren, fahren, fahren auf der Autobahn,
wir fahren, fahren, fahren auf der Autobahn,

vor uns liegt ein weites Tal,
die Sonne scheint mit Glitzerstrahl.

die Fahrbahn ist ein graues Band,
weiße Streifen, grüner Rand.

Jetzt schalten wir das Radio an,
aus dem Lautsprecher klingt es dann:

Wir fahren, fahren, fahren auf der Autobahn,
wir fahren, fahren, fahren auf der Autobahn.

Asphaltpolitik

Schon 1974, als *Kraftwerk* das Autobahnlied veröffentlichte, hörte sich der Song mit seinem gleichbleibenden Rhythmus und sanften Hubtönen, Brems- und Motorgeräuschen wie ein melancholischer Abgesang auf vergangene Autobahnzeiten an, in denen es kaum Staus und noch weniger Unfälle gab. Auf aktuellen Konzerten der Gruppe werden parallel zu dem Stück Videoaufnahmen mit (etwas) neueren Autobahnszenen gezeigt. Doch Kraftwerk bleibt sich treu und präsentiert weiterhin eine automobile Idealwelt, in der gefahren, gefahren und nichts als gefahren wird.

Die Diskrepanz zur Autobahnrealität ist so groß, daß es schon wieder lustig ist. Gerade weil der Liedtext so radikal unpolitisch ist, verweist er auf die politische Bedeutung unserer breiten Betonstraßen. Nur wenige Bauwerke in Deutschland haben eine derart wirkungsmächtige und zugleich widersprüchliche Symbolkraft. Ob es nun die Nazis waren, die von manchem Rechtsabbieger noch heute für den flächendeckenden Autobahnbau bewundert werden, obwohl der Aufbau des reichsweiten Fernstraßennetzes noch in die Weimarer Republik fällt. Ob es die Politiker im Nachkriegsdeutschland waren, welche die zerstörten Straßen umgehend wieder reparieren ließen und das Gleisnetz der Bundesbahn schon damals sträflich vernachlässigten. Ob es die Euphorie in den siebziger Jahren war, in der so viele Autobahnkilometer gebaut wurden wie nie zuvor, obwohl es die Ölkrise und Sonntagsfahrverbote gab. Ob es nach

1990 die gigantischen Autobahnprojekte in Ostdeutschland waren, die höchste Priorität genossen, um die neuen Bundesländer auch straßentechnisch auf Westniveau zu hieven, obwohl die Menschen aus der ehemaligen DDR wahrlich andere Sorgen und Nöte hatten. Wer sich ins Archiv begibt und in alten Zeitungen blättert, wird sich über die Fixierung deutscher Politiker auf den Autobahnbau wundern.

Der SPD-Verkehrsminister Georg Leber formulierte in den sechziger Jahren das Ziel, daß 85 Prozent der Bevölkerung bis 1985 »von dort, wo sie dann wohnen werden, maximal zehn Kilometer bis zur nächsten Autobahn zurückzulegen haben werden«. Obwohl jedes Jahr mehrere hundert Autobahnkilometer gebaut wurden, war der sogenannte »Leber-Plan« zu ehrgeizig. Die Vorgaben konnten nicht erfüllt werden. Doch das Autobahnfieber in der damaligen Zeit hinterließ viele Spuren. Die Städte wurden mit Hochbahnen, Cityringen und autobahnähnlichen Durchgangsstraßen verschandelt, um die »Verkehrsdurchlässigkeit« zu erhöhen. 1959 hatte der Architekt Hans Bernhard Reichow das Buch *Die autogerechte Stadt* veröffentlicht. Der Titel wurde zum Leitbild einer Generation von Stadtplanern, die Deutschland nach den Zerstörungen des Krieges abermals verwüsteten.

Kritik von Parteipolitikern gab es in diesen Jahren selten, drohte der ADAC doch damit, wer »des Bundesbürgers liebstes Kind vergraule«, bekäme dafür »bei der nächsten Wahl vielleicht die Quittung.« Die Autolobbyisten konnten auch deshalb so frech auftreten, weil sie von der Boulevardpresse unterstützt wurden. Wer sich etwas differenzierter über den nicht nur deutschen Autobahnwahn informieren wollte, konnte das selbstverständlich auch tun. Rudolf Walther informierte die Leser der *Zeit* darüber, daß unter Verkehrsplanern ernsthaft der Vorschlag diskutiert wurde, die Champs-Élysées durch den Bau einer Hochstraße »autogerechter und leistungsfähiger« zu machen. Walther zitiert dazu den WDR-Moderator Alexander von Cube, der 1972 zu dieser wahnwitzigen Idee einen gar nicht ironisch gemeinten, sondern ziemlich dämlichen Kommentar über den Äther gab: »Ach, man kann sich daran gewöhnen.«

Das verrückteste Argument für den totalen Autobahnausbau hat übrigens ausgerechnet im Orwell-Jahr 1984 eine Heidelberger Studie geliefert: »Hätte man alle 1982 auf den Autobahnen erbrachten Leistungen auf Bundesstraßen abgewickelt, so wären 1982 etwa 2.000 Tote mehr zu beklagen.« Demnach hätte man durch die Heidelberger Innenstadt eine Schnellstraße und zum Heidelberger Schloß eine sechsspurige Autobahnauffahrt bauen müssen, um auch dort Unfälle zu vermeiden. Wahrscheinlich wäre ein solcher Quatsch in der *ADAC Motorwelt* bejubelt worden, immerhin wurde in dem Hetzblatt, wie Rudolf Walther dokumentiert, viele Jahre nach dem Ende des Nationalsozialismus im astreinen Nazi-Jargon mit einer »blutigen Revolution« des »kraftfahrfreundlichen deutschen Volkes« gedroht, wenn die Regierung weiterhin »die nichtdeutsche Erfindung der Schienenbahn« bevorzuge. Was sie gar nicht tat. Der erste deutsche Verkehrsminister Hans-Christoph Seebohm hielt die Motorisierung der Deutschen für einen wichtigen Aspekt im Kampf gegen den Kommunismus. Wenn man nach Belegen sucht, wie die Propaganda der Nazis auch nach dem Krieg noch gewirkt hat, muß man sich mit der Verkehrspolitik beschäftigen.

Obwohl Hitler zunächst vom Autobahnbau nicht überzeugt war, erkannte er bald die propagandistische und militärische Bedeutung der Autobahnen. Fritz Todt, Generalinspektor für das deutsche Straßenwesen, ließ in den sechs Jahren nach der »Machtergreifung« rund 2.200 Autobahnkilometer bauen und 40.840.000 Quadratmeter deutschen Boden zubetonieren. Noch 1964 wurde der Mann im *Handbuch des Betonstraßenbaus* gelobt, weil er seine Leute »mit straffer Hand... zu einer Höchstleistung« angetrieben hatte. Was hatte der Führer gesagt? »Wenn man früher die Lebenshöhe eines Volkes oft nach der Kilometerzahl der Eisenbahnen zu messen suchte, wird man in Zukunft die Kilometerzahl der für den Kraftverkehr geeigneten Straßen anzulegen haben.« Und so haben die Nazis von 1940 an verstärkt Kriegsgefangene und KZ-Häftlinge als Zwangsarbeiter eingesetzt, um die gewünschte »Lebenshöhe« zu erreichen.

So groß die politischen Unterschiede zwischen sozialen, freien, christlichen Demokraten von heute und den nationalen Sozialisten von damals sein mögen, der Ausbau der Autobahnen gilt noch immer als gelungene Verkehrspolitik. Statt die Zahl der Autos auf den Straßen zu reduzieren und alternative Transportmittel zu stärken, hat sich noch jeder deutsche Verkehrsminister für die Vergrößerung des Streckennetzes eingesetzt. Inzwischen werden solche Pläne auch mit angeblich ökologischen Vorteilen begründet. Die simple wie falsche Gleichung lautet: Mehr Autobahn gleich weniger Stau gleich kürzere Fahrzeiten gleich weniger Abgase. Dabei zeigen die Statistiken vor allem eines, daß nämlich mehr Straßen grundsätzlich auch mehr Verkehr bedeuten.

Die deutsche Automobilwirtschaft wird sich darüber freuen, daß die deutsche Politik, wie groß oder wie bunt die Koalitionen auch sein werden, künftig darauf angewiesen ist, den Ausbau der Autobahnen mit Hilfe von Privatinvestoren zu finanzieren. Interessant wäre, ob VW oder BMW sich am Straßenbau beteiligen. Dann würden die Firmen in einer Zwickmühle stecken. Denn einerseits würde sich eine solche Investition nur lohnen, wenn die Investoren eines Tages Gebühren für die Benutzung der Straßen verlangen. Andererseits kämpft die hiesige Auto-Industrie seit Jahren gegen die Einführung einer PKW-Maut. Vielleicht ist das ein Fall für die in Deutschland so unbeliebten Heuschrekken. Die sollen herbeifliegen und dem Staat auch den Rest des Autobahnnetzes abkaufen. Deutschland wäre auf einem Schlag einen Großteil seiner Schulden los. Außerdem würden diese Manager auf dem politisch verminten Autobahngelände unabhängiger agieren, weil sie sich nur um die Rendite ihres Unternehmens kümmerten und die Drohungen der Lobbyisten überhörten. Feige Verkehrspolitiker, die eine Maut für alle Fahrzeuge nicht haben durchsetzen können oder wollen, dürfen sich dann mit dem Hinweis rausreden, die deutsche Autobahn sei nicht mehr in Staatsbesitz. Lang lebe der Asphaltkapitalismus!

Wird in Deutschland eine flächendeckende PKW-Maut für Autobahnen eingeführt, gibt es zunächst mal Chaos auf den Landstraßen. Nach einer Übergangszeit werden alle Straßen als Einnahmequelle entdeckt – auch Bund, Länder und Gemeinden werden dann zulangen. Die freie Autofahrt für freie Autobürger wäre Geschichte. Der Staat könnte die Mehreinnahmen endlich in den öffentlichen Personennahverkehr stecken, und alle Leute, die sich das Autofahren nicht mehr leisten könnten, bekämen für Bus und Bahn gerechte Sozialtarife. Der staatlich gelenkte Asphaltkapitalismus müßte keineswegs zu einer Klassengesellschaft führen, in der die Unterschicht von der Mobilität ausgeschlossen wäre.

Soweit die Theorie. In der Praxis ginge es nicht nur darum, den Verkehr vernünftig zu organisieren. Die Frage wäre auch, was mit all den Emotionen geschähe, die jahrzehntelang mit dem Auto verbunden waren. Mit dem Fahrspaß und dem Unfallärger. Mit den Leidenschaften und dem Leid …

Crash im Kino und im Kopf

Im Sommer '99 geriet ich in der Nähe von Amsterdam in eine Massenkarambolage. Alle Unfälle, die ich bislang erlebt hatte, waren nicht der Rede wert, wenn man die Schadenshöhe dieses Crashs bedenkt. An dem Auffahrunfall waren 37 Fahrzeuge beteiligt, darunter zwei Busse und ein Sattelschlepper. Vier Autos brannten vollständig aus. Die Autobahn war noch zwei Tage nach dem Unfall gesperrt, weil sich mehrere Fahrzeuge so ineinander verkeilt hatten, daß man sie auseinander schweißen mußte, bevor man die Wracks abschleppen konnte.

Als ich die vielen demolierten Karosserien sah, das Blut auf der Straße, das Geschrei der Leute hörte, das Krankenwagengeheul, die landenden und startenden Rettungshubschrauber, nahm ich an, daß unter den Trümmern viele Tote lägen. Erstaunlicherweise gab es nur Schwerverletzte, es starb niemand. Das Auto, in dem ich saß, hatte einen Totalschaden. Meine Fahrerin, unverletzt wie ich, saß neben der Autobahn und weinte. Sie glaubte zu diesem Zeitpunkt noch, daß sie den Unfall ausgelöst hatte. Wir waren auf jeden Fall in der vordersten Reihe des Geschehens, und das war unser Glück.

Heute kann ich mich nur noch sehr undeutlich an diesen Unfall erinnern. Psychologen haben dafür bestimmt eine kluge Erklärung, ich meine aber, die Erinnerungslücken rühren auch daher, daß sich in meinem Gedächtnis viele Unfallbilder überlagert haben. Ich kann längst nicht mehr sagen, welche Bilder zu welchen Unfall-Erfahrungen gehören und ob den Bilderinnerungen, die ich abrufen kann, tatsächlich eigene Erfahrungen entsprechen. Schon als ich damals vom Standstreifen aus die Szenerie der Massenkarambolage betrachtete, hatte ich das Gefühl, im Kino zu sein. So unwirklich kam mir die Wirklichkeit vor.

Kurz vor diesem Unfall hatte ich *Crash* gesehen, einen Film von Regisseur David Cronenberg. Es geht darin um eine Gruppe von Leuten, für die der Unfall ein sexueller Fetisch ist. Je blutiger der Zusammenstoß auf der Straße, um so erregender für die Protagonisten dieses blutigen Lustspiels. Die Crash-Obsessiven schauen sich stundenlang Unfallvideos an, fotografieren Plätze, an denen sich Verkehrsunfälle ereignet haben, stellen berühmte Unfälle nach wie etwa den von James Dean. Das sind Leute, die auf jede Abwrackprämie verzichten, wenn sie einen Wagen selbst zu Schrott fahren dürfen.

Wer Marquis de Sade gelesen oder eine Folge von Lilo Wanders' »Wa(h)re Liebe« gesehen hat, weiß, daß es die aberwitzigsten Spielarten der Erotik gibt. Doch als ich damals in Holland die vielen kaputten Autos und die ebenfalls kaputten Menschen sah, fragte ich mich, ob es wirklich jemand auf der Welt gab, der eine solche Szene sexy findet. Bald schon begriff ich, daß die Geschichte in Cronenbergs Film, die dem gleichnamigen Roman von Science-Fiction-Autor James Graham Ballard entlehnt ist, keine düstere Vision eines Endzeitpropheten war, sondern ein ziemlich präzises Abbild unserer Gesellschaft darstellte.

Viele hundert Schaulustige liefen zum Unfallort. Der beliebteste Platz der Voyeure war eine Brücke, von der man das Blechgemetzel in sicherer Distanz übersah. Aber es gab auch Leute, die wollten sich den Unfall aus nächster Nähe ansehen. Sie schlugen sich durchs Gebüsch und spazierten die Autobahn entlang. Sie fotografierten die Beschädigungen, die Menschen und Maschinen sich durch den Crash zugezogen hatten. Es waren keine Paparazzi, keine Lokalreporter oder Versicherungsleute, die den Schaden aus beruflichen Gründen aufzunehmen hatten. Waren das Perverse? Sie lächelten, wenn sie ein besonders verbeultes Auto vor die Linse bekamen. Mein Niederländisch war leider zu schlecht, also sprach ich einen besonders eifrigen Fotografen auf Englisch an. Der Typ sagte nur einen Satz, und den wiederholte er immer wieder: »Accidents are so beautiful.« Kopfschüttelnd zog ich weiter. Ich wollte nun wissen, ob die anderen mit Kamera bewaffneten Spanner auch von der Schönheit dieses Unfalls schwärmten. Viele trauten sich nicht, mir eine Antwort zu geben. Verschämt versteckte eine Frau, die mit Kochschürze zum Unfallort geeilt war, den Foto-Apparat in einer Plastiktüte. Sie sah aus, als hätte ich sie inflagranti beim Sex mit einem Liebhaber erwischt.

Wie auch immer der Lustgewinn aussieht, den Voyeure erleben, wenn sie schmerzverzerrte Gesichter sehen, offene Wunden und weinende Kinder. Die Hemmungslosigkeit der Unfallsüchtigen zeigt auf jeden Fall, wie stark die Kraft sein muß, die sie zu einem solchen Verhalten drängt. Inzwischen gibt es die schlimmsten Nahaufnahmen auch im Internet zu sehen. Wer Fotos und Filme von Unfällen ins Netz stellt, darf sich über ein Millionenpublikum freuen. Laut den Hitlisten der Suchmaschinen sind Crash-Videos ähnlich beliebt wie Aufnahmen von Gruppensex.

Als Küchenpsychologe ist mir durchaus vertraut, daß Eros und Thanatos eng miteinander verknüpft sind, daß eine regressive Libido sich nicht selten in einer Faszination für Tod und Verderben ausdrückt, aber als ich die Heerschar von neurotischen Fetisch-Spießern und nekrophilen Hausmütterchen sah, wie sie sich an einer Massenkarambolage aufgeilten, entwickelte ich Haßgefühle, die mich erschreckten. Am liebsten hätte ich diese Leute verprügelt, mit bloßen Fäusten genauso entstellt wie die Opfer, die sie fotografierten. Als mir klar wurde, daß mir meine Prügelphantasien Spaß bereiteten und die Sehnsucht wuchs, tatsächlich loszuschlagen, wußte ich, daß ich den Schaulustigen ähnlicher war, als ich es mir je hätte vorstellen können.

Was tun, wenn die Analyse stimmt? In Schweden haben Verkehrspolitiker die »Vision Zero« formuliert: Niemand soll in Zukunft mehr durch den Straßenverkehr getötet oder schwer verletzt werden. Guter Plan, aber wie umsetzen? Alle Bürger zum Psychotherapeuten schicken? Die Lust an der automobilen Aggression wird früh eingeübt; sie ist Teil unserer morbiden Kultur.

Den Spaß am Unfall lernte ich in der Schulzeit kennen. Meine besten Freunde Holger und Marcus hatten einen Führerschein und waren mit einem silberfarbenen VW Golf beziehungsweise einem gelben Opel Kadett unterwegs. Wobei der Golf ein Modell der achtziger Jahre war, der Opel aus den Siebzigern kam. Einen ähnlichen Kadett, wie ihn Marcus fuhr, habe ich neulich bei einer Oldtimer-Show gesehen. Heute ist der Wagen, wenn er gut erhalten ist, einiges wert. Das Auto von Marcus war ein Klappergestell, das allein deshalb beeindruckte, weil es sich überhaupt noch bewegte. Was Marcus nicht davon abhielt, uns zu demonstrieren, wie schnell und robust sein Auto war.

Eines schönen Schultages saß ich in Holgers Golf, dicht gefolgt von Kadett-Marcus. Es gab mal wieder ein kleines Straßenrennen vor der Schule, nur eine rote Ampel konnte uns stoppen. Holger bremste. Auch Marcus drosselte die Geschwindigkeit, aber er ließ seinen gelben Opel weiterrollen, so daß er gegen den Golf schepperte. Holger und ich drehten uns um und sahen einen lachenden Marcus, der seinen Wagen zurücksetzte und ihn noch einmal gegen Holgers Stoßstange fuhr. Wenn die Ampel nicht auf Grün umgeschaltet hätte, wäre das Spiel wahrscheinlich weitergegangen. Wie wir später feststellten war der Golf kaum beschädigt, der Opel sah allerdings ziemlich schlecht aus. Ich weiß nicht, warum Marcus auf die Idee kam, seinen Wagen zu demolieren, aber es bereitete ihm offenbar Vergnügen.

Unfallkultur

Die Lust, etwas zu zerstören, läßt sich im Auto durch eine kleine Fußbewegung befriedigen. Das Kraftfahrzeug – der Name sagt alles – bietet ein ungeheures Zerstörungspotential. Insofern paßt das Automobil zur Kultur des 20. Jahrhunderts, die von Weltkriegen und Massenmorden geprägt ist. Zerstörung oder vornehmer formuliert: Dekonstruktion ist das große Thema in der kulturellen Spätmoderne. In der bildenden Kunst wird der Unfall zum zentralen Motiv. Ob nun Andy Warhols Crash-Serie oder die Unfall-Fotografien des ehemaligen Schweizer Verkehrspolizisten Arnold Odermatt, die mittlerweile in Galerien und auf Biennalen gezeigt werden, das kaputte Auto fasziniert Künstler und Kunstkäufer gleichermaßen. Für Warhols *Green Car Crash* aus dem Jahre 1963 sind unlängst rund 72 Millionen Dollar gezahlt worden.

Nicht ganz so teuer, aber mindestens so gut sind die Auto-Arbeiten von Dirk Skreber. Da fliegen Reifen durch die Luft. Da wickelt sich Autoblech um Baumstämme, da werden Kombis von Leitplanken aufgespießt. Horrorvorstellungen, die dennoch Trost spenden. Denn die Landschaften, in denen sich diese Unfälle ereignet haben, sind menschenleer. Irgendwo im suburbanen oder provinziellen Ödland, irgendwann in der Vergangenheit haben sich diese Unglücke ereignet. Autos, so die Botschaft, sind Überbleibsel einer destruktiven Phase in der Menschheitsgeschichte. Wo Autos im Straßengraben verrotten, lebt heute kein Homo sapiens mehr.

It Rocks Us So Hard Ho Ho Ho heißt die Gemälde-Serie, und wenn man sich mehrere Werke hintereinander anschaut, wird die Komik dieser Arbeiten deutlich: Bei Skreber kleben die Wracks so malerisch am Mast, daß man sich wünscht, ähnlich ästhetisch möge es auch bei echten Unfällen zugehen. Doch Skrebers Auto-Aufspießungen sind Crash-Comics, mit der »Realität«, auch einer zukünftigen, haben sie wenig zu tun. Ein wenig erinnern sie an die Zeichensprache der Aufklärungskampagnen, in denen ein betrunkener Fahrer die Kontrolle verliert und den Wagen ins Wohnzimmer des Nachbarn lenkt.

Die Crash-Kunst von Warhol ist »realistischer« – auch wenn oder gerade weil die Foto-Vorlagen stark verfremdet wurden. Blickt man in die Archive der Polizei, wird man mit vergleichbaren Aufnahmen konfrontiert, die vor lauter Realismus kaum zu ertragen sind. All das verdrehte Blech, all das Blut auf den Straßen, das ich in den Archiven zu Gesicht bekam, hat mich verstört. Ich weiß nicht, wie Verkehrspolizisten mit diesem Unfallgrauen umgehen. Einer hat mir gesagt, er lasse sich seit Jahren therapieren. Andere haben sich in ruhigere Abteilungen versetzen lassen. Die Mitarbeiter einer Mordkommission sehen weniger Blut als Verkehrspolizisten. 1996 wurden in Deutschland 720 Mordtaten erfaßt, zehn Jahre später waren es laut Kriminalstatistik des BKA 375 Morde. Auf unseren Straßen sterben mehr als zehnmal so viele Menschen. 2006 gab es in Deutschland 5.091 Verkehrstote, 2007 »nur noch« 4.949 Opfer zu beklagen. Auch 2008 gibt es einen Rückgang der, wie es im Amtsdeutsch heißt, »Unfälle mit Personenschaden« festzustellen, und dieser positive Trend wird von der Autobranche dermaßen gefeiert, daß die vielen Toten, die es immer noch gibt, fast in Vergessenheit geraten.

In Industrieländern wie Deutschland ist die Zahl der Verkehrstoten seit Jahrzehnten rückläufig. Die Bundesrepublik hatte ihren Negativrekord 1970 erreicht. In diesem Jahr gab es 21.332 Verkehrstote. Wie deutlich der Rückgang ist, sieht man auch daran, daß die Anzahl der zugelassenen Autos damals mit 15,1 Millionen verhältnismäßig gering war. 2007 gibt das Statistische Bundesamt über 55 Millionen zugelassener Kraftfahrzeuge an.

Die Automobilindustrie ist sehr bemüht, die Zahl der Verkehrstoten zu senken. Nichts schadet dem Image des Autos so sehr wie der Massentod auf den Straßen. Sicherheitsgurte, ABS, ESP und Airbags haben viel bewirkt. Es wird künftig elektronische Steuersysteme geben, die Risiken weiter minimieren. Wenn Drängler nicht mehr drängeln, wenn Betrunkene nicht mehr waghalsig überholen, wenn schlechte Fahrer nicht mehr schlecht fahren können, weil ein Bordcomputer Fehler ausgleicht, in gefährlichen Situationen sogar das Steuer übernimmt, braucht vielleicht auch die Statistik der Verkehrstoten nicht mehr fortgeführt zu werden. Doch das hieße, die Freiheit des Individualmobilen würde stark beschränkt. Mehr Sicherheit, weniger Freiheit? Auch die Auto-Lobby wird eines Tages umdenken. Oder zum Umdenken gezwungen. Was technisch möglich ist, wird politisch auch durchgesetzt. Als 1976 die Gurtpflicht eingeführt wurde, gab es heftige Proteste. Unbequem sei das Anschnallen, beschwerten sich Lobbyisten und Stammtischbrüder, die Sitzfreiheit der Fahrenden werde unverhältnismäßig beschnitten. Schnell zeigte sich, daß der Gurt die Sicherheit im Auto erhöht. Die Zahl der Verkehrstoten sank signifikant. Heute regt sich kaum noch jemand auf, daß er sich anschnallen muß. Jedenfalls ist niemand mehr stolz darauf, ein Gurtmuffel zu sein.

Derzeit sterben täglich 13 Menschen auf deutschen Straßen, wobei diese Zahl nur verhältnismäßig wenig über die tatsächliche Gefährlichkeit des Straßenverkehrs aussagt. Die Leicht- und Schwerverletzten, die körperlich und seelisch Verkrüppelten sind in keiner Statistik aufgeführt, weil die Dunkelziffer zu hoch ist. Außerdem ist ein Toter nur dann ein Verkehrstoter, wenn er innerhalb von 30 Tagen an den Folgen eines Verkehrsunfalls verstirbt. Weltweit verlieren jedes Jahr mehr als 600.000 Menschen im Straßenverkehr ihr Leben, und es ist davon auszugehen, daß die Zahl viel höher ist, weil in vielen Staaten, vor allem in Afrika, keine Unfallstatistiken geführt werden. Die Schätzungen schwanken. Die Weltbank geht von weltweit 1 Million Verkehrstoten im Jahr aus, Ärztevereinigungen und UNO vermuten, daß es 1,2 Millionen sind. Die Anzahl der Verletzten wird auf jährlich 40 Millionen geschätzt. Auf die Lungenkranken, die an der automobilen Luftverschmutzung leiden, und all die anderen Erkrankungen, die der Straßenverkehr auslöst, möchte ich an dieser Stelle erst gar nicht eingehen.

Allein die Zahl der Verkehrstoten ist schockierend, aber niemand scheint geschockt zu sein. Jedes Jahr 1 Million Verkehrstote weltweit? Oder mehr? Wenn das so weitergeht, hat das 21. Jahrhundert 100 Millionen Verkehrstote zu beklagen. Nichts ist so tödlich wie der Straßenverkehr. Kein Krieg, kein Völkermord, kein Terrorismus. Vergleiche hinken. Und helfen, die Dimensionen einer unfaßbaren Zahl deutlich zu machen. Bei den Anschlägen vom 11. September 2001 starben in den USA insgesamt 3018 Menschen. Die politischen und militärischen Folgen waren mindestens so dramatisch wie die Attentate. US-Präsident George W. Bush begann zwei Präventivkriege, beschnitt die Bürgerrechte im eigenen Land und schaffte mit dem Gefangenenlager in Guantanamo eine menschenrechtsfreie Zone. Gegen Bushs blutigen Antiterrorkrieg formierte sich eine weltweite Protestbewegung. Protest gegen eine Politik, die das Massensterben auf unseren Straßen zuläßt, gibt es nicht. Leider wird dieser Hinweis gerne von Antiamerikanern und Antimodernisten genutzt, um den Gefolgsleuten klarzumachen, die Anschläge vom 11. September seien kaum der Rede wert. Die Argumentation läuft dann immer nach folgendem Schema ab: Man müsse das Leid bedenken, für das der US-Imperialismus verantwortlich sei. Man müsse all die Toten aufzählen, die Opfer der beschleunigten Globalisierung geworden seien. In Vietnam, sagt der Antimodernist, gäbe es hundertmal, nein, tausendmal so viele Verkehrstote, seitdem auf den Straßen keine Rikschas mehr, sondern nur noch Autos und Mopeds fahren. Ach, früher war alles besser. Mit dieser Weltsicht hätte man kein Penicillin erfunden, keine Waschmaschine, keinen Computer, es gäbe keine Kunst und keine Musik. Wenn es nach den Antimodernisten ginge, hätte es Aufklärung nie gegeben, säßen wir alle noch in der Höhle. Was dem einen oder anderen Bartträger durchaus zu wünschen ist, was die Menschheit aber auch nicht glücklicher machen würde. Die Widersprüche unserer Kultur löst man nicht durch Regression.

Der Tod im Straßenverkehr wird tabuisiert und instrumentalisiert. Wird sich das jemals ändern? Wenn der Künstler Dirk Skreber kaputte Autos malt und die kaputten Menschen unserer Phantasie überläßt, bildet er unser paradoxes Verhältnis zum Auto ab. Auch der Polizeifotograf Arnold Odermatt zeigt auf seinen Aufnahmen, die für juristische Auseinandersetzungen und für sein Privatarchiv bestimmt waren, keine Opfer und keine Täter, nur die zerstörten Fahrzeuge. Allerdings sehen gute Beobachter auch die Ursache für die Unfälle: Schnee und Eis, Nebel und Regen, abgefahrene Reifen, ein mißachtetes Verkehrsschild. Odermatts Bilder wurden Kunst, nachdem er als Chef der Kantonspolizei Nidwalden pensioniert worden war. Hätte er die Fotos veröffentlicht, als er noch bei der Polizei arbeitete, wäre er wahrscheinlich vom Dienst suspendiert worden. Denn die Komik der Bildsprache ist subversiv, weil sie viele Fragen offenläßt: Wer zum Teufel hat die Autos so zugerichtet? Der Mensch? Eine böse Macht? Der Künstler selbst? Warum sehen die zerbeulten Wagen aus, als existierten sie gar nicht? Als wären sie eine Erfindung?

Der Tod im Straßenverkehr ist so allgegenwärtig, daß er kollektiv verdrängt werden muß. Ich habe es leider nicht geschafft, die Bilder der Verkehrstoten, die mir Polizei-Archivare zeigten, aus meinem Gedächtnis zu tilgen. Hätte ich einen Führerschein, ich wäre ein schlechter Autofahrer. Ich würde, statt mich auf den Verkehr zu konzentrieren, ständig an die Toten denken.

Bereitschaft zum Blutzoll

Wer einen Sportwagen fährt, scheint ein ganz besonderes Verhältnis zum Tod zu haben. Der Existentialjournalist Ulf Poschardt schreibt in seinem Buch *Über Sportwagen*: »Der eigene Tod wie der anderer Menschen ist einkalkuliert. Die Liebe zum Sportwagen bedeutet, daß man das Auto entsprechend seiner Veranlagung bewegt.« Ähnliches könnte man übrigens auch über die Bombe eines Selbstmordattentäters schreiben: Der eigene Tod wie der anderer Menschen ist einkalkuliert. Die Liebe zur Bombe bedeutet, daß man das Ding entsprechend seiner Veranlagung benutzt.

Es ist sehr lehrreich, sich mit belesenen Sportwagen-Enthusiasten wie Poschardt zu unterhalten. Da spricht man über Marinetti und die futuristische Gier nach Geschwindigkeit, Virilio und die »dromokratische Gesellschaft« (in der, wie Poschardt zu erklären weiß, Beschleunigung zur Macht- und Gewaltausübung wird), Andreas Baader und sein Faible für Sportwagen. Kaum ein Themenfeld wird ausgelassen. Poschardt kann mit Peter Sloterdijk den Sportwagen-Fahrern eine »archaische Bereitschaft zum Blutzoll« bescheinigen und dabei ungeheuer milde lächeln.

Wir haben an einem heißen Sommertag in einem Berliner Hörfunkstudio über sein Sportwagenbuch gesprochen, und ich erinnere mich noch gut daran, daß ich nach einer halben Stunde zu frösteln begann. Es war der Eishauch in Poschardts Worten, diese kalt-leidenschaftliche Art, von einer gefährlichen Technologie zu schwärmen. Das »wilde

Rasen« im Sportwagen nennt er eine »Penetration der offenen Landschaft«. Die Sportwagen-Bonmots von Ulf Poschardt oszillieren zwischen Martin Heidegger und Gilles Deleuze, zwischen dem Jargon der Fundamentalontologie und der postmodernen Attacke auf die Vernunft. Das Gefährliche wird gepriesen, wie dies auch Ernst Jünger getan hat. Was im 20. Jahrhundert die Schlachtfelder der Weltkriege waren, sind bei Poschardt die Autostraßen: »Den Sportwagen (...) auf seine sowohl ökologisch wie humane Ungefährlichkeit festzulegen, bedeutet sein Wesen zu verfehlen.«

Die wenigsten Sportwagenfahrer haben heute noch die Möglichkeit, das Wesen ihres Sportwagens zu ergründen. Das mag am fehlenden Intellekt der Fahrer oder an den dauerverstopften Straßen liegen, der Sportwagen ist derzeit nur noch selten ein mobiles Rauschmittel, sondern vielmehr ein Statussymbol im Stillstand. Entweder steht der Flitzer in der Garage oder im Stau.

Im Grunde war der Sportwagen, wie auch Poschardt einsieht, immer schon ein paradoxes Zwischenwesen, ein Gefährt zwischen Rennwagen und Straßenauto, ein Kompromiß zwischen Fortbewegungsmittel und Erlebnisgerät, zwischen Pragmatismus und Hedonismus. Das hören Sportwagenfahrer natürlich nicht gerne, wenn man ihr Vehikel ein Kompromißfahrzeug nennt. Sportwagenfahrer, mögen sie sich im Verkehr noch so rücksichtslos verhalten, können seltsam liebevoll von ihrem Gefährt sprechen. Ähnlich wie die Besitzer von motorisierten Käfern oder Enten, neigt auch der Sportwagenfahrer zum Animismus. »Autos erinnern an Tiere«, sagt Poschardt, »wie der Käfer oder Topolino, das kleine Mäuschen von Fiat. Der Sportwagen selbst hatte wilde Pferde wie im Fall von Mustang und Ferrari als Paten oder Raubtiere wie den Jaguar. Es sind muskulöse, feingliedrige Wesen, deren Muskeln unter der straffen Haut gut zu sehen sind.«

Von wegen unbeseelte Technik! Neulich habe ich jemand kennengelernt, der seinen Porsche »Schmusekatze« nennt. Der Mann hat mir erzählt, er habe seinen Wagen vor zwei Jahren gekauft und »noch nie richtig auf Touren gebracht«. Das sei ihm auch nicht wichtig. Er wolle seine Schmusekatze nur »ins Städtchen ausführen«. Im Sportwagen durch die engen Gassen einer Kurstadt fahren und, wenn überhaupt, davon träumen, daß der Motor noch viel mehr kann, daß in ihm, wie Poschardt erklärt, »Potenz und Potential« stecken. Ist das normal? Wenn das Verhältnis zwischen Auto und Fahrer, wie Poschardt bestätigt, grundsätzlich auch sexueller Natur ist, stellt sich die Frage, ob Sportwagenfahrer, wenn sie ihren Allmachtsphantasien keinen freien Lauf lassen können, ihren Lustgewinn aus der Triebunterdrückung ziehen. Was aber passiert, wenn der Druck doch zu groß ist? Wenn nichts mehr unterdrückt werden kann und Dampf abgelassen werden muß?

Ende der achtziger Jahre saß ich mal im Porsche eines freidemokratischen Parteifunktionärs. Der Mann sah aus, als habe er sich für die Kamera zurechtgemacht. In gewisser Weise stimmte das auch. Er hatte bei einem Bundeskongreß eine Rede gehalten, und nun war nach erfolgreicher Ansprache zu viel Adrenalin im Blut, das dringend abgebaut werden mußte. Die Krawatte saß nicht mehr ganz so korrekt, das Jackett hing überm Sitz, das weiße Hemd war nicht nur an den Achselhöhlen verschwitzt. Ich fragte ihn, woran er denke. Nach einer Weile sagte er: »*Easy Rider.*« »Wie das?« gab ich verwundert zurück, immerhin säße er nicht auf einem Motorrad, sondern in einem Sportwagen. Ob ich denn den Fahrtwind nicht fühlen, den Autobahnbelag nicht spüren würde. Die Federung kam mir nicht so komfortabel vor wie in einem Chrysler, aber deshalb hatte ich noch lange nicht das Gefühl, auf einer Harley zu sitzen. Da die Fenster geschlossen und die Klimaanlage ausgeschaltet war, vermochte ich nicht mal ein sanftes Lüftchen wahrzunehmen. Meine Ignoranz nahm der Porsche-Politiker zum Anlaß, auf die Tube zu drücken. 270 Kilometer pro Stunde. Doch besonders zugig wurde es im Cockpit nicht. Mein Fahrer indes saß im Sturm.

Nach dem miserablen Auftakt einer Landesdelegiertenkonferenz, erzählte er, habe er sich ins Auto gesetzt und sei von Hamburg nach München und wieder zurück gefahren. Am nächsten Morgen sei er etwas übermüdet, aber zugleich vollkommen entspannt in die Bütt gegangen. Er habe die beste Rede seines Lebens gehalten. Ich wollte wissen, ob die Parteifreunde mit dem Politik-Streß ähnlich umgingen. Er lächelte.

Mein Porsche-Politiker war damals sehr ehrgeizig, und doch fürchtete er sich davor, oben anzukommen, Landesvorsitzender oder gar Minister zu werden. Denn dann würde er in der Staatskarosse von Termin zu Termin chauffiert werden. Der Porsche bliebe die meiste Zeit daheim in der Garage. Die Angewohnheit, den Parteitagsstreß mit nächtlicher Raserei abzureagieren, würde zu hämischen Kommentaren in der Presse führen.

Von einigen Abgeordneten weiß man, daß sie sich gerne mal aufs Motorrad setzen, wenn im Wahlkampf um Aufmerksamkeit gekämpft wird. Doch mit Easy Rider, mit Druckablassen und dem Freiheitsgefühl auf zwei Rädern hat das wenig zu tun. Politiker fahren auch dann gemächlich, wenn sie auf einer Kawasaki Ninja sitzen. Insofern wirkt es meistens etwas peinlich, wenn sich Volksvertreter in Lederkluft präsentieren. Und den gewünschten Erfolg erzielen solche Auftritte ohnehin nicht. Wer erinnert sich noch an die Motorrad fahrende Ute Vogt? Sie war eine Zeit lang Spitzenkandidatin der SPD in Baden-Württemberg. Jetzt hat sie wieder viel Zeit fürs Motorrad.

Auch mein Porsche-Politiker hat sich irgendwann aus dem Partei-Kleinklein zurückgezogen. Für ihn war Easy Rider wichtiger als Dienstwagen und Chauffeur. Im Film, hat er mal gesagt, hätten die Helden immer das schnellere Auto, und selbst wenn sie ein Uraltmodell fahren würden, könnten sie auch das besser bedienen als die Cops einen Streifenwagen. Das Filmgefühl war ihm wichtiger als der Erfolg in der Partei. Er gehört zur Gruppe jener Auto-Fahrer, die selten in den Rückspiegel schauen. Was vor ihm liegt, ist wichtig. Wer zurückliegt, wird ihn nicht mehr einholen.

Porsche ist schließlich mehr als nur ein Auto. Porsche ist eine Weltanschauung. Porsche ist aristokratisch. Deshalb hat sich mein rasender Parteitagsredner gegen die Politik im Parlament entschieden. Die ist ihm zu langsam. Porsche und Demokratie sind zwei entgegengesetzte Prinzipien. So modern diese und ähnliche Marken daherkommen, Rennautos für den Straßenverkehr wirken immer, als kämen sie aus einer anderen Epoche, als Geschwindigkeit noch ein Wert an sich, als der Stau auf den Autobahnen die Ausnahme war. Mit dieser Sehnsucht nach unserer automobilen Vergangenheit verdient Porsche Milliarden. Aus Marketinggründen sollte sich der Sportwagen-Hersteller besser vom Volkswagen-Konzern fernhalten. Die Produkte der beiden Unternehmen passen zusammen wie Feuer und Wasser. Führt man sie zusammen, erlischt die Flamme und verdampft das Wasser. Übrig bleibt heiße Luft.

In der Nische überleben auch unzeitgemäße Produkte. Freunde des analogen Musikgenusses, Plattensammler aus Protest und Plattenaufleger mit Handwerker-Ethos, wird es immer geben, auch wenn die Mehrheit sich digitalen Speichermedien zugewandt hat. Für die Autoproduzenten gilt: Nur wer die Frage löst, wie die Mobilität der Massen angesichts schwindender Ressourcen realisiert wird, kann sich auf dem Markt der Fortbewegungsmittel behaupten. Ist ein Hersteller, der Autos für Leute herstellt, die am liebsten allein auf der Straße sind, so visionär? Das elitäre Porsche-Prinzip ist in sich widersprüchlich, denn je mehr Sportwagenbesitzer es gibt, desto weniger Spaß macht das Ganze. Also muß das Angebot durch aggressive Preispolitik verknappt werden. Das ist in gewisser Hinsicht sympathisch. Auch für Nicht-Autofahrer gilt: Weniger ist mehr. Doch was sagt der fahrende Rest der Menschheit dazu?

Raser ohne Rente

Über den Rausch der Geschwindigkeit läßt sich nicht streiten. Der eine gerät ins Schwärmen, wenn auf dem Tacho die 200er-Marke geknackt wird, wenn der Wagen so schnell fährt, daß die Karosserie zu knistern beginnt. Andere mögen dem Rasen nichts abgewinnen. Weil sie möglicherweise die »Bereitschaft zum Blutzoll« für ein Problem halten, das nicht auf der Autobahn, sondern auf der Couch eines Psychiaters gelöst werden sollte.

Wer zum eigenen Vergnügen unabschätzbare Risiken eingeht und im schlechtesten Fall andere Menschen gefährdet, muß auch die Verantwortung dafür übernehmen. Wer mit 200 Sachen in eine plötzlich bremsende Familienkutsche rast, Kinder oder Eltern verletzt, schlimmstenfalls tötet, als Unfallverursacher aber überlebt, soll nie wieder einen Wagen fahren dürfen und so viel zahlen müssen, daß er sich zeitlebens keinen Sportwagen mehr leisten kann. Leider liest man zu häufig von Rasern, die ihr Mordinstrument für einen Tag ausgeliehen haben, arme Schlucker sind und fürs verursachte Leid nicht zahlen können.

Wer den Tod von Verkehrsteilnehmern billigend in Kauf nimmt und keine Kohle hat, wandert in den Knast. Das ist gut, weil der Verurteilte erst mal nicht auf den Straßen unterwegs ist. Das ist schlecht, weil eine Gefängnisstrafe sein Fahrverhalten, wenn er denn wieder ans Steuer darf, auch nicht ändert.

Raser stehen ständig vor Gericht. Keine Strafandrohung,

kein noch so verschärfter Bußgeldkatalog kann sie abschrekken. Auch wenn sie für erhöhte Geschwindigkeit 30 oder 300 Euro mehr zahlen müssen als noch vor 3 Jahren, ändern sie ihr Verhalten nicht. Insofern werden auch die letzten Bußgeld-Erhöhungen, von denen der Verkehrsminister behauptet, sie würden die Sicherheit auf unseren Straßen erhöhen, nur wenig bewirken. Raser sind in aller Regel uneinsichtig.

Der folgende Fall wurde vor dem Bundessozialgericht verhandelt: Ein 49jähriger Raser hatte auf dem Weg zur Arbeit in einer unübersichtlichen Kurve überholt und war dabei mehr als 50 Stundenkilometer zu schnell gefahren. Was fürs Überholen trotzdem nicht reichte. Er stieß mit einem anderen Wagen zusammen und wurde dabei so schwer verletzt, daß er seitdem »erwerbsgemindert« ist. Der Mann wollte von der Berufsgenossenschaft eine monatliche Rente. Doch die Bundessozialrichter lehnten dies ab. Der Kläger habe den Straßenverkehr »vorsätzlich gefährdet« und somit eine Straftat begangen. Die Berufsgenossenschaft dürfe daher »die Leistungen aus der gesetzlichen Unfallversicherung ganz oder teilweise verweigern«.

Das ist bitter. Aber gerecht? Ich weiß es nicht. Ein Leben ohne Rente mag man auch einem Raser nicht wünschen. Vielleicht wäre es besser, dafür zu sorgen, daß Raser erst gar nicht rasen. Das ist sowohl eine politische als auch eine technische Frage. Statt den Rasern die Rente zu kürzen, hielte ich es für gerechter, Autos mit eingebauter Höchstgeschwindigkeit zu produzieren. Doch in Deutschland ist die Freiheit im Straßenverkehr ein höheres Gut als die Gerechtigkeit. Und so bleibt den Sozialrichtern nichts anderes übrig, als den Rasern die Rente zu kürzen oder zu streichen.

Überzeugte Raser wird auch eine mögliche Rentenkürzung nicht abschrecken. Wer schnell fährt, will cool sein. Wer cool ist, denkt nicht an die Altersvorsorge. Coole Raser können aber demnächst ziemlich uncool aus dem Auto glotzen, wenn auf sie die sogenannte Speed Gun gerichtet ist. Dieses Gerät sieht aus wie eine Kreuzung aus Maschinenpistole und Föhn, wobei man mit der Speed Gun weder schießen noch die Haare trocknen kann. Dafür läßt sich mit der Radarwumme die Geschwindigkeit eines Autos messen. Die Firma, bei der man die Speed Gun im Internet bestellen kann, verspricht in der Produktbeschreibung, daß der Meßbereich »von 16 bis 322 km/h« reiche, »mehr als genug für die meisten erdgebundenen Fahrzeuge«.

Die Speed Gun ist ausdrücklich für den Privatgebrauch entwickelt worden, also für Leute, die immer schon mal wissen wollten, wie schnell ein Raser nun wirklich durch die Spielstraße rast. Das wird dem Benutzer einer Speed Gun zwar auch nicht weiterhelfen, aber vielleicht ist der Raser so irritiert von der Pistole, daß er gegen die nächste Wand fährt. Ich weiß nicht, ob der Einsatz der Speed Gun im deutschen Straßenverkehr zugelassen ist, aber es gibt offensichtlich Käufer. Was nicht heißt, daß die ihre Speed Gun nur im Kampf gegen Raser einsetzen. Denn: »Grundsätzlich mißt die Speed Gun jedes bewegte Objekt ab der Größe eines Baseballs, empfiehlt sich also auch für sportliche Anwendungen wie Hand-, Fuß- oder Volleyball, Pferde- oder Hundeschlittenrennen.«

Meine Damen, ist das nicht ein schönes Weihnachtsgeschenk für den technik- und sportbegeisterten Ehemann? Hundeschlittenrennen gibt es in unseren Breitengraden zwar nicht ganz so viele, aber jeder Laienkicker will wissen, wie schnell sein Elfmeterschuß durch die Luft fliegt. Jetzt gibt es das passende Meßgerät fürs Fußballego. Der Einsatz der Speed Gun im Straßenverkehr ist vor allem für Familienväter eine interessante Option, um Rasern mit Waffengewalt und ohne Blutvergießen klarzumachen: Geschwindigkeit drosseln, hier läuft Papa mit Tochter!

Zumal: »Die Bedienung ist verblüffend einfach: einschalten, Objekt anvisieren und den Abzug bedienen. Dabei ist es unerheblich, ob das Objekt sich nähert oder von der Speed Gun entfernt. Die Messung läuft, solange der Abzug betätigt wird; anschließend zeigt die Speed Gun die maximal erreichte Geschwindigkeit für 30 Sekunden auf dem 6,5 mal 2,5 cm großen Digital-Display an. Darin unterscheidet sich die Speed Gun nicht von Profigeräten, wohl aber im Preis von 149, 90 Euro ist sie, zu den Meßgeräten der Polizei, die um 6.300 Euro kosten, sehr preisgünstig.«

Es soll Menschen geben, die leiden so sehr am Autowahn, daß sie selber wahnsinnig werden. Rentner P. zum Beispiel hat im Gegensatz zum Raser ohne Rente an die Altersvorsorge gedacht und während seines langen Arbeitslebens so lange gespart, daß er sich schließlich im Ruhestand ein Häuschen im Grünen leisten konnte. Doch die Idylle währte nicht lange. Vor seinem Häuschen wurde eines Tages eine Umgehungsstraße gebaut. Die Bewohner des Nachbarortes hatten jahrzehntelang dafür gekämpft und feierten mit einem Schützenfest, daß der verhaßte Durchgangsverkehr aus dem Dorf verbannt worden war.

Kurios ist, daß alle Bewohner der wieder verkehrsberuhigten Dorfzone passionierte Autofahrer sind und nun, wenn sie über die Umgehungsstraße rasen, vom lärmgestreßten Rentner P. verfolgt werden. Und zwar je nach Tageszeit mit Blitzgerät oder Speed Gun. In der Nacht kommt der Blitz zum Einsatz.

»Je schneller das Auto, desto lauter der Lärm«, sagt er. »Ich kann das schon am Motorgeräusch erkennen, wie schnell jemand fährt.« Rentner P. muß gut hören können, denn trotz Brille sieht er wenig. Nähert sich aus der finsteren Ferne wieder ein Raser, drückt Rentner P. auf den Auslöser, und der erleuchtete Fahrer tritt blitzschnell auf die Bremse.

Tagsüber, wenn das Blitzgerät nicht ganz so gute Effekte erzielt, ist es Zeit für die Speed Gun. Dann stellt er sich mit roter Lederjacke an den Straßenrand, damit ihn auch jeder sieht. Einen Raser nach dem anderen schießt er mit der Radarpistole ab. Das Erschrecken unter den Autofahrern ist groß, die meisten drosseln tatsächlich die Geschwindigkeit, wenn sie Rentner P. sehen, wie er auf sie zielt. Was sie besser nicht täten, denn jetzt kann der Mann, der Autobahnpolizist hätte werden sollen, sich in aller Ruhe die Kennzeichen und die dazugehörende Höchstgeschwindigkeit notieren.

Anfangs hat Rentner P. diese Angaben zur Polizei geschickt, die ihm aber mitteilte, er solle den Unfug lassen. Verkehrsüberwachung sei Aufgabe der Polizei. Rentner P. wurde von aufgebrachten Autofahrern auch schon wegen Nötigung angezeigt. Die Verfahren wurden aber eingestellt. Rentner P. sagt, der Einsatz von Blitzwaffe und Speed Gun sei Nothilfe. Ganz normal ist dieser stundenlange Einsatz des Anti-Auto-Kämpfers aber nicht. Aber was ist schon normal? Die dröhnende Raserei auf unseren Straßen, ob nun in kleinen Ortschaften oder auf der Umgehungsstraße, ist es auch nicht.

F-Klasse

Emanzipation heißt, daß die automobile Raserei nicht nur den Männern vorbehalten ist. Umso erfreulicher: Der Anblick einer Frau am Steuer eines Sportwagens. Ich weiß nicht warum, aber wenn ein Mann im Porsche sitzt, denke ich meist: Der hat es nötig. Sportwagen als Schwanzverlängerung? Natürlich blödsinnig – selbst wenn die Typen im Porsche tatsächlich oft so aussehen, als wollten sie der Umgebung mitteilen, wie es um ihre Potenz bestellt ist.

Solche Leute müßten dazu verpflichtet werden, einen Kurs zu absolvieren, der sie mit ihrer automobilen Waffe vertraut macht. Aber nein, der Macho am Steuer braucht keine Erklärung. Porschekurse gibt es nur für Frauen. Auch meine will unbedingt mitmachen, also melden wir uns an. Ich werde als stiller Beobachter am Straßenrand des Übungsgeländes toleriert. Als Führerscheinloser, so meine Vermutung, würde ich unter den Porsche-Fahrerinnen ohnehin nicht als Mann durchgehen.

Die Stimmung im Kurs ist auffällig entspannt. Daß ich keinen Führerschein habe, finden die Teilnehmerinnen mindestens so normal wie ihre Leidenschaft für schnelle Autos. Die Frauen machen keine dummen Bemerkungen und genießen, daß keine Männer dabei sind, die dumme Bemerkungen machen. Die Porsche-Fahrerinnen stellen Fragen zum Bremsverhalten ihrer Autos und wollen wissen, wie der Sportwagen bei Nässe und Schnee reagiert. Der Fahrtrainer antwortet sachlich und wirkt kompetent.

Die meisten Frauen haben ihren eigenen Porsche mitgebracht. Aber das ist keine Bedingung für die Teilnahme an dem Kurs. Elke aus Hamburg zum Beispiel will »einfach mal wissen, wie es sich anfühlt, in einem Porsche zu fahren«. Nach der Testfahrt auf dem Slalomparcours ist sie begeistert. Und gibt vor versammelter Runde zu, sich den Wagen nicht leisten zu können. »Aber ich glaube, ich beginne jetzt mit dem Sparen«, ergänzt sie. Daraufhin erzählt Katja aus Freiburg, sie habe zwanzig Jahre Geld zur Seite gelegt, um sich dann einen roten Carrera S zu kaufen.

Sollte ich doch noch einen Führerschein machen und mich wider alle Vernunft in einen Porsche setzen, dann nur in der entspannten Atmosphäre eines Frauenkurses. Selbst wenn ich mich verkleiden und eine Perücke aufziehen müßte. Der Fahrtrainer lächelt. »Die meisten Frauen«, weiß er, »fahren besser als Männer.« Was ich an diesem Tag lerne: Wessen Auto über 385 PS verfügt, sollte unbedingt ein Sicherheitstraining absolvieren. Auch Männer, die meinen, sie könnten schon alles.

Die Emanzipation am Steuer ist eine Erfolgsgeschichte, auch wenn oder gerade weil es Porschekurse gibt, an denen Männer nicht teilnehmen dürfen. Frauen sind als Renn- und Ralleyfahrerinnen erfolgreich, sie lenken sowohl Busse als auch Brummis, und die männlichen Kollegen haben in aller Regel daran nichts mehr auszusetzen. Sprüche über Frauen, die angeblich nicht einparken können, klopft nur noch der Landproll, der vor Jahren gehänselt wurde, weil er einen Opel Manta fuhr. Und doch war in den neunziger Jahren das Buch *Warum Männer nicht zuhören und Frauen schlecht einparken* ein Bestseller, und meine Buchhändlerin behauptet, der Titel verkaufe sich weiterhin sehr gut. Die Heidelberger Soziologin Birgit Hodenius schreibt dazu: »Unabhängig davon, ob das Buch wirklich gelesen wird, der Titel allein ist Schlüsselreiz genug. Die Polarisierung der Geschlechtscharaktere verspricht im unübersichtlich gewordenen Geschlechterkampf die Rückkehr zu alten Sicherheiten – zumindest im Bereich der Automobilität.«

Ist es wirklich so banal? Glauben meine Geschlechtsgenossen noch immer an diese doofen Männlein-Weiblein-Unterscheidungen? Warum beschäftigen wir Männer uns nicht mal mit den Zahlen vom Verkehrszentralregister? Über acht Millionen Menschen sind in dem Sündenregister eingetragen. Fast sieben Millionen sind männlich. Für die Statistiker unter uns: das sind 79,1 Prozent! Besonders hartgesottene Typen werden nun sagen: Männer sitzen häufiger am Steuer und fahren länger als Frauen. Stimmt, doch die schlechtere Bilanz bleibt bestehen.

Man stelle sich mal vor, es herrschten in Deutschland umgekehrte Verhältnisse wie in Saudi-Arabien. Während im Land der Scheichs Frauen noch immer nicht Auto fahren dürfen, verböte man hierzulande den Männern, sich ans Steuer zu setzen. Eigentlich schade, daß dieses Experiment nie durchgeführt wird. Nicht mal eine Woche lang! Das dauerhafte Frauenfahrverbot in Saudi-Arabien aber ist so grotesk, daß Hanadi Sakarija Hindi, die erste Pilotin des Königreichs, sich zur Arbeit chauffieren lassen muß, weil sie zwar einen Jumbo fliegen, aber keinen Führerschein machen darf.

Vielleicht haben die Männer Saudi-Arabiens auch Virginia Woolf gelesen und fürchten, daß eine Frau am Steuer sich nicht mehr drangsalieren ließe: »Was mir gefällt«, schreibt Woolf, »oder eines der Dinge, die mir am Autofahren gefallen, ist das Gefühl, das entsteht, man würde zufällig, wie ein Reisender, der einen anderen Planeten mit der Spitze seiner Zehe berührt, auf Szenen stoßen, die sich auf diese Art abgespielt hätten, die sich schon immer so abgespielt haben, sich abspielen werden, ohne festgehalten zu werden, außer durch diesen zufälligen Blick. Dann scheint mir, mir sei gestattet, einen Augenblick das Herz der Welt unverhüllt zu sehen.« Auch als Führerscheinloser hege ich viel Sympathie für solche Sätze. Am liebsten würde ich seitenlang zitieren, wie Virginia Woolf Ende der zwanziger Jahre in ihren Tagebüchern vom Autofahren schwärmt. Ach, damals hätte ich mir wahrscheinlich auch einen Wagen zugelegt...

Erfahren habe ich von Woolfs Auto-Leidenschaft zum ersten Mal in Ulf Geyersbachs Buch *Schriftsteller und ihre Automobile*. Die europäische Literaturgeschichte, so enthüllt der Band, ist gesegnet mit Autorinnen, die durch den Kauf eines Autos Geschmack bewiesen haben. Françoise Sagan zum Beispiel investierte die Einnahmen ihres Welterfolgs *Bonjour Tristesse* in einen schwarzen Jaguar.

Gab es in Saudi-Arabien jemals so erfolgreiche Schriftstellerinnen wie Woolf oder Sagan? Wenn nicht, lag es wahrscheinlich auch daran, daß der automobile Anreiz fehlte. Insofern ist diesem Land auch aus literarischen Gründen zu wünschen, daß die Hälfte der Bevölkerung bald ans Steuer darf, bevor das Auto endgültig auf dem Müllhaufen der Geschichte landet. Mich würde interessieren, ob der Roadmovie *Thelma & Louise* in Staaten verboten ist, in denen nur Schwanzträger Auto fahren dürfen.

In dem Film flüchten zwei Frauen in einem silbergrünen Thunderbird Cabrio vor der Polizei und ihren Männern. Sie haben einen Vergewaltiger erschossen, diverse Raubüberfälle begangen und einen Verkehrspolizisten in den Kofferraum seines Wagens eingesperrt. Entscheidend ist das Schlußbild: In die Enge getrieben von einer Hundertschaft schwerbewaffneter Polizisten begehen die Damen automobilen Selbstmord, indem sie mit Vollgas in eine Schlucht des Grand Canyon rasen. Wie ist das gemeint? In Saudi-Arabien könnte die Botschaft lauten: Wenn Frauen ausbrechen, endet das im Graben. Wer will, darf den Filmschluß auch als Frage verstehen: Welche Chancen auf Freiheit haben Frauen, die sich von den Gesetzen der Männerwelt lösen wollen, sich aber so verhalten wie die größten Machos?

Die Geschichte der Emanzipation und die des Automobilismus sind eng miteinander verwoben. Wenn die Saudis wüßten, daß mit Bertha Benz ausgerechnet eine Frau die Erfolgsgeschichte der berühmten Automarke geprägt hat, würden sie sich wahrscheinlich keine Luxusschlitten aus Stuttgart mehr importieren lassen. Sehr komisch, wenn selbstbewußte Frauen heute unter dem Titel *Die neue F-Klasse* darüber berichten, wie groß die Kluft zwischen behaupteter Gleichberechtigung und realen Geschlechterverhältnissen ist. Auch als Feminist denkt man sofort an den Elchtest und fragt sich, ob die neue F-Klasse genauso ein Kurvenstar ist wie einst die A-Klasse.

O Graus, jetzt habe ich mich doch zu einer Zote hinreißen lassen! Wie soll ich das bloß wieder gutmachen? Vielleicht mit einem Schüttelreim meiner Liebsten, die mich schon durch halb Europa kutschiert hat:

Frau am Steuer, ungeheuer!
Mann daneben, auch kein Segen.

Prima Medienklima

Wenn die Mediennutzung das soziale Geschlecht festlegte, wäre ich eine Frau. Alles, was Männer angeblich lieben, hat mich nie interessiert. Magazine, in denen schnelle Autos und nackte Haut gefeiert werden, habe ich nicht gekauft. Fernsehsendungen, in denen es um ernste Themen wie Tempolimit und Pendlerpauschale geht, sehe ich mir grundsätzlich nicht an. In der Zeitung ignoriere ich die Sportseiten und überblättere verschämt den Wirtschaftsteil, die Autoseiten habe ich lange Zeit sofort in den Müll geworfen. Übrig blieben die Klatschspalten des Boulevards und des Feuilletons sowie die politische Berichterstattung. Dann aber war ich so vermessen, ein Buch schreiben zu wollen, daß vom Ende des Automobilismus handelt. Ich merkte schnell, wie wenig ich vom Straßenverkehr wußte, obwohl ich mich jahrzehntelang rechtfertigen mußte, warum ich keinen Führerschein besaß. Ein wenig sollte ich vielleicht doch von diesem fahrbaren Ding verstehen, von dem es immer hieß, es sei des Deutschen liebstes Kind. Ich kaufte Bücher, bereiste Produktionsstätten, sprach mit Ingenieuren, mit Arbeitern und Managern, ich beschäftigte mich mit Zahlen und Daten, die mir bislang wenig bedeuteten, ich kaufte mir (in der Hoffnung, daß mich am Kiosk keiner sieht) *Auto Bild*, ich sammelte jeden Artikel, der sich mit Gegenwart und Zukunft unserer Autokultur befaßte, und ich studierte zwei Jahre lang, was noch viel anstrengender war, aber viel wichtiger zu sein schien, den Wirtschaftsteil meiner Tageszeitung.

Je mehr ich mich mit dem Automobil beschäftigte, desto widersprüchlicher erschienen mir unsere Vorstellungen von Mobilität. Ich nahm mir vor, diesen Paradoxien nachzugehen, und stellte fest, daß die meisten Leute, die sich zu dem Thema äußern, erstaunlich festgefahrene Meinungen vertreten und schrecklich humorlos sind. Dabei gibt es so viele kuriose Dinge, die unser Drang nach Mobilität hervorgebracht hat.

Ich habe zum Beispiel erfahren, daß es einen westdeutschen Enthusiasten namens Hanns Trippel gab, der in den sechziger Jahren einen Schwimmwagen herstellte. *Amphicar* hieß das Fahrzeug, das an Land 120 und im Wasser immerhin 12 Stundenkilometer schaffte. Leider sah der Wagen wie ein Trabi aus und wurde auch deshalb zum größten Flop in der Autogeschichte. Was die Freunde des Amphibienfahrzeugs, von dem es weltweit noch 200 Stück geben soll, nicht davon abhält, sich regelmäßig auf deutschen Gewässern zu treffen.

Gefallen haben mir auch die Berichte über den Brandenburgischen *Traghubschrauber*, der wie ein Zweierbob auf drei Rädern aussieht und angeblich billiger als ein Helikopter und wendiger als ein normales Flugzeug sein soll. Diese fliegende Seifenkiste ist kein Aprilscherz, sondern ein Lieblingsprojekt von Innenminister Jörg Schönbohm, der die Bösewichter in seinem schönen Bundesland künftig aus der Luft verfolgen will. Im Testbetrieb wurde zwar festgestellt, daß das Fluggerät bei Minusgraden nicht einsetzbar ist, weil es keine geschlossene Kabine hat. Aber selbst Abstürze halten die Brandenburger Polizei nicht auf: Der Traghubschrauber wird mit Steuergeldern wahrscheinlich so lange getestet und weiterentwickelt, bis er wie das Fliewatüüt aus der legendären Fernsehserie auch noch schwimmen kann.

Was mich weniger amüsiert hat, waren die zahlreichen Autosendungen im Privatfernsehen. Abgesehen von den zum Teil lustigen Tuning-Shows werden im TV entweder automobile Werbebotschaften als redaktionelle Inhalte verkauft, oder das Publikum wird in alter Ratgebermanier aufgeklärt, was zum Beispiel mit dem Getriebe passiert, wenn man beim Vorwärtsfahren den Rückwärtsgang einlegt.

Ich gebe zu, daß die Menge von ermüdenden Autosendungen und die Flut detailversessener Autopublikationen mich stark verunsichert haben. Ich konnte mir zeitweilig nicht mehr vorstellen, daß ein Abschied vom Auto möglich ist. Allein weil der Autojournalismus zu dominant ist. Ich hatte den Eindruck, daß hierzulande über keinen Gegenstand so oft und ausführlich berichtet wird wie über die Blechkiste mit den vier Rädern. Die Industrie kann sich jedenfalls auf ihre fünfte Kolonne verlassen. Der mediale Dauerbeschuß hat bislang bewirkt, daß unsere Mobilität vor allem als Automobilität wahrgenommen wird. Übers Zugreisen oder Fahrradfahren gibt es so gut wie keine Sendungen. Wenn die Bahn irgendwo vorkommt, handelt es sich in aller Regel um Negativberichterstattung: Die Verspätungen haben zugenommen, die Reservierungen sind wieder mal ausgefallen, die Radachsen sind ein Sicherheitsrisiko. Ausführliche Beiträge über Unfälle und Staus auf den Straßen, über Umweltverschmutzung oder Parkplatzprobleme gibt es in den klassischen Automedien eher selten (oder gar nicht). Das Image der Bahn ist auch deshalb so schlecht, weil sie im Vergleich zum Automobil wenige massenwirksame Fürsprecher hat.

Was aber geschähe, wenn es *Motor* auf *ntv*, *Auto Mobil* auf *Vox*, *Abenteuer Auto* auf *Kabel 1*, wenn es *Motorvision* vom *Deutschen Sport Fernsehen* nicht mehr gäbe, wenn alle Autozeitschriften, vor allem das auflagenstärkste automobile Kampfblatt, das *ADAC Magazin*, eingestellt würden, was geschähe dann? Würden die verunsicherten Zuschauer und Leser keine Autos mehr kaufen oder nur noch die preiswerten Japaner? Würden Autofahrer ständig den Rückwärtsgang einlegen, wenn sie eigentlich vorwärts fahren wollen? Ach, eine solche Medienrevolution werde ich voraussichtlich nicht erleben. Erst wenn das Auto endgültig seinen Nimbus verloren hat, werden auch die publizistischen Begleiterscheinungen verschwinden.

Dabei erleben wir schon jetzt einen medialen Umbruch: Der Sender *SAT.1* hat, kaum wurde von der Bundesregierung eine Verschrottungsprämie beschlossen, sein *Automagazin* abgewrackt. Die Quoten stimmten nicht. Was weniger an dem für *SAT.1*-Verhältnisse durchaus professionell gemachten Format lag, sondern am Thema: Auto ist out. Das Fernsehen reagiert jedenfalls schnell, wenn das Meinungsklima umschlägt.

Die klassische Autopresse wehrt sich gegen den Wandel, indem sie neue Umweltvorschriften beschimpft, aber zugleich Fahrzeuge lobt, die nur sechs Liter auf 100 Kilometern brauchen. Wer die Tageszeitungen zur Hand nimmt, erlebt beim Thema Auto im besten Sinne Meinungsvielfalt. Einerseits wird suggeriert, die automobile Zukunft habe längst begonnen (wenn auch nicht in Deutschland), andererseits darf man sich ausführlich erklären lassen, warum öffentliche Verkehrsmittel derzeit »mit der Kapazität, Flexibilität und Attraktivität des Autos nicht konkurrieren können«. Solche Einsichten in die automobile Notwendigkeit werden meist von »Experten« ausgebreitet, in diesem Fall von Kees Christiaanse, einem Professor für Architektur und Städtebau an der ETH Zürich. Der Mann durfte in der von mir ansonsten geschätzten *Neuen Zürcher Zeitung* am 20. April 2007 behaupten: »Jedes Jahr werden mehr Autos verkauft, die Produktion hinkt der Nachfrage hinterher, auch in ökonomisch schwierigen Zeiten.« Was der Herr Professor wohl zur aktuellen Autokrise sagt und zu den Maßnahmen deutscher Autohersteller, mit Kurzarbeit über die Runden zu kommen, weil die Produktion leider gar nicht mehr der Nachfrage hinterherhinkt?

Ein Trick der Experten ist das Zahlenspiel. Man nennt Durchschnittswerte und Extremwerte, stellten Daten heraus, die in den bekannten Statistiken bislang nicht erwähnt wurden, subtrahiert und addiert Basiswerte und Erfahrungswerte, multipliziert und dividiert, am Ende der Rechnung steht jedenfalls der gewünschte Betrag, den man als Laie sowieso nicht überprüfen kann, weil die Bedeutung bestimmter Zahlen geschönt oder übertrieben wurde, weil wichtige Informationen weggelassen oder höchst theoretische Annahmen als praxisnah ausgegeben wurden.

Unter Bahnreisenden wurde zum Beispiel der Artikel von Gottfried Ilgmann heftig diskutiert, der im Wissenschaftsteil der *Frankfurter Allgemeinen Sonntagszeitung* auf drei Seiten (!) ausführte, eine Eisenbahnfahrt sei mitnichten umweltfreundlicher als die Reise im PKW. Mir hat die

These zunächst einmal gefallen, weil sie schön schräg war. Ich hatte in der Zwischenzeit viel gelesen, aber Ilgmanns Argumente waren so originell, daß ich den Mut der Redaktion bewunderte, sie kommentarlos bzw. mit einem zusätzlichen Kommentar von Ilgmann abzudrucken. Besonders clever war die Behauptung, daß eine fünfköpfige Familie, wenn sie zum Ferienbeginn mit der Bahn verreisen wolle, aus Umweltgründen besser das Auto nehmen sollte. »Denn bei der Bahnreise, die Mama und Papa lange im voraus buchen, verdrängt die Familie im schlimmsten Fall fünf Alleinreisende, die dann möglicherweise – jeder einzeln, versteht sich – mit dem PKW in den Urlaub fahren.« Ich schätze an solcher Abstraktion, daß sie, wenn man die schlimmsten Fälle und Möglichkeiten annimmt, einer gewissen Logik nicht entbehrt. Das erinnert mich an mein Philosophiestudium und die Kurse, in denen ich mich mit der Verwandtschaft von Syllogismus und Sophistik beschäftigt habe.

Für den Umweltvergleich von Bahn und Auto, so habe ich von Ilgmann gelernt, dürfe man außerdem den erhöhten Luftwiderstand von ICE-Zügen, die umständliche Anfahrt der Reisenden zum Bahnhof und die Umwege der Trassenführung sowie die schlechte Auslastung der Sitzplätze nicht vergessen. Der entscheidende Rechentrick ist hier der Bezug auf Durchschnittswerte. Wenn man den durchschnittlichen Verbrauch eines durchschnittlichen Wagens errechnet, beim Autoverkehr »unvermeidbare Zusatzverbräuche« (Stau, Parkplatzsuche, Umleitungen etc.) aber verschweigt, darf sich auch der Besitzer einer Limousine bestätigt fühlen: So viel besser ist der Energieverbrauch der Bahn nicht, die ungleich mehr Infrastruktur zur Verfügung stellen muß,

»vom Licht im Bahnhof bis zur Beheizung der Weichen im Winter«.

Wie absurd das Zahlenspiel ist, sieht man allein daran, daß ein anderer Experte nun vorrechnen könnte, daß Autofahrer im Winter zum Reifenwechsel fahren und allerhand Energie durch individuelle Heizkosten in ihren Fahrzeugen verbrauchen, daß die Pflege der Autobahnen keineswegs klimaneutral ist und der energieaufwendige Einsatz der vielen Streifenpolizisten, die den Verkehr kontrollieren, auch zu bedenken sei, daß in der Rechnung Feinstaub und andere Schadstoffe, die zum Beispiel beim Verschrotten der Fahrzeuge in die Umwelt gelangen, keine Rolle spielen, ganz zu schweigen von indirekten Kosten, die für die Begrenzung von Lärmbelästigung, aber auch für die Versorgung von Verkehrsopfern aufgebracht werden müssen. Die Daten, so umstritten sie im Fernverkehr sind, können zwar ohnehin nicht auf den Nahverkehr übertragen werden, aber die Überschrift der Zeitungskampagne lautete so pauschalisierend wie inhaltsfrei »Bahnfahren hilft dem Klima nicht«. Genausogut hätte die Schlagzeile auch »Bierkonsum schützt vor Sonnenbrand« heißen können.

Der *Bundesverband deutscher Omnibusunternehmer* hat sich, was durchaus verständlich ist, mit einer euphorischen Pressemitteilung für die Kritik am Zugtourismus bedankt. Die Deutsche Bahn war für ihre Verhältnisse erstaunlich souverän und ließ einen Sprecher mitteilen, es sei schon verwunderlich, daß man nicht einmal um eine Stellungnahme gebeten worden sei. Zumal die Bahn von Zahlen ausgehe, die von der Mehrheit der Verkehrsspezialisten bestätigt werde: Der Verkehr sei mit 23 Prozent am Kohlendioxidausstoß beteiligt, davon nur ein Prozent die Bahn; der CO_2-Verbrauch eines Zugreisenden liege, wenn man von einer realistischen Platzbelegung von 40 Prozent ausgehe, bei 52 Gramm pro Kilometer, kein noch so durchschnittlicher PKW könne da mithalten. Das Bahn-Bashing trage nicht dazu bei, die Auslastung zu steigern, was den Umweltvergleich noch deutlicher zugunsten des Zugverkehrs verschöbe.

»Unbequeme Wahrheiten« nennt Autor Ilgmann seine Rechenkünste, was auch den geneigten Leser stutzig macht. Denn wie wahr diese Wahrheiten auch sind, bequem sind sie im deutschen Autoland allemal. Ich wollte wissen, wer Gottfried Ilgmann ist; diese Information hatte mir die Zeitung vorenthalten. Ein festangestellter Redakteur schien er nicht zu sein, ich fand im Internet eine Homepage des promovierten Verkehrswissenschaftlers. In seinem Lebenslauf nennt er sich »Seniorberater in einem Consultingunternehmen deutscher Technologiekonzerne mit dem Schwerpunkt der Evaluation von Verkehrssystemen«. Welche Technologiekonzerne wohl zu seinen Auftraggebern gehören? Auch diese Daten tauchen in seinen Rechnungen nicht auf.

Jean-Paul Sartre hat mal geschrieben, einen Ratgeber wählen heißt, sich für einen Rat entscheiden. Was existenzphilosphisch gemeint war, hilft auch der guten, alten Ideologiekritik. Der Automobilismus ist eine der letzten großen Ideologien. Seine Propagandisten sprechen wie alle Propagandisten grundsätzlich von Wahrheiten, die unbequem sind. Darin unterscheiden sie sich nicht von missionarisch veranlagten Kommunisten und Kapitalisten. Wenn ich einen Kommunisten frage, wie er es mit dem Autoverkehr hält, wird er von Kollektivierung reden und die Tatsache, daß gerade die im Kollektiv produzierten Fahrzeuge wie weiland der Trabant schlimme Dreckschleudern waren, als marginalen Nebenwiderspruch abtun. Wenn ich einen Marktradikalen um seine Meinung bitte, wird er erklären, der Markt wird es schon richten. Wahrscheinlich hält er Notkredite und finanzielle Bürgschaften, welche die Autoindustrie vom Staat in Anspruch nimmt, um ihrerseits Kontrollkompetenzen an den Staat abzugeben, ebenfalls für einen Sieg der freien Marktwirtschaft (was wahrscheinlich sogar stimmt). Mit dem Ratgeber steht der Rat fest. Das gilt auch für die folgende Frage, die ich wiederum nicht beantworten kann.

Sind Autorennen Sport?

So sinnvoll die Frage, so unmöglich eine Antwort. Genauso gut könnte man philosophische Abhandlungen darüber veröffentlichen, warum Schach eine Sportart ist oder eben nicht. Unter dem Begriff »Sport«, schreibt mein Lexikon, werden alle »Bewegungs-, Spiel- oder Wettkampfformen« zusammengefaßt, die im Zusammenhang mit »körperlichen Aktivitäten des Menschen stehen«. Beim Brettspiel werden die grauen Zellen trainiert und gefordert, und beim Motorsport ist der ganze Mensch gefragt. Die Füße müssen Gaspedal und Bremse bedienen, die Arme sollten den Rennwagen lenken können. Aber selbst wenn die Gliedmaßen nicht mehr ganz so ordentlich funktionieren, kann ein Rennfahrer Erfolg haben, wie die Lebensgeschichte des legendären Mercedes-Piloten Rudolf Caracciola zeigt.

1901 in Remagen als Sohn eines Hoteliers geboren, interessierte sich Caracciola schon in jungen Jahren für Autos. Tagsüber verkaufte er Fahrzeuge von Mercedes-Benz, an Wochenenden fuhr er kleinere Rennen. Am 11. Juli 1926 kam endlich der Durchbruch. Er überredete die Autobosse in Stuttgart, ihn mit einem Mercedes beim ersten Großen Preis von Deutschland starten zu lassen. In seinem »Monza« gewann er auf der Berliner Avus-Rennstrecke vor 500.000 Zuschauern und holte sich den begehrten Goldpokal und 10.000 Mark Siegprämie.

Heute weiß kaum noch jemand, daß die Abkürzung »Avus« für die etwas umständliche Bezeichnung »Automobil-Verkehrs und Übungs-Straße« steht. Aber die Berliner stehen bekanntlich auf Abkürzungen und Spitznamen. Der Name Caracciola, den der Rennfahrer von seinen italienischen Vorfahren geerbt hatte, war den Hauptstädtern auch zu kompliziert. Sie nannten ihren Helden schlicht und einfach: Caratsch.

Nach seinem Erfolg in Berlin feierte er einen Sieg nach dem anderen, gewann die »Tourist Trophy« in Großbritannien und die »Mille Miglia« in Italien, wurde mehrfach Europameister und fuhr zahlreiche Geschwindigkeitsrekorde. Im April 1933 erlebte Caratsch seinen ersten großen Rückschlag. Beim Training zum Grand Prix von Monaco baute er einen Unfall, bei dem seine rechte Hüfte zerschmettert wurde. Zwölf Monate nach diesem Crash saß er wieder im Rennwagen. Trotz eines verkürzten Beines gelang ihm ein Comeback. 1946 zog er sich einen Schädelbasisbruch zu, was ihn nicht darin hinderte, wieder in einen Silberpfeil zu steigen. Erst als sich Caratsch das gesunde Bein brach und zwei Jahre im Rollstuhl sitzen mußte, war seine Karriere beendet.

Wenn eines Tages Getriebe und Gehirn miteinander verbunden, wenn Motorsport und Schachspiel sich immer ähnlicher werden, wird es auch querschnittsgelähmte Formel-1-Fahrer geben. Der Beruf des Rennpiloten könnte, wenn die Nerven es aushalten, bis ins hohe Alter ausgeübt werden. Wobei die Verbindung von Mensch und Maschine auch das Ende des Rennsports bedeuten könnte. Denn wer will schon ein Rennen sehen, in dem es so wohlüberlegt zugeht wie beim Schach. Obwohl die Lebensgefährlichkeit des Motorsports immer kritisiert wurde, ist sie doch ein Faszinosum, ohne das es nicht zu gehen scheint.

Schon beim legendären Rennen auf der Avus, das Caracciola mit einer Durchschnittsgeschwindigkeit von 135,1 Stundenkilometern gewann, gab es zahlreiche Unfälle. Beim Training wurde ein italienischer Beifahrer getötet. Während des Rennens kam Mitfavorit Adolf Rosenberger ins Schleudern und überfuhr mit seinem Wagen zwei Helfer. Insgesamt wurden bei diesem Wettkampf so viele Fahrer und Zuschauer verletzt, daß es in der Presse große Diskussionen gab, ob solche Veranstaltungen überhaupt durchgeführt werden dürfen. Die Massen ließen sich nicht von ihrer Begeisterung abbringen. Wer Kopf und Kragen riskierte, um ein Autorennen zu gewinnen, war in ihren Augen ein Held. Und Heldentum war gefragt in diesen Zeiten. Insbesondere von politischer Seite. Die Nationalsozialisten nutzten die Popularität der deutschen Piloten für ihre Propaganda, und die Rennfahrer ihrerseits genossen als Mitglieder des »Nationalsozialistischen Kraftfahrerkorps« weitreichende Privilegien. Die hatten Caratsch & Co auch schon im Kaiserreich und in der Weimarer Republik, doch erst im Führerstaat, in dem es wenig gab außer Kampf, Sieg und Vernichtung, wurde der deutsche Motorsport zum Mythos, wurde der Sieg im Wettrennen eine politische Pflicht. Manfred von Brauchitsch, ebenfalls ein erfolgreicher Mercedes-Fahrer, verstieg sich dann auch zu aberwitzigen Formulierungen: »Mein Führer ... Wenn in den letzten Jahren die deutschen Rennwagen von Sieg zu Sieg geeilt sind (...), so ist das nicht so sehr unser Verdienst oder der Verdienst der Industrie, sondern in erster Linie Ihr Werk. (...) Sie haben uns den Glauben an die deutsche Zukunft wiedergegeben (...) Und wir geloben Ihnen, alles daranzusetzen, um wieder die stolzen Fahnen des Dritten Reiches auf den Rennbahnen Europas als Siegeszeichen sehen zu lassen.«

Über die Rolle der deutschen Rennfahrer im Nationalsozialismus wurde hierzulande lange Zeit geschwiegen. Eine umfangreiche und kritische Darstellung der *Silberpfeile unterm Hakenkreuz* erschien erst 2006. Autor Eberhard Reuß beschreibt darin nicht nur *Hitlers Rennschlachten*, sondern auch den mangelnden Willen, sich nach dem Zweiten Weltkrieg mit dem braunen Glanz der Silberpfeile zu beschäftigen.

Das Publikum hatte kein Interesse daran, sich den wiederentdeckten Spaß am Autorennen verderben zu lassen. Und die Verantwortlichen im Motorsport waren froh, wenn nicht allzu neugierig nachgefragt wurde. Aus dem Motorsport, der damals vor allem eine europäische Angelegenheit war, wurde ein globaler Rennzirkus mit erbitterten Materialschlachten der Autofirmen. Auch wenn die Formel-1-Boliden wenig mit unseren Normalautos zu tun haben, bedeutet der Gewinn der Weltmeisterschaft, insbesondere in der Konstrukteurswertung, auch heute noch einen enormen Prestigegewinn. Ein Sieg der Silberpfeile verleiht auch der A-Klasse ein Gewinner-Image. Aber wie lange noch? Die japanische Autofirma Honda hat bereits ihren Ausstieg aus der Formel 1 angekündigt, und um zu verhindern, daß andere Hersteller folgen, wurden massive Sparmaßnahmen für den kostenintensiven Rennzirkus beschlossen.

Sind Autorennen Sport? Wenn man die Fans fragt, wird man eine klare Antwort erhalten. Und es gibt sehr viele Freunde des Motorsports, auch wenn die Zahl der Zuschauer, die sich eine Veranstaltung auf dem Hockenheimring anschauen, inzwischen zurückgeht. Das gesunkene Interesse der Zuschauer hat sogar dazu geführt, daß die Betreiber des Hockenheimrings in finanziellen Schwierigkeiten stecken. Obwohl die Landesregierung in Baden-Württemberg die Defizite nicht mehr ausgleichen will, gibt es staatliche Zuschüsse.

Ein Grund: Noch immer versammelt kaum ein internationales Sportereignis so viele Zuschauer rund um den Globus vor den TV-Geräten wie ein Formel-1-Rennen. Auch Fußball-Weltmeisterschaften sind, wohlgemerkt im globalen Maßstab, kein solcher Publikumsmagnet. Die große Zeit der Autorennen ist trotzdem vorbei (was nicht heißt, daß das Publikum sich so schnell abwendet).

Die Formel-1-Boliden sehen, verglichen mit den neuen, windschnittigen Fahrzeugen von Audi, Mercedes oder BMW, erstaunlich altmodisch aus. Das Können der Fahrer scheint angesichts der technischen Dominanz einzelner Rennställe immer unwichtiger zu werden. Die Finanzreserven der Autohersteller sind aufgebraucht. Die Umweltschutz-Vorschriften werden sich verschärfen und auch den Motorsport betreffen – wer aber will sich ein Öko-Rennen mit abgasarmen, leisen und langsamen Fahrzeugen ansehen?

Was die Geschwindigkeit angeht, so sind viele Autos, die auf unseren Straßen unterwegs sind, ohnehin kleine Rennmaschinen. Das war vor fünfzig Jahren noch anders. Heute fahren selbst Autobahn-Schnecken so schnell wie Caratsch in seinem siegreichen 26er Mercedes auf der Avus. Berliner Autofans haben sich lange darüber geärgert, daß ausgerechnet diese Strecke ausgewählt wurde, um ein strenges Tempolimit einzuführen. Der ADAC versuchte, den Plan des rot-grünen Senats zu vereiteln, und warb zusammen mit den Berliner Christdemokraten für die »Freiheit des Gaspedals«. Allerdings mit geringem Erfolg. Die Kampagne der Auto-Lobbyisten führte zu Massenaustritten beim ADAC, und Wahlverlierer Eberhard Diepgen hatte wieder mal gezeigt, wie wenig er vom Wandel der Zeit mitbekam. Auf der ehemaligen Rennstrecke, die in den Sechzigern zur Stadtautobahn umgewandelt worden war, durften fortan nur 100 Stundenkilometer gefahren werden.

Wir Weihnachtsgänse

Seit Jahrzehnten wird in Deutschland in regelmäßigen Abständen darüber diskutiert, seit Jahrzehnten mit mehr oder weniger gleichen Argumenten: Das Tempolimit für Autobahnen gehört zu den beliebtesten Debattenthemen in Deutschland. Eigentlich erstaunlich, daß sich hierzulande kaum jemand darüber beschwert, daß es auf Landstraßen und in Städten eine Geschwindigkeitsbeschränkung gibt. Und schon ziemlich lange: 1957 wurde das Tempo in »geschlossenen Ortschaften« auf 50 Stundenkilometer begrenzt, wobei sich die Politiker zunächst einigen mußten, was eine geschlossene Ortschaft überhaupt ist. Die deutschen Dörfler, die sich immer gerne abgrenzen, waren froh, daß die Städter nicht länger durch ihre Wohngebiete brausten; die Ideologen im Bundestag und in den Autoverbänden meinten hingegen, Tempolimits widersprächen einer freiheitlichen Demokratie und würden vor allem in Diktaturen durchgesetzt, um die Bevölkerung zu gängeln. Tatsächlich hatten die Nazis die Geschwindigkeiten streng reglementiert. Zwar wurde mit der Sicherheit der Verkehrsteilnehmer argumentiert, aber das war nur ein vorgeschobener Grund, ging es doch darum, Ressourcen für Kriegszwecke zu schonen. Wahrscheinlich krankten alle folgenden Debatten ums Tempolimit auch daran, daß die Nazis einmal dafür waren.

Die Tempolimits der Nazis wurden jedenfalls bei Gründung der Bundesrepublik aufgehoben, so daß freie Bürger auf westdeutschen Straßen zeitweilig ihre totale Freiheit genießen durften, die allerdings ziemlich blutig aussah: Jeden Tag starben in den fünfziger Jahren 18 Menschen im Verkehr. Das änderte sich, als das erste Tempolimit der Nachkriegsgeschichte eingeführt und die Raserei in den Städten verboten wurde. Das haben die Westdeutschen übrigens einem Christdemokraten zu verdanken: Oskar Rümmele, der damalige Vorsitzende des Verkehrsausschusses im Bundestag, hatte sich durchgesetzt. Ein Tempolimit für die Autobahnen scheiterte an der Hartnäckigkeit der Autolobby, die auch im Streit um innerstädtische Geschwindigkeitsbegrenzungen die verrücktesten Argumente auftischte. Bei Tempo 50 in den Städten würde der Verkehr zusammenbrechen, behauptete der ADAC und die ihm geneigten Politiker. Ein Wahnwitz. Wenige Wochen nach Einführung der neuen Vorschriften sank die Zahl der Todesfälle im innerstädtischen Straßenverkehr um mehr als die Hälfte.

Auch heute gibt es im Streit um ein Tempolimit auf Autobahnen für jedes Argument ein passendes Gegenargument. Die einen sagen, eine Geschwindigkeitsbegrenzung helfe der Umwelt, die anderen bestreiten diesen Zusammenhang oder behaupten, der Effekt sei minimal. Die einen sagen, Tempolimits würden die Zahl der Unfallopfer reduzieren, die anderen sind davon überzeugt, die eigentliche Gefahr gehe von Langsamfahrern aus. Eine besonders beliebte These in Talkshows: Die Einführung von Tempo 100 auf deutschen Autobahnen würde Arbeitsplätze kosten, weil hiesige Firmen mit Vorliebe PS-Kraftmeier im Angebot haben. Daß deutsche Autos auch in Ländern gefahren werden, in denen es die allerschärfsten Anti-Raser-Regelungen gibt, darf dann die Gegenseite ausführen. Das bekloppteste aller Totschlagargumente lautet: Ein Tempolimit sei abzulehnen, weil der Staat nur eine Möglichkeit suche, Strafen zu verhängen und Kasse zu machen.

Neulich hat der britische EU-Abgeordnete Chris Davies eine Tempobremse für alle Neuwagen ab 2013 gefordert, die dafür sorgen soll, daß Autos nicht schneller als 162 Stundenkilometer fahren können. Da beginnt man sofort zu rechnen und stellt fest: 162 Stundenkilometer entsprechen 101 Meilen pro Stunde. Ist der Mann ein Witzbold oder ein besonders gewiefter Lobbyist? Warum fordert der Mann nicht 97,43 Meilen pro Stunde als Höchstgeschwindigkeit und bei Überschreitung der Maßgabe um 0,29 Meilen eine lebenslange Haftstrafe? Allein der Vorschlag, dieses Tempolimit, das keines ist, 2013 einzuführen, ist kurios. Warum nicht 2033? Oder 2093? Kaum ein Diskussionsthema ist dermaßen öde wie der Streit ums Tempolimit. Vielleicht muß sich ein Politiker, ein Europa-Vertreter zumal, ganz besonders gewitzte Forderungen ausdenken, um gehört zu werden.

Dabei ginge es doch so einfach. Statt weiter zu diskutieren, statt hinter verschlossenen Türen mit Lobbyisten um ein paar Stundenkilometer zu feilschen, statt alle Jahre wieder in Zeitungen darüber lesen zu müssen und dann auch noch im Rundfunk damit belästigt zu werden, könnte mal der Versuch unternommen werden, ein Jahr lang auch auf unseren geliebten Autobahnen nicht schneller als 100 Stundenkilometer zu fahren. Nach diesem Probejahr gäbe es eine ordentliche Bilanz, dann würde endgültig entschieden und nie mehr darüber geredet! Wenn herauskäme, daß der Verkehr zusammenbräche, es wieder mehr Unfalltote gäbe, die deutsche Auto-Industrie endgültig vor dem Kollaps stünde, die Ökobilanz miserabel wäre oder sonst etwas Katastrophales geschähe, dürften die Deutschen auf alle Ewigkeit mit Vollgas über die Autobahn rasen. Wenn das Gegenteil bewiesen wird, bleibt das Tempolimit ohne weitere Diskussionen bestehen. Ist das möglich? Hallo? Warum hört mich keiner?

Ja, warum bloß? Weil wieder eine andere bescheuerte Diskussion (im Fernsehen) läuft. Worum geht es dieses Mal? Wieder um die Pendlerpauschale? Ist das eine Wiederholung? Vom letzten Jahr? Selbst wenn die alte Runde ausgestrahlt würde, niemand würde es bemerken. Die Pendlerpauschale ist wie das Tempolimit ein Aufregerthema. Sorgt für akzeptable Einschaltquoten. Mein Freund Peter schaut sich jede Sendung zur Pendlerpauschale an. Mein Freund Peter ist überzeugter Pendler. Eigentlich müßte ich schreiben: mein Ex-Freund Peter. Auf jeden Fall ist die Pendlerpauschale schuld daran, daß wir nicht mehr befreundet sind. Wir kennen uns seit über zwanzig Jahren. Wir waren zusammen auf Friedensdemos und im Kino, wir sind gemeinsam durch Deutschland getrampt und haben die eine oder andere Flasche Wein geleert. Das war alles nicht von Bedeutung, als sich unsere Wege trennten.

Angefangen hat der Ärger mit seiner Freundin Uta. Sie wollte mit ihm, kaum war das erste Kind auf der Welt, unbedingt ins Reihenhaus ziehen. Damals habe ich ihm noch geraten: »Locker bleiben, auch eine Reihenhaussiedlung hat Vorteile. Dort ist es wenigstens schön ruhig.« Hätte ich ihm doch bloß geraten, stur zu bleiben. Denn er war damals gar nicht erfreut, die Altbauwohnung im Kiez zu verlassen.

Hätte ich ihm doch gesagt: »Bist du erst mal ins Reihenhaus eingezogen, kommst du nicht wieder raus. Und wenn du zu lange im Reihenhaus wohnst, verändert sich dein Leben. Es wird reihenhäusig. Das Sein bestimmt das Bewußtstein!« Leider habe ich auf diesen Vortrag verzichtet. Das ärgert mich sehr, auch wenn meine Warnungen wahrscheinlich nichts bewirkt hätten.

Je länger Peter im Reihenhaus wohnte, desto seltener wurde ich eingeladen. Uta hat mich mal einen Störenfried genannt. In gewisser Weise stimmt das. Dem Reihenhausfrieden traue ich nicht. Kurz vor unserem Streit um die Pendlerpauschale hat sich Peter mit seinem Reihenhausnachbarn gekloppt, der im Sommer grundsätzlich den Rasenmäher rausholt, wenn Peter den Grill anschmeißt. Damals habe ich gesagt: »Streit mit Nachbarn gibt's überall.« Obwohl ich gedacht habe: typisch Reihenhaus.

Dann kam die Pendlerpauschale. Wir saßen beim Bier in der Wohnstube des geliebten Eigenheims, das draußen im Grünen lag, dreißig Kilometer entfernt von Peters Arbeitsstelle. Plötzlich schimpft er über die bösen Politiker, die ihm die Pendlerpauschale gestrichen hätten. Ich rate ihm, Bundestagsabgeordneter zu werden, da könne er kostenlos Bus und Bahn benutzen, als Politiker bräuchte er keine Pendlerpauschale mehr. Statt über meinen Vorschlag oder über mich zu lachen, giftet er mich an: Ich als führerscheinloser Stadtbewohner könne gar nicht begreifen, wie teuer und anstrengend es sei, jeden Tag mit dem Auto zur Arbeit zu fahren. Natürlich nicht, gestehe ich sofort ein, und um die Aggression aus dem Gespräch zu nehmen, mache ich die offenkundig unqualifizierte Bemerkung, er könne ja einfach mal zu Hause bleiben und dem Arbeitgeber mitteilen, er komme erst, wenn die Pauschale wieder gezahlt werde. Das hätte ich nicht sagen sollen. Peter dreht nun auf, drischt die üblichen Kleinbürgerphrasen, von wegen der Ehrliche sei immer der Dumme. Das wird mir irgendwann auch zu dumm, und ich gebe zu bedenken, daß niemand ihn gezwungen habe, ins suburbane Ödland zu ziehen. »Sei froh, daß du keine Strafe dafür bezahlst, daß dein Reihenhaus zur Zersiedelung der Landschaft beiträgt.« Das Pendeln mit dem Auto sei sowieso eine Umweltsauerei, die der Staat nicht unterstützen dürfe. Peter springt auf, sein Hals wird immer dicker. Dann legt er los. Dieses Scheißargument könne er nicht mehr hören, er schaue sich jede Talkshow zur Pendlerpauschale an, und immer kämen die Ökos mit dieser Umweltkacke, die nichts mit dem Alltag der Menschen zu tun habe. Ich erinnere Peter daran, daß er im Gegensatz zu mir Mitglied bei den Grünen sei. Nicht mehr lange, schreit er, nicht mehr lange. Peter holt tief Luft, um einen riesigen Wortschwall über mich zu ergießen: »Es gibt fast 30 Millionen Pendler in Deutschland, zwei Drittel fahren mit dem Auto zur Arbeit. Wir leben doch in einer Demokratie, und da entscheidet die Mehrheit, nicht die Minderheit. Das Leben eines Berufspendlers ist schon schwer genug. Der Autopendler ist besonders stark von psychosomatischen Beschwerden, von Kopfschmerzen, Bluthochdruck und Magen-Darm-Beschwerden betroffen …«

Peter hat sich, wie ich schnell begreife, tatsächlich jede Talkshow zum Thema angesehen. Er nennt weitere Daten und Zahlen, warum es recht und billig sei, dem Pendler eine Entfernungspauschale zu zahlen, seine Sätze klingen, als hätte er die Fernsehthesen mitgeschrieben. Für sich zur Vergewisserung. Für unbelehrbare Freunde wie mich. Ich überlege, ob ich noch einmal sachlich, aber grundsätzlich gegen die Pendlerpauschale argumentieren soll. Ob ich ihn bitte, mir zu erklären, warum der Staat für ein Lebensmodell aufkommen soll, für das er sich freiwillig entschieden hat: Er wollte die Ruhe der Schlafstadt. Er wollte den Hobbykeller. Er wollte den Hausbesitz. Er wollte das kleine Fleckchen Grün, das er Garten nennt. Er wollte das Eigenheim in einer Siedlung, die auf einem ehemaligen Naturschutzgebiet errichtet wurde. Nein, ich schweige. Obwohl ich ihn gerne gefragt hätte, warum der Staat, der die Pendler finanziell entlastet, nicht auch die überhöhten Mieten in der Innenstadt subventioniert. Oder die Berufskleidung der Banker, die sich ständig neue Anzüge kaufen müssen. Ich will den Abend retten und schlage vor, das Thema zu wechseln, frage ihn, wie es denn mit der Arbeit laufe, und nachdem er über seinen bösen Chef hergezogen ist, kommt er wieder auf die Pendlerpauschale zurück. Ich erkundige mich, wie es der Tochter gehe, er sagt, die habe Probleme in Mathe, um dann auszurechnen, wie viel Geld er durch die gestrichene Pendlerpauschale verliere. Ich sage, der Umbau der Küche habe sich gelohnt, so hell und geräumig sei mir die Küche noch nie vorgekommen, und er jammert, der Umbau habe ein Vermögen gekostet und deshalb sei es ganz besonders beschissen, daß es die Pendlerpauschale nicht mehr gebe. Jetzt habe er auch noch einen Strafzettel bekommen, weil er auf der Stadtautobahn zu schnell gefahren sei. »Die nehmen uns doch aus wie Weihnachtsgänse!« Kurz vor Mitternacht verabschiede ich mich von Peter mit der durchaus ernstgemeinten Drohung, ich käme nie wieder, wenn er mit mir erneut über die Pendlerpauschale oder gar das Tempolimit streiten wolle. Seitdem habe ich nichts mehr von ihm gehört.

Nachdem das Bundesverfassungsgericht die ungerechte Korrektur der Pendlerpauschale, nach der Fernpendler bevorzugt wurden, mit deutlichen Worten kassiert hatte, schrieb ich Peter noch mal eine Mail: Ob er sich denn freue, daß die Fahrt zur Arbeit wieder vom ersten Kilometer an steuerlich absetzbar sei? Und was er denn jetzt mit den Rückzahlungen vom Finanzamt anstelle?

Keine Antwort.

Ich wüßte gerne, was Peter so verändert hat. Das Reihenhaus oder die vielen Talkshows zur Pendlerpauschale? Oder beides? Früher sind wir ins Kino gegangen, um die wildesten Roadmovies zu sehen. Da hätten wir über die Pendlerpauschale nur gelacht.

Früher war alles besser

Wenn man versucht, das englische Wort *Roadmovie* ins Deutsche zu übersetzen, wird es unverständlich. Ein Straßenfilm? Was soll das sein? Es ist hierzulande wieder in Mode, gegen Anglizismen zu wettern. Doch so blöd sich englische Begriffe anhören, wenn sie als Jargon verwendet werden (etwa beim *Business,* insbesondere in den Abteilungen *Human Resources*), so ist es manchmal doch besser, beim Fremdwort zu bleiben. Der Roadmovie ist ein gutes Beispiel. Selbst Franzosen wissen, was ein Roadmovie ist. Schon der Klang dieses Wortes verrät, worum es geht. In diesem Filmgenre sind röhrende Motoren zu hören und röhrende Menschen zu sehen, die eines tun: sie fahren, um zu fahren. Natürlich werden in Roadmovies sehr unterschiedliche Motivationen erzählt, welche die Helden dazu treibt, in ein Auto zu steigen. Die einen wollen den Stillstand ihres drögen Alltags hinter sich lassen, die anderen sind auf der Flucht, weil sie ein Verbrechen begangen haben. Doch welches Hindernis auch umfahren werden muß, die meisten Protagonisten lernen in einem Roadmovie, daß die Bewegung das Ziel ist, daß es vor allem darauf ankommt, bloß nicht anzuhalten.

Auch wenn oder vielleicht gerade weil ich keinen Führerschein habe, sind die meisten meiner Lieblingsfilme Roadmovies. David Lynchs *Wild at Heart* zum Beispiel, die rasante Fahrt von Sailor und Lula: Die beiden wollen ein neues Leben beginnen, fernab vergangener Verstrickungen.

Das Liebespaar ahnt nicht, daß Lulas Mutter einen Killer engagiert hat, der Sailor töten soll. Es entwickelt sich ein Roadmovie, der seinen Figuren eine trügerische Freiheit zu schenken scheint. Auf der Fahrt zur eigenen Liebe erfahren sie, daß das Auto ein Instrument der Freiheit und Unfreiheit zugleich ist. Lula wird schwanger, und das ständige Umherziehen macht müde. Glück und Gewalt liegen auch in diesem Roadmovie dicht beinander. Die Reise ins Ungewisse wird zur tödlichen Falle, nur durch einen Zufall landet Sailor nicht in der Grube, sondern im Gefängnis. Doch damit ist der Film nicht zu Ende. Zum Schluß sehen wir Sailor wieder als freien Mann. Nach der Haftentlassung trifft er in einer kleinen, mit Autos verstopften Stadt die sehnsüchtig wartende Frau und das adrett zurechtgemachte Kind. Ist das die Freiheit, nach der er sich gesehnt hat? Nein, dieses Leben behagt ihm nicht, Sailor will wieder raus auf die Piste. Wo ist das nächste Auto, wo geht's zum Highway? Doch dann wird er zusammengeschlagen. Im Dämmerzustand erinnert ihn eine Engelstimme an die geliebte Lula und den Sohn, den er noch gar nicht richtig kennengelernt hat. Sailor rafft sich auf, rennt über die Dächer der Autos, die im Stau stehen. Er ruft ihren Namen und findet schließlich Lulas Wagen, Frau und Kind. Ein kurioses Happy-End nach einem brutalen Roadmovie; man könnte auch Kitsch dazu sagen. In der Auto-Symbolik aber äußerst stimmig. Sailor entscheidet sich für die Familie. Und die erreicht man in der Stadt am besten zu Fuß.

Oder mit dem Rasenmäher, wie Lynch in seiner *Straight Story* zu erzählen weiß. Dieser langsamste aller Roadmovies ist auch der schönste, der elegischste. Hier gibt es kaum

Bedrohungspotential. Da fährt ein Mann auf einem Rasenmäher durch die Lande, um seinen kranken Bruder zu besuchen, und alles was diese Reise gefährlich werden läßt, ist der eine oder andere Hügel, den das landwirtschaftliche Fortbewegungsmittel zu bewältigen hat. So besinnlich geht es sonst nur noch in Roadmovies von Wim Wenders zu. *Alice in den Städten, Im Lauf der Zeit, Paris, Texas, Bis ans Ende der Welt.* Wenders läßt seine Helden meist im Schrittempo durch Landschaften reisen, die gewollt kulissenhaft wirken. Statt schnelle Fahrten durch die Wüste oder gegen die Wand, statt schnellen Sex in schnellen Autos zu erzählen, beschäftigt sich dieses allzu teutonische Auto(ren)kino mit der Frage, ob das, was wir *on the road* zu erleben meinen, nicht durch merkantile Bilderwelten vorbestimmt ist, ob es authentisches Reise-Erleben überhaupt gibt. Der entscheidende Satz fällt in *Im Lauf der Zeit,* einer Filmreise an die deutsch-deutsche Grenze: »Die Amerikaner haben unser Unterbewußtsein kolonisiert.«

Was auch immer die Amis mit unserem Unterbewußtsein angestellt haben, amerikanische Filmemacher haben jedenfalls erkannt, daß der Roadmovie dann funktioniert, wenn er in allererster Linie affirmativ angelegt ist. Wer zum Beispiel den Kinotrip *Fear and Loathing in Las Vegas* »verstehen« will, sollte sich am besten zwei, drei bunte Pillen besorgen. In Roadmovies wird die Gewalt verführerisch. Gerade durch diese Affirmation entwickelt sich die Gesellschaftskritik des Roadmovies. Während bei Wenders sinnreich geschwiegen und noch sinnreicher geplaudert wird, wird in Oliver Stones *Natural Born Killers* permanent geschossen.

Mallory und Mickey heißen die zum Töten geborenen Filmhelden. Zu Beginn mag man den Blutrausch halbwegs nachvollziehen. Die beiden bringen Mallorys Eltern um. Als Rache dafür, daß Mallorys Vater die Tochter jahrelang mißbraucht und die Mutter nichts gegen den Vergewaltiger getan hat. Dann aber wird die Flucht zu einem blindwütigen Rachefeldzug gegen alle, die sich ihnen in den Weg stellen. Man kann nicht sagen, daß Mallory und Mickey intellektuelle Leuchten sind, aber sie begreifen sehr schnell die Gesetze der Straße und des Medienmarktes. Wenn alle Zeugen eines Amoklaufs niedergemäht werden, kann auch niemand »authentisch« darüber berichten. So verschonen sie künftig stets ein Opfer. Die Überlebenden machen das, was von ihnen erwartet wird. Mit großer Leidenschaft schildern sie die Mordtaten vor der Kamera. Die Killer werden zu Medienhelden, zu Botschaftern einer tödlichen Freiheit. Das Gangsterpärchen, das die Öffentlichkeit zum Schlachtfeld macht, ist eine Topstory. Seine Verhaftung eine Sensation. Und der Ausbruch aus dem Gefängnis ein dramaturgischer Clou: Ein Moderator interviewt die beiden, während im Knast eine Revolte ausbricht. Das hindert den Mann am Mikro nicht daran, die Live-Sendung fortzuführen. Also werden die Zuschauer Zeugen eines »echten« Fernseh-Mordes. Denn Mallory und Mickey bringen den Moderator zum Schweigen und entkommen in die Freiheit. Die Straße gehört wieder ihnen …

Beim Roadmovie-Vorgänger *Bonnie und Clyde* aus dem Jahre 1967 wird das Gangsterpaar am Ende in eine Falle gelockt und mit Kugeln durchsiebt. Vater Staat tritt hier als das Schweinesystem auf, gegen das Bonnie und Clyde aufbegehren. Die Hüter des Gesetzes, sei es nun mit oder ohne Uniform, fordern Rache für die Gesetzesübertretungen. Gegen diese Art der Todesstrafe wirken die Taten der umherfahrenden Anarchisten Bonnie und Clyde fast wie Kavaliersdelikte. Gerade diese Moral der Geschichte wirkt heute erstaunlich altmodisch, Oliver Stones Zynismus dagegen erschreckend aktuell. Denn die in *Natural Born Killers* formulierte Medienkritik erzählt real existierende Klassenverhältnisse. Wer wie Mallory und Mickey vor der Kamera steht, ist im wahrsten Sinne des Wortes: a-sozial. Die arrivierten Schlagzeilenmacher und betuchten Programmplaner, die witzigen Redakteure und flinken Reporter, die Dompteure des mediensüchtigen Publikums wähnen sich vom Schmuddel der Straße entfernt, und doch sind sie dem Wahnsinn näher, als ihnen lieb ist. Denn auch sie steigen in ein Auto, fahren durch die Stadt oder über Land, auch sie müssen den Wagen betanken, auch sie sind dort draußen, wo der Mensch des Menschen Wolf ist.

Mit *Natural Born Killers* ist der Roadmovie zu einem Endpunkt gekommen. Alle Aspekte einer automobilen Flucht sind erzählt: Mensch und Motor, Gewalt und Geschwindigkeit, Ausbruch und Einbruch. Heute ist die Straße nur noch in der Werbung ein Ort der Freiheit. Die klugen Filmemacher scheinen dem modernen Massenverkehr in unseren Städten immer schon mißtraut zu haben. Die meisten Roadmovies spielen in der Wüste oder in anderen öden Gegenden, in denen kein Stau zu befürchten ist. Bonnie und Clyde, Mallory und Mickey wären durch das übliche Verkehrsaufkommen in Atlanta, Chicago oder New York allzu früh ausgebremst worden.

Es liegt auch am technischen Fortschritt, daß der Roadmovie ein Auslaufmodell ist. Denn Fluchtfahrzeuge wird es bald nicht mehr geben. Autodiebe und andere Gangster werden künftig von der Polizei über Funk gestoppt. Wer als Verbrecher demnächst einen Fluchtversuch im Auto unternimmt, sollte Computerspezialist sein und im Notfall die Sicherheitscodes umprogrammieren können. Der US-Konzern General Motors will, wenn es ihn in Zukunft noch geben wird, künftig einen GPS-Sender in Neufahrzeuge einbauen, über den der Motor eines Wagens gestoppt werden kann. Wenn alle Autos mit der Anti-Klau-Funktion ausgerüstet sind (und das werden sie), bedeutet dies das Ende aller Verfolgungsjagden. Auf der Leinwand und auf unseren Straßen.

Für Nostalgiker und Unverbesserliche sollte daher vor den Toren jeder Stadt ein Areal eingerichtet werden, auf dem sie Straßenduelle und Verfolgensrennen veranstalten können. Dort sollten grundsätzlich nur Fahrzeuge zum Einsatz kommen, die keine Satelliten gesteuerte Stop-Funktion eingebauten haben. Wer sich und seine Autos gerne zu Schrott fährt, soll dies dort ungestraft tun können. Türkischen und deutschen Jungmännern, die bislang auf der Berliner Hermannstraße zum Leidwesen der Anwohner um die Wette fahren, sollten Geld dafür erhalten, wenn sie ihren Renngelüsten am ausgewiesenen Platz nachgehen.

In solchen Anlagen sollte es auch eine andere Institution geben, die bald aussterben wird: das Autokino. Dort könnten dann die Klassiker des automobilen Films gezeigt werden, zum Beispiel Steven Spielbergs *Duell,* in dem ein PKW-Fahrer von einem Tanklaster verfolgt wird, ohne daß wir

Zuschauer jemals erfahren, wer am Steuer des Lastwagens sitzt und warum der Unbekannte es auf den armen David in seinem Plymouth Valiant abgesehen hat. Aber wahrscheinlich werden die Besucher solcher automobilen Erlebnisparks keine mysteriösen Autorenfilme, sondern das sehen wollen, was sie im Autokino früher schon gesehen haben: *Spider Man* oder *Terminator II*.

Im unseligen Jahr 1933 eröffnete der Amerikaner Richard Milton Hollingshead sein erstes Autokino im US-Staat New Jersey. Angeblich wollte er nur die Verkaufszahlen für die Produkte seines Vaters ankurbeln, der Autopflegemittel vertrieb. Bald aber erkannte Hollingshead die Marktlücke, in die er gestoßen war und expandierte als Kinobetreiber. Mitte der fünfziger Jahre gab es in den USA bereits 4.000 Autokinos. Vor allem in ländlichen Gebieten war das Angebot erfolgreich, zumal die Eintrittspreise mit 25 Cent anfangs sehr niedrig waren.

Das Autokino wurde zum Treffpunkt für Familien und Freunde, im prüden Amerika aber war es vor allem ein Rückzugsort für frisch Verliebte. In der sogenannten Lover's Lane, in der hintersten Reihe eines Autokinos, spielte der Film meist keine Rolle. In Deutschland kam auch dieser US-Import ein wenig spät an: Das erste deutsche Autokino eröffnete 1960 in der Nähe von Frankfurt am Main. Rund 250.000 Zuschauer kamen nach Gravenbruch, um *Der König und ich* mit Yul Brunner und Deborah Kerr zu sehen. Doch schon bald mußten die ersten deutschen Autokinos wieder schließen. Als an jeder Ecke Videotheken eröffneten, blieben die Leute daheim, um vor der Flimmerkiste zu knutschen.

Aber die Institution des Autokinos könnte gerettet werden. Es müssen nur die richtigen Orte gefunden werden. Wie zum Beispiel der Männerspielplatz im nordhessischen Großalmerode. Statt Achterbahn und Autoscooter fahren die Erlebnissüchtigen hier Jeep, Bagger und Raupe. Wer das größte Loch gegraben, wer durch den tiefsten Schlamm gefahren ist, gehört zu den Gewinnern des Spiels.

Ähnlich dreckig geht es im Baggerland Herzfelde zu. Vor den Toren Berlins darf nach Herzenslust gegraben werden. Frau und Freundin werden in diesem Fall nichts dagegen haben. Selbst wenn die Jungs nach dem Kraftakt auf dem Feld nicht gleich nach Hause kämen und sich im Autokino noch den aktuellen Baller-Rennwagen-Schocker *Death Race* ansähen.

Männerspielplätze wie die in Großalmerode oder Herzfelde erfüllen schon heute eine wichtige Funktion im gesellschaftlichen Triebhaushalt. Und wenn Gaspedal und Lenkrad aus dem Auto verschwinden, weil die Steuerung ein Roboter übernimmt, wenn mit der Autofahrt keine maskulinen Phantasien mehr auszuleben sind, wird der Männerspielplatz endgültig zum Sehnsuchtsort. Wo sich heute vor allem gestreßte Büromenschen abreagieren, werden sich künftig die vielen, vielen Autonarren treffen und gemeinsam jammern: »Früher war alles besser.«

Tschüs Tanke

Bernd war wichtig. Ein Sandkastenkumpel. Wir haben Burgen gebaut, und als wir älter wurden, sind wir um die Häuser gezogen, um Klingelmäuschen zu spielen. Eine Zeitlang haben wir unser Viertel tyrannisiert. Die Nachbarn beschwerten sich bei unseren Eltern, was uns aber nur weiter anspornte. Wir waren Grundschüler, und obwohl die Erwachsenen ständig darüber sprachen, daß bald der »Ernst des Lebens« beginnen würde, dachten wir nicht an die Zukunft. Warum auch?

Als mich mein Wunsch, nie eine Scheißkarre fahren zu müssen, aufs Gymnasium brachte, wurde Bernd in der Hauptschule angemeldet. Warum wir nicht auf dieselbe Schule gingen, leuchtete uns beiden nicht ein. Immerhin hatten wir beide jahrelang ähnlich schlechte Noten bekommen. Als ich mich allmählich für das zu interessieren anfing, was im Gymnasium geboten wurde, hatte Bernd mit der Schule grundsätzlich abgeschlossen. Er war gerade sechzehn geworden, als er den Job bei einer Tankstelle bekam. Er begann eine Lehre als Kfz-Mechaniker, die darin bestand, daß er die meiste Zeit hinterm Verkaufstresen stand und Alkohol an die Jugend unseres Viertels verkaufte. Obwohl Bernd und ich in dieser Zeit wenig miteinander zu tun hatten, blieb er wichtig. Wir gingen nicht auf dieselben Partys, wir trugen unterschiedliche Klamotten, wir sprachen inzwischen eine andere Sprache, aber Bernd von der Tanke sorgte dafür, daß mir und meinen neuen Freunden, die wir fünfzehn oder jünger waren, der Sprit nicht ausging. Wahrscheinlich hatte ich damals auch deshalb so viele Freunde, weil ich Bernd von der Tanke gut kannte. Er versorgte uns nicht nur mit Alk, sondern auch mit neuen Ausgaben von *Playboy* und *Penthouse*.

Der Besitzer der Tanke war ein Tüftler, der meist unter alten Autos lag. Wenn er, was selten vorkam, die Werkstatt verließ, war sein Gesicht ölverschmiert. Er schien sich nicht zu wundern, daß meine Freunde und ich langweilige Wochenenden am liebsten bei Bernd im Tankstellenhäuschen verbrachten. Dem Chef kam es darauf an, daß die Kasse stimmte. Da Bernd auf keinen Fall seinen Job verlieren sollte und wir nicht unseren Dealer verlieren wollten, mußten wir regelmäßig Fehlbeträge ausgleichen. Bernd wußte um seine Position und nutzte sie aus. Die Tankstelle, die weder zu Aral noch zu Shell gehörte, hatte sich zu einem kleinen Kramladen entwickelt, und so gab es ständig neue Verlockungen, denen Bernd nicht widerstehen konnte, für die er aber eigentlich keine Kohle hatte. So zahlten wir für eine Flasche Bacardi annährend das Doppelte, damit seine Diebstähle nicht auffielen. Einmal mußten wir sogar fünfzig Mark extra in die Kasse einzahlen, weil die bei der Abrechnung gefehlt hatten.

Als wir endlich achtzehn waren oder zumindest so aussahen, als könnten wir volljährig sein, wurden die Besuche bei Bernd seltener. Wir bekamen im Supermarkt, was wir wollten. Außerdem verbrachten wir unsere Freizeit nicht mehr in der Tanke, sondern in Cafés und Clubs. Dort gab es nicht nur Cocktails, sondern auch Mädels. Das konnte uns die Tanke nicht bieten. Während Bernd sich weiterhin mit *Playboy* und *Penthouse* zufriedengab, hatten wir längst mehrere Freundinnen gleichzeitig.

Bernd und ich sahen uns kaum noch, was auch daran lag, daß ich keinen Führerschein machte, ich also nicht bei ihm tankte. Eine Weile hatte ich ein schlechtes Gewissen, wenn ich an seinem Arbeitsplatz vorbeikam. Ich hatte das Gefühl, ihn im Stich gelassen zu haben. Wer stopfte nun die Löcher im Tankstellenhaushalt? fragte ich mich und sollte beim nächsten Besuch eine Antwort erhalten. Denn kaum hatte Bernd seine alten Kunden verloren, waren schon wieder neue aufgetaucht, verpickelte Jungs, die höchstens dreizehn waren. Sie hatten ihre Fahrräder dort abgestellt, wo auch ich mein Rad immer geparkt hatte, neben der Werkstatt.

Bevor ich nach Berlin zog, verabschiedete ich mich von Bernd. Die Pickel-Jungs waren auch da und sahen aus, als hätten sie in kurzer Zeit eine halbe Flasche Schnaps getrunken. Sie hielten die üblichen Pin-up-Blättchen in den Händen und kicherten. Ich kam mir damals furchtbar alt vor, auf jeden Fall wunderte ich mich, daß es niemanden gab, der sich über das feuchtfröhliche Treiben an diesem Ort beschwerte. Ab und zu kamen Leute zum Tanken vorbei – immerhin war der Benzinverkauf noch so etwas wie ein Nebenerwerb für Bernd.

Als ich neulich wieder mal nach Bonn kam, traute ich meinen Augen nicht. Die Tankstelle gab es immer noch. Allerdings war der Verkaufsraum vergrößert worden. Über dem Eingang hing ein Schild: »24-Stunden-Shop« war darauf geschrieben. Auch diese Tankstelle hatte sich in einen Supermarkt verwandelt. Die Werkstatt schien nicht mehr in Betrieb zu sein, dafür gab es viele Überwachungskameras. Überall hingen rot-gelbe Werbebanner. Der Betrieb war offenbar von einem Ölmulti aufgekauft worden, vom alten Charme der freien Tanke keine Spur mehr. Alles hatte sich geändert. Nur Bernd saß noch hinter der Kasse. Ich habe eine Zeitung gekauft. Er hat mich nicht erkannt. Für mich ging eine Ära zu Ende.

Bevor es Tankstellen gab, kauften die wenigen Automobilbesitzer im 19. Jahrhundert ihren Treibstoff in Drogerien, Apotheken oder im sogenannten Kolonialwarenhandel. Als der Autoverkehr zu Beginn des 20. Jahrhunderts rapide zunahm, gab es bald Zapfanlagen im ganzen Land. Oft wurden sie vor Gasthäusern oder Werkstätten montiert, meist direkt am Straßenrand. Da es keine Vorschriften gab, wie das Benzin abzufüllen sei, flog so manche Zapfsäule in die Luft. Vor allem wenn beim Tanken geraucht wurde. Die ersten Tankstellen im Deutschen Reich wurden in den zwanziger Jahren eröffnet. 1922 am Raschplatz in Hannover, ein Jahr später eine in Hamburg. Die erste Tanke der Welt will eine Apotheke in Wiesloch betrieben haben. Dort hat Bertha Benz auf ihrer legendären Fahrt von Mannheim nach Pforzheim den nötigen Benzin-Nachschub eingekauft. Ihrem Mann Carl Benz erzählte sie von der weltweit ersten Überlandfahrt im Automobil nichts. Am 5. August 1888 bestieg sie zusammen mit ihren beiden Söhnen den Patent-Motorwagen Nr. 1 und demonstrierte der erstaunten Welt, wie schnell und unkompliziert 106 Kilometer im Automobil zurückzulegen sind. Wenn es denn eine Apotheke gibt, die den nötigen Sprit zur Verfügung stellt.

Mit der Professionalisierung der Tankstellen entwickelte

sich auch ein neues Berufsbild. Ein guter Tankwart kümmerte sich nicht nur um den Treibstoff, er war auch in der Lage, Reparaturen durchzuführen. Die Hochzeit der Tanke währte immerhin ein paar Jahrzehnte. Heute scheint es den Tankwart als Tüftler, wie ich ihn noch kennengelernt habe, kaum noch zu geben, und den alten Tankstellen-Service mit Fensterputzen und Wasser- und Ölkontrolle hat man ebenfalls abgeschafft. Alte Tankstellen-Gebäude stehen entweder unter Denkmalschutz oder werden abgerissen. Manchmal werden sie auch umfunktioniert. In Berlin, München und Hamburg gibt es Kneipen in alten Tankstellen, und in Baden-Württemberg haben Start-up-Unternehmen diese Liegenschaften entdeckt. Tankstellengebiet ist oft schadstoffbelastet und dementsprechend billig. Was Großstädter und Jungmanager nicht besonders interessiert.

In den Weiten der Provinz, in dünn besiedelten Gegenden der Welt, in der australischen Wüste oder in kanadischen Wäldern, sind Tankstellen auch heute noch (beliebte) Treffpunkte. Dort kommen die einsamen Provinzler zusammen und freuen sich, daß die Reisenden eine Rast einlegen. Wer sich an Tankstellen trifft, ist auch froh, wenn die Fremden wieder abhauen. Jedenfalls war das mein Gefühl, als ich mal in einer Tankstelle in Süd-Texas nach dem Klo fragte. Widerwillig gab man mir den Schlüssel fürs Scheißhaus. »Do you pay for it?« fragte der Tankstellenwart, und sein Blick verriet, daß er mir nicht traute. Er hatte gesehen, daß meine Begleiterin am Steuer saß, und das kam ihm offenbar suspekt vor. Männer, die kein Auto fahren können, sind in den USA mindestens so verdächtig wie Muslime, die einen Flugschein machen.

Gerne wäre ich dort noch ein wenig länger geblieben, trotz der unfreundlichen Begrüßung. Denn mich hat die Atmosphäre dieser Tankstelle in der texanischen Ödnis durchaus überzeugt: Hier wurde neben der Zapfsäule geraucht und gegrillt. Ein Tankstellengast hatte sich einen Strohhut ins Gesicht gezogen und lag schnarchend in einer Hängematte, die zwischen zwei verbrannte Baumruinen gespannt war. Ein dicker Mann im ölverschmierten T-Shirt saß neben der Ladentür und spielte Gitarre. In diesem Klischeebild des Wilden Westens war die Tankstelle das zivilisierende Moment. Wenn es die Tanke nicht gegeben hätte, wären die Leute in dieser gottverlassenen Gegend wahrscheinlich über mich hergefallen. So aber war ich ein Kunde, ich zahlte fürs Benzin und fürs Pinkeln, ich kaufte zwei Bier und gab sogar Trinkgeld. Als ich ins Auto einstieg, wachten alle auf und winkten uns hinterher. Wirklich rührend.

Die hiesigen Supermärkte mit Spritverkauf hingegen sind uniform und unwirtlich; selbst die gelangweilte Dorfjugend sucht inzwischen andere Orte auf, um sich zu betrinken und die Zeit totzuschlagen. Mittlerweile stinkt es an hiesigen Tankstellen kaum noch nach Sprit und anderen giftigen Dämpfen, schmuddelige Ecken sind tabu. Ob auf dem Land oder in der Stadt, die heutigen Tankstellen sehen überall gleich aus. All das Verruchte, Geheimnisvolle, was die Tankstellen meiner Jugend so anziehend machte, ist verschwunden.

Wenn eine Institution wirklich am Ende ist, wird sie kulturhistorisch eingeordnet. Joachim Kleinmanns hat mit *Super, voll!* schon 2002 eine *Kleine Kulturgeschichte der Tankstelle* vorgelegt. In dem Büchlein erfährt man zum Beispiel, daß die Anzahl der Tankstellen hierzulande seit Jahren sinkt. Gab es 1935 in Nazideutschland noch 56.000 Zapfsäulen, sind es in der Bundesrepublik im Jahre 2007 nur noch rund 15.000 Tankstellen. Tendenz weiter fallend. Dabei hat sich Anzahl der Autos auf den Straßen vervielfacht: 1950 gab es in Deutschland eine halbe Million Autos, 1960 meldeten die Statistiker rund 3,7 Millionen, 1970 bereits 13,5 Millionen.

Spätestens wenn die Fahrzeuge nicht mehr auf Benzin oder ähnlichen Treibstoff angewiesen sind, werden die Tankstellen ganz aus dem Stadtbild verschwinden. Werkstätten hingegen wird es noch eine Weile geben. Schon jetzt wird die weltweite Autoflotte immer älter, und die Mechaniker haben, so lange die alten Dreckschleudern nicht verboten werden, noch jede Menge zu tun.

Die meisten Leute werden froh sein, wenn das Tanken wegfällt. Einige werden den Ort vermissen, an dem es Tag und Nacht Dosenravioli und Schokolade zu kaufen gab. Die wenigsten werden das Verschwinden der Tankstelle auch als Hinweis darauf deuten, daß die große Zeit des alten Automobils vorbei ist. Tschüs Tanke!

Ich parke, wo ich will

Ein BMW, ein Smart, ein Audi. Drei Autos parken an einem Samstagvormittag im Halteverbot, das die Fahrzeughalter nicht zu interessieren scheint. Die Autos stehen auf dem Gehweg. Deshalb zögert das Ordnungsamt nicht lange und läßt den Abschleppwagen kommen. Eine Stunde später ist der Gehweg frei. Am Nachmittag ist der Weg wieder zugeparkt. Früher habe ich mich um Falschparker nicht gekümmert. Seitdem ich mit Kinderwagen unterwegs bin, frage ich mich, ob den Parkrüpeln überhaupt bewußt ist, daß sie einem das Leben schwermachen. Wenn besagter Gehweg nämlich zugeparkt ist, muß ich mit meinem Kinderwagen auf die Straße ausweichen, was zwangsläufig dazu führt, daß ich von Autofahrern, die dann nicht mehr durch die schmale Gasse kommen, neunmalklug ermahnt werde, doch bitte den Gehweg zu benutzen.

Der Mann vom Ordnungsamt meint, der Audi sei in diesem Monat schon zweimal abgeschleppt worden. Das hindert den Fahrer aber nicht daran, trotzdem im Halteverbot zu parken. Etwas merkwürdig ist das schon, immerhin gibt es um die Ecke ein Parkhaus. Ein Dauerstellplatz kostet dort gerade mal 70 Euro im Monat. Was sich in jedem Fall rechnet. Denn der Audi-Fahrer wird nicht nur regelmäßig abgeschleppt, noch viel regelmäßiger erhält er Strafzettel. »Fünf bis zehn im Monat, jedes Mal eine Verwarnung über 25 Euro«, sagt der Ordnungshüter. »Der hat bereits eine Vorladung erhalten, und weil er nicht erschienen ist, haben wir ihm einen Punkt in Flensburg verpaßt.« Doch das hat alles nicht geholfen.

Gut einen Monat später treffe ich den Audi-Fahrer. Ein Mann um die vierzig, Jeans, weißes Hemd, dunkelblaues Sakko und sonnengebräunte Haut, als sei er gerade von einem Mittelmeer-Urlaub zurückgekehrt. Er wählt wieder seinen Lieblingsplatz im Halteverbot und steigt aus, als ich ihn frage, warum er immer so parke, daß niemand mehr den Gehweg benutzen könne. Er schaut mich an, als hätte ich etwas Seltsames, gar Unverschämtes gesagt. »Ich parke, wo ich will«, lautet seine Antwort. Ein Mann, ein Wort, denke ich, weise ihn aber freundlich darauf hin, daß Gehwege eben nicht für Autos, sondern für Fußgänger, mit und ohne Kinderwagen, mit und ohne Rollator angelegt werden. Das hätte ich nicht sagen sollen, denn plötzlich bekommt der scheinbar entspannte Mittelmeer-Urlauber einen roten Kopf und schreit: »Die armen Omis! Da kommen mir gleich die Tränen, Sie Klugscheißer! Rufen Sie den Abschleppdienst! Das macht Ihnen doch Spaß! Wie fühlt man sich als Denunziant?«

Es ist nicht schön, auf diese Weise bepöbelt zu werden. Auch von einem cholerischen Spinner nicht. Am liebsten hätte ich gesagt: »Hier ist kein Abschleppdienst, sondern ein Krankenwagen vonnöten.« Aber dann wäre die Situation womöglich eskaliert. Wer gleich vom Denunzieren spricht, obwohl es nur um etwas Rücksicht geht, wird sich und seinen Wahn nicht kontrollieren können und schlimmstenfalls noch zu anderen Aggressionsbekundungen bereit sein. Nein, mit einem sturen Parkrüpel lege ich mich nicht an. Ich ziehe wortlos weiter, hoppele mit dem Kinderwagen über eine Straße, die wegen der vielen Schlaglöcher kaum den Namen verdient, und lasse den Trottel links liegen. Ich rufe auch nicht das Ordnungsamt an. Das übernimmt meine nette Nachbarin.

Sie hat den Auftritt des Audifahrers vom Fenster aus beobachtet und winkt mir zu, mit dem Telefonhörer in der Hand. Sie haßt es, sich jeden Tag über die Parksituation vor dem Haus zu beschweren. Sie ist keine Denunziantin. Aber sie ist 78 Jahre alt und mit einem Rollator unterwegs. Für meine Nachbarin bedeutet der zugeparkte Gehweg, daß sie das Haus nicht verlassen kann. Mit dem Rollator kommt sie nicht über die Schlaglochstraße. Einmal ist sie mitten auf der Straße gestürzt, weil sich ein Rollatorrad in dem alten und unregelmäßigen Bodenbelag verkeilt hatte. Ihr Knöchel war angebrochen, sie verbrachte drei Wochen im Krankenhaus. Deshalb ruft sie nun grundsätzlich das Ordnungsamt an, wenn der Weg vor dem Haus nicht frei ist. Recht hat sie.

Ich lächele ihr zu und hoffe, daß der Audifahrer sie nicht bemerkt hat. Dem Kerl ist zuzutrauen, daß er die Fensterscheiben ihrer Erdgeschoßwohnung einschlägt. Weil er meint, das tun zu dürfen. Weil er meint, nicht sein Auto im Halteverbot, sondern die Alte mit dem Rollator sei das Problem. *Ich parke, wo ich will.*

Wenn ein Pfarrer im Wort zum Sonntag mal wieder mehr Respekt unter uns Erdenbürgern einfordert, mag man nicht hinhören, weil der pastorale Duktus, die theologische Begründung, die ganze Institution der medialen Moraldosis etwas antiquiert erscheint. Aber wenn ich es mit solchen Irrköpfen wie jenem Audifahrer zu tun bekomme, frage auch ich mich, wie es kommen konnte, daß es am Minimalrespekt gegenüber Mitbürgern mangelt, die nicht ganz so viele PS unter der Haube, nicht ganz so viel Kraft in den Beinen haben, die wesentlich jünger oder wesentlich älter sind als unser sonnengebräunter Mittvierziger. Leider ist der Mann kein Einzelfall. Er gehört zu jenen Ego-Fundamentalisten, für die ihr Fahrzeug ein Fetisch ist. Diese Typen stehen derzeit besonders unter Druck, weil der Autoverkehr zunehmend in der Kritik steht. Was aber macht ein Typ, der irgendwann nicht mehr in die Innenstadt fahren darf, der eben nicht mehr parken darf, wo er will? Läuft er dann Amok? Würden diese Leute ihr Wägelchen im stillen Kämmerlein anbeten, wäre das kein Problem, doch wie alle Fundamentalisten nerven sie den Rest der Welt mit ihren verqueren Ansichten. *Ich parke, wo ich will.* Das hört sich harmlos an, ist aber ein Dogma, das Auto-Extremisten notfalls mit Gewalt durchsetzen.

Bin ich froh, in einer Demokratie zu leben. Ein gutes Zeichen dafür, daß unser Gemeinwesen funktioniert, ist der Dauereinsatz der Abschleppdienste.

Schöner parken

Wer das geliebte Automobil nicht in Abschleppzonen parkt, wird viel zu selten belohnt. Wenn es keine ausgewiesenen Parkplätze unter freiem Himmel gibt, bleibt oft nur das häßliche Parkhaus, die schreckliche Tiefgarage. Warum eigentlich? Da werden die schönsten Autos gebaut, und die Fahrzeuge müssen an Orten abgestellt werden, die schlecht beleuchtet, grundsätzlich unübersichtlich sind und außerdem stinken. Allein wegen der häßlichen Parkhäuser bin ich froh, keinen Führerschein zu besitzen. Wie aber sähe die automobile Welt aus, wenn es überall prächtige Parkpaläste gäbe? Würden die Menschen weniger Auto fahren, weil das Parken so viel Spaß machte? Nein, gewiß nicht. Den meisten Leuten ist es gleichgültig, ob das Fahrzeug in einem ansprechenden Ambiente abgestellt wird. Hauptsache, die Gebühr ist nicht hoch, und man muß nicht zu lange zur Einkaufsmeile laufen.

Parkhausparker sind in aller Regel Kurzzeitnutzer. Sind die Einkäufe erledigt, fahren sie wieder ins Wohngebiet. Bietet die Innenstadt nicht genügend Parkplätze, wird die City gemieden. Der größte Gegner der Einzelhändler in der Fußgängerzone ist daher das Einkaufszentrum auf der grünen Wiese, das meist mit großen Parkflächen werben kann. Städte wie Frankfurt oder Hannover versuchen die Flucht der Kaufkraft aufs Land zu bekämpfen, indem sie das innerstädtische Parkplatzangebot erhöhen und die Stellplätze innenarchitektonisch aufwerten. Und zwar vor allem mit einer Beleuchtung, die den Besuchern ein Gefühl der Sicherheit vermitteln soll. Das ist nicht einfach, da die Tiefgaragen immer tiefer in die Erde versenkt werden, und der Mensch sich dort unten nun einmal nicht wohlfühlt.

Garagenhochbauten gibt es nur noch in der Peripherie, im gepflegten Stadtbild sollen die Aufbewahrungsorte für Autos nicht mehr sichtbar sein.

Das war früher anders. Die ersten Parkgaragen in Paris und London waren herrschaftliche Industriebauten. Anfang des neunzehnten Jahrhunderts wollten die stolzen Autobürger auch mit dem Parkplatz repräsentieren. Es waren mehrstöckige Gebäude, die zum urbanen Gefüge gut paßten. Was man von hiesigen Betonburgen, die im Nachkriegsdeutschland gebaut wurden, nicht sagen kann. Abgesehen von vorbildlichen Ausnahmen wie der Parkhaus-Hotel-Kombinationsbau in der Kölner Hohen Straße. Der fünfstöckige Gebäudekomplex öffnet sich mit einer Fensterfassade zur Straße; jedes Auto, so der Eindruck, hat hier seinen eigenen Ausblick.

Wer sich über die Kulturgeschichte des Parkhauses informieren möchte, kann dies am besten in dem Buch *Übersehene Räume* von Jürgen Hasse tun. »Parkräume gehören zu den widersprüchlichsten städtischen Raumgebilden unserer Zeit. Sie sind in ihrer Funktion so profan, daß sie einer Erklärung kaum zu bedürfen scheinen«, schreibt Hasse, und doch bzw. gerade deshalb könne man sie als »vielsagende Orte« betrachten, die »auf einer weitgehend nichtsprachlichen Ebene der ästhetischen Präsentation ihre historisch je eigenen Geschichten erzählen.« Mir gefällt das Parkhausbuch von Jürgen Hasse, mal abgesehen von dem zum Teil etwas diskursgeschwängerten Tonfall auch deshalb so gut, weil darin viele Aufnahmen von Parkplätzen und Tiefgaragen zu sehen sind, aber wenige Autos. Selbst die schicken neuen Parkhäuser, die vorgestellt werden, scheint niemand mehr zu brauchen. Sie stehen leer und sehen gerade deshalb gut aus. Ob diese modernen Parkparadiese tatsächlich zum Autoparken animieren? Die Abstellbruchbuden aus den Achtzigern wirken definitiv abschreckend. Sollten sich Autogegner für den Abriß der alten Gammelgaragen einsetzen?

Leider machen auch Parkpaläste die Städte nicht attraktiver. Denn was nützt eine zentrale, eine schöne, ein sichere Tiefgarage, wenn die Zufahrtswege überfüllt sind, wenn der Dauerstau dazu führt, daß schon die Straße zum Stellplatz wird, ohne daß sich der Fahrer entfernen kann? Das macht alle Anwesenden aggressiv: Die Parkplatzsuchenden fluchen, weil sie stundenlang warten müssen, und die Anwohner fluchen über den Lärm, Dreck und die unverschämten Versuche der Autofahrer, das Fahrzeug irgendwo zu parken, auf den Gehwegen oder vor Ausfahrten.

Trotz alledem: Statt mehr Parkraum zu schaffen, sollten Kommunalpolitiker Freitickets für Busse und Bahnen verteilen, wobei ich an dieser Stelle aufhören möchte, mich ins politische Tagesgeschäft einzumischen. Zumal ich mich nicht mit dem Interessenverband *Parken e.V.* anlegen möchte, in dem rund 200 Mitgliedsbetriebe organisiert sind, die bundesweit über 200 Parkhäuser und Tiefgaragen mit sage und schreibe 907.484 Stellplätzen bewirtschaften. Wobei ich die Parkhaus-Lobbyisten beruhigen könnte: Parkhäuser werden auch dann noch gebraucht, wenn sich die

Anzahl der Fahrzeuge in Deutschland halbierten. Wo sonst sollten Actionfilme und Vorabendkrimis gedreht werden? Im Parkhaus lassen sich die besten Verfolgungsjagden drehen; die niedrigen Decken und engen Fahrwege erhöhen die Spannung. Wenn es mal so richtig scheppern soll, wenn der Held das eigene Auto und noch hundert andere zu Schrott fahren darf, gibt es keinen stimmungsvolleren Drehort als ein Parkhaus.

Es sei denn, man ist der Praktikant am Set, der die heranfahrenden Autos dorthin winkt, wo gerade nicht gedreht wird. Ein stupider Job, wie ich aus eigener Erfahrung weiß. Nach der stundenlangen Winkerei im Münchener BMW Parkhaus, wo rund 3500 Stellplätze untergebracht sind, wollte ich nie wieder ein Parkhaus betreten. Noch Tage nach dem Praktikum hatte ich das Gefühl, Garagenluft zu einzuatmen. Auch heute bekomme ich Beklemmungen, wenn ich durch ein Parkhaus gefahren werde. Die Vorstellung, im Parkhaus T1 am Frankfurter Flughafen mit unvorstellbaren 12.400 Autos eingesperrt zu werden, ist für mich ein Horrorszenario.

Dabei war ich immer von Dean beeindruckt, dem Freund des Ich-Erzählers in Jack Kerouacs *On the Road,* der das Parkhaus als Bühne für eine ganz besondere Darbietung nutzte: »Er war der phantastischste Parkplatzwächter der Welt, er konnte ein Auto mit vierzig Sachen rückwärts in eine enge Lücke quetschen, knapp vor der Mauer bremsen, rausspringen, zwischen den Kotflügeln durchrennen, in den nächsten Wagen springen, mit fünfzig Meilen in der Stunde auf einem kleinen Fleck wenden, schnell rückwärts rein in die Parklücke, *rrrums,* die Handbremse reinknallen, daß man den Wagen hochschnellen sieht, während er raushechtet; dann schnell zur Kassenbude, im Sprint wie ein Hundertmeterläufer, den Parkschein aushändigen, in einen gerade angekommenen Wagen springen, bevor der Besitzer halb draußen ist, buchstäblich unter ihm durchtauchen, während er aussteigt, den Wagen mit klappernden Türen starten und losdonnern zum nächsten freien Platz, wenden, reinstoßen, bremsen, rausspringen, rennen; und diese Schufterei acht Stunden lang, ohne Pause, jeden Abend, in der täglichen Rush-hour und in der Rush-hour nach dem Theater, in speckigen Pennerhosen, einer zerschlissenen, pelzgefütterten Jacke und mit klatschenden, kaputten Schuhen.«

Heute gibt es keine Parkplatzkünstler mehr wie Dean. Insofern ist es gut, daß vollautomatische Garagen gebaut werden, wo der Fahrer das Auto in eine Parkbox einfährt, die dann von einem computergesteuerten System dorthin verfrachtet wird, wo noch Platz im Fahrzeugsilo ist. Die besten Parkroboter arbeiten übrigens in den beiden transparenten Glastürmen der Autostadt in Wolfsburg. Wer sie noch nicht gesehen hat, muß sich ein zylinderförmiges, 48 Meter hohes Regal vorstellen. Auf zwanzig Etagen werden die Autos gestapelt, die von einem Roboterarm ins Erdgeschoß transportiert werden. Die Anlage ist ein architektonisches und statisches Wunderwerk, auch deshalb, weil sie das Auto zu einem Ausstellungsobjekt macht, das nirgendwo besser aufgehoben ist als in dieser wunderschönen Garage.

Flexible Parktechniken werden inzwischen auch im privaten Wohnumfeld eingesetzt. In sogenannten Car-Lofts transportiert ein Lastenaufzug die Autos auf jene Etage, in welcher der Besitzer wohnt. Solche Anlagen sind Spielzeuge für reiche Leute, die wieder mal etwas Neues haben wollen, womit sie vor Gästen angeben können. Der Wagen wird auf einer von der Wohnung einsehbaren Fläche abgestellt, wie der Bauherr eines Berliner Car-Lofts auf seiner Homepage versichert: »Die CarLoggia (ca. 4,00 m x 7,00 m) ist mehr als ein hochwertiger PKW-Stellplatz auf der Etage. Natürlich pflegen und präsentieren Kfz-Liebhaber dort ihre Schätze auf vier Rädern. Doch das Multitalent kann mehr: Durch den Einbau einer gläsernen Wand wird die CarLoggia zur Eventfläche fürs Auto, Ihre Party oder Ihre Kinder.«

Wie peinlich die Partys auf den Terrassen der Car-Lofts auch sein mögen, ich freue mich, daß auf der »Eventfläche« das Auto zum Accessoire degradiert wird. Ähnlich wie die in Edelklamotten gekleideten Kinder. Während das Auto für die Massen bald nicht mehr erschwinglich ist, macht eine Minderheit die Wohnung zum automobilen Museum. Beides sind Anzeichen für das Verschwinden einer Technik, die ein so seltsames Wesen wie den »Kfz-Liebhaber« hervorgebracht hat.

Tuning als Leitbild

Wie weit die Liebe zum Automobil gehen kann, läßt sich auf einer Tuning-Messe erleben. Hier kommen Leute zusammen, deren Leidenschaft auch ein Führerscheinloser bewundern darf. Es sei denn, man ist gerade zugegen, wenn auf der *Tuning World Bodensee* eine *Miss Tuning* gewählt wird. Dort werden dann wirklich alle Klischees bedient. Das erkannte selbst die *Welt am Sonntag*, das freundliche Kampfblatt der Konservativen, das die sonntägliche Welt bekanntlich ganz ohne Klischees zu beschreiben vermag. Über jene Wahl zur *Miss Tuning 2006* war zu lesen: »Die Mädchen sind halbnackt, die Männer halbbeschränkt und dürfen – deutlich testosteronüberversorgt – endlich einmal ganzer Kerl sein.« Nein, dieser Satz stand nicht in der *Emma*, sondern wurde von Springer veröffentlicht, einem Verlag, der viel Erfahrung hat mit halbnackten Mädchen und halbbeschränkten Männern, die ganzer Kerl sein wollen. Aber auch dieser besonders kritisch gemeinte Satz stimmt, wen wundert's, nur zur Hälfte.

Es ist eine interessante Erfahrung, wenn man eine Tuning-Messe, über die in der Zeitung geschrieben wird, selbst besucht hat. Ich gehöre nun wahrlich nicht zum Zielpublikum einer solchen Veranstaltung, aber ich dachte, in einer halbwegs seriösen Auto-Biographie müßte ich mich auch mit Leuten beschäftigen, die sich auf sehr kostspielige Art und Weise dem Autofetisch verschrieben haben. Und so lernte ich Tuning-Fans kennen, die mit spielerischer

Leichtigkeit ihr Hobby pflegen: Gerald hat sein Auto nicht nur tiefer- und breitergelegt, mit eigenwilligen Spoilern und kunstvoll gearbeiteten Felgen veredelt, er hat in seinen Wagen auch kraftvolle Leuchtmaschinen eingebaut, den Innenraum mit einer überdimensionierten Stereoanlage und noch überdimensionierteren Lautsprechern vollgepackt. Auf die Außenhaut seines rollenden Ungeheuers hat er spektakuläre Lackierungen aufgetragen, Adlerköpfe, Nixen, Blitze und Wellen, abstrakte Farbexplosionen – Gerald hat sein Fahrzeug in ein Objekt verwandelt, das nicht gefahren, sondern als schlafende Schöne bewundert werden soll. Das gefällt mir.

Neben Geralds Gefährtin schlummert das Auto seines Freundes Urs, der im penibel gepflegten Motorraum den Satz »Ich bin kein Raser« eingravieren ließ. Urs erklärt mir, daß die Tuner, die nur auf Schnelligkeit setzen, kein Verständnis für die Schönheit eines Automobils haben. Urs hat den Innenraum seines früheren Opel Admiral mit grünem Krokoleder ausgekleidet. Schlappe 90.000 Euro hat das gekostet, erfahre ich von Gerald. Urs lächelt und schweigt. Gerald flüstert mir zu: »Man gönnt sich ja sonst nichts.« Ich habe selten so sympathische Autofahrer getroffen wie auf der *Tuning World Bodensee*. Vielleicht liegt es aber auch am Ort der Veranstaltung. Tuning-Messen im Ruhrpott wie die *Essen Motor Show* haben offenbar ein anderes Publikum, wie ich der Süddeutschen Zeitung entnahm: »Ein hoher Prozentsatz von Schnauzbart- und Goldkettchenträgern ist zu beobachten, außerdem Horden von Jugendlichen mit zeltartiger Bekleidung, Piercing und Kevin-Kuranyi-Bärtchen.«

Am Bodensee sehe ich keine Horden und wenig Bartträger, dafür viele Familien, die mit ihren Kindern statt in den Zirkus mal auf eine Tuning-Messe gegangen sind. Warum auch nicht. Ich spreche Urs noch einmal auf den Richtungsstreit unter den Freunden der gestylten Fahrzeuge an. Früher, sagt er, hieß tunen vor allem: frisieren. Der Wagen sollte schneller und lauter sein. Über eine Unterbodenbeleuchtung oder eine Zierfelge mit Svarowski-Kristallen konnten diese echten Kerle nur milde lächeln.

Urs bestätigt meinen Eindruck, daß die Raser unter den Tunern inzwischen in der Minderheit sind. Wer nur schnell und laut ist, macht nichts her. Der Wandel in der Tuning-Szene wurde durch die Fernsehshow *Pimp My Ride* auf dem Musiksender MTV noch verstärkt. Auf dem Bildschirm wirkt, was gut aussieht. Optische Effekte lassen sich besser filmen als Lautstärke und Geschwindigkeit. »Von der Schrottkarre zum Luxusschlitten« heißt das Motto der Sendung, und der Eifer, mit dem die alten Schüsseln hergerichtet werden, überzeugt auch einen Autolaien. Weil es darum geht, ein genormtes Modell zu individualisieren. Die Tuning-Sets der Autofirmen sind unter den Pimp-Stars verpönt. Was im Fernsehen aus Zeitgründen nicht vermittelt werden kann, ist der Kern des Vergnügens: In wochenlanger Heimarbeit werden Federbeine und Flügeltüren montiert, werden aus süßen Autogesichtern grimmige Autofratzen, aus einem Serienmodell eine atemberaubende Handfertigung. Es ist keine Seltenheit, daß der Totalumbau eines Fahrzeugs 500.000 Euro kostet. Der Phantasie sind keine Grenzen gesetzt – ins Auto darf rein, was Spaß macht: Espresso-Maschinen, Flachbildschirme, Aquarien, sogar Whirlpools werden eingebaut. Die Pimp-Spezialisten sind, auch wenn sie ihr Handwerk perfekt beherrschen, keine uncoolen Pedanten, sie sind Helden der Popkultur. Und sollten zu Vorbildern einer Gesellschaft werden, die selbst gestaltet, statt sich bedienen zu lassen.

Autofirmen geben Unsummen aus, um in dieser Saison weiße Modelle anzupreisen, weil die angeblich ein Gefühl von Sauberkeit vermitteln, und drei Jahre später werden Millionenbeträge verpulvert, um goldfarbene Lackierungen als modern und zeitgemäß zu verkaufen. Mit jedem Modell werden die Scheinwerfer erneuert, von Baujahr zu Baujahr erfährt der Kühlergrill eine Korrektur. Was soll der Quatsch? Serienmodelle bleiben Massenware. Wie soll man, werden Autohändler kontern, denn Autos verkaufen, die alle gleich aussehen? Wir sind doch nicht mehr in der DDR! Stimmt, und das heißt auch: Eine Autofirma wird nicht vom ZK der SED gesteuert, sondern von Managern, die für ihre Arbeit Millionen einstreichen. Was die großen Autohersteller der Welt nicht davon abhält, um staatliche Bürgschaften oder Finanzhilfen zu bitten. In den USA, dem Urland des Kapitalismus, haben die Autokonzerne besonders schnell von den Bankern gelernt. Erst fährt man den Karren in den Dreck, dann läßt man den Staat, dem man jahrzehntelang keinen Steuerpenny gegönnt hat, das Problem lösen. Das Modell wird internationale Schule machen. Die schwedische Regierung hilft Volvo, die Franzosen werden Peugeot, die Italiener werden Fiat stützen, und die Deutschen werden sich noch intensiver um Opel kümmern. Ob das staatskapitalistische Geschäftsmodell erfolgreich ist? In China vielleicht, aber in Europa? Wie lange werden das die Wähler mitmachen?

Ich bin weder Volks- noch Betriebswirtschaftler, aber wenn ich die aufwendigen Präsentationsflächen von Mercedes, BMW und General Motors auf dem Autosalon in Genf oder der Internationalen Autoausstellung in Frankfurt ansehe, kann ich nicht glauben, daß die Firmen in finanziellen Schwierigkeiten stecken. Kein Hersteller gibt sich bescheiden, da wird geklotzt und nicht gekleckert, um dem Publikum zu demonstrieren: Unsere Autos sind superweiß, supersauber, supereffizient. Superschön sind sie sowieso. Wer heute eine klassische Automesse besucht, könnte den Eindruck gewinnen, BMW und Mercedes, Volkswagen und Opel wollten die Welt retten. Doch der ganze öko-weiße Anstrich ist vor allem Marketing. Selbstverständlich verbessern sich die Motoren, ein ausgetüfteltes und im Windkanal getestetes Design mag dafür sorgen, daß auch große Limousinen weniger Sprit verbrauchen. Doch der Aufwand ist nichts anderes als Pimp, Umweltpimp, Designpimp, Markenpimp. Das ist um so ärgerlicher, desto lauter die Forderungen der Automanager nach Staatsknete werden, wenn der Absatz mal nicht stimmt. Solange sich ein Autokonzern nicht darauf konzentriert, wirklich klimaneutrale und bezahlbare Fortbewegungsmittel zu produzieren, dürfte es eigentlich keine Milliardenbürgschaften oder Finanzhilfen vom Staat geben. Pimp ist schön, aber Privatsache. Keine Regierung der Welt würde einem Unternehmen helfen, das vergeblich Kunden für Fahrräder sucht. Weil die am Lenker montierten Flachbildschirme und der am Gepäckträger installierte Raketenantrieb die Räder zu unbezahlbaren Dreckschleudern macht. Pimp my bike? Ja, klar. Im Fernsehen. Oder daheim in der Garage.

In der Autobranche gelten andere Maßstäbe. Die Umsätze sind ein wirtschaftlicher und politischer Faktor, die Zahl der Arbeitsplätze ist ungleich höher. Gerade deshalb ist zu hoffen, daß die Wirtschaftskrise kein vorübergehendes Phänomen ist und der Absatz der unzeitgemäßen Autos schlecht bleibt. Eine ernsthafte Krise böte die Möglichkeit, daß die Ziele auch der deutschen Autoindustrie sich ändern, daß endlich Fahrzeuge entwickelt und produziert werden, die nicht nur mittelmäßige Pimp-Produkte sind. Die *Stuttgarter Zeitung* hat unlängst darüber berichtet, wie an der Fachhochschule Pforzheim Autodesign studiert wird. »In Zeiten«, begann der Artikel, »in denen sich bei Technik und Qualität keine weltbewegenden Unterschiede mehr feststellen lassen, sind Image und Design einer Automarke die wichtigsten Verkaufsargumente.« Wahrscheinlich stimmt, was die Stuttgarter schreiben. Und genau das ist das Problem. Was aber geschähe, wenn sich die technischen und qualitativen Unterschiede zur Abwechselung deutlich voneinander abhöben? Zumindest das Image einer Marke würde sich schlagartig verbessern. Die Zeit, in der mit stattlichen Autonamen noch Ansehen verkauft wurde, ist vorbei. Jaguar? Ein Verlustbringer. Phaeton? Auch kein Bestseller. Admiral? Ein Fall für die Pimp-Profis. In den sechziger Jahren konnte ein Ford noch Capri heißen, und die Käufer dachten an das süße Sonnengetränk oder die rote Schlagersonne, die im Meer versinkt. Wenn Autonamen noch immer Bedeutung hätten, würde BMW nicht Nummernfolgen verteilen, würde Opel einen neuen Mittelklassewagen nicht mit dem feminisierten Namensneutrum *Insignia* versehen. Was heute zählt, sind die Fakten. Und die sprechen gegen die Autos.

Über den Niedergang der Adam Opel AG im Konzernverbund von General Motors schreibt die sonst eher industriefreundliche *Frankfurter Allgemeine*: »Die Automanager in Detroit haben die deutsche Traditionsmarke durch jahrzehntelanges beispielloses Mißmanagement an den Rand des Ruins gebracht. (...) Frühere Fehlentscheidungen von General Motors dürfen nicht nachträglich mit Steuergeldern aus Deutschland legitimiert werden.« Zu ergänzen wäre: Nicht nur die Amerikaner haben technische Innovationen verschlafen. Mag der Opelaner stolz verkünden, nur die Mutterfirma sei krank, die Tochter aber fit wie nie. Doch das ist Propaganda für die Politiker, die Bürgschaften verteilen können. Warum sollte ausgerechnet der Langweilermarke Opel die automobile Zukunft gehören? Gespannt darf man sein, wie der FAZ-Leitartikel lautet, wenn Volkswagen oder Daimler um Bürgschaften bitten. Ob dann deutsche Steuergelder für deutsche Autos gefordert werden? Der Fahrzeugbau steckt in der Krise, hier und anderswo. Noch weiß niemand, welche Firma in zwei, drei Jahren noch existiert.

Der internationale Finanzmarkt soll stärker kontrolliert werden, weil die Banker versagt haben. Wann traut sich die Politik an die Autobauer ran? Anachronistisch ist es, wenn die Ökonomen der EU-Bürokratie gerichtlich erwirken wollen, daß die Sperrminorität des Landes Niedersachsen bei VW aufgehoben wird. Aber auf Europa darf man sich nicht verlassen. 20 Jahre lang gab es eine EU-Vorschrift, welche den Krümmungsgrad von Supermarkt-Gurken genau festlegte. Seit Herbst 2008 liegen im Discounter auch wieder Gurken, die gewachsen sind, wie die Natur oder der Kunde es will. Was heute kaum jemand weiß: Es waren nicht die

Bürokraten in Brüssel, sondern die großen Lebensmittel-Produzenten, die nach der genormten Gurke verlangt haben. Nur sind Autos keine Gurken, was manchem Manager, der gleichzeitig nach Deregulierung und staatlicher Finanzfürsorge ruft, schwer zu erklären ist.

Wobei die (Damen und) Herren in den Vorstandsetagen durchaus im Sinne ihres Unternehmens und ihres eigenen Geldbeutels handeln. Sie verfahren frei nach dem Motto: Gewinne werden privatisiert, Verluste sozialisiert. Schön blöd, wenn die Politik mitspielt.

Brummis, warum liebt euch keiner?

Eine Branche, die im Zuge der Globalisierung enorme Zuwachsraten verzeichnen konnte, ist die Logistik. Immer mehr Waren mußten immer schneller auf immer weitere Reisen geschickt werden. Logistikwissenschaftler der Universität Erlangen haben berechnet, daß für jeden Bundesbürger 45 Tonnen Fracht im Jahr transportiert und damit in Deutschland rund 200 Milliarden Euro in diesem Wirtschaftszweig umgesetzt werden. So die Angaben aus dem Jahr 2007, als der Warentransport noch florierte, als der Verkauf von Lastkraftwagen für Rekordumsätze sorgte. Eine globale Wirtschaftskrise trifft die Logistikbranche besonders hart. Wenn weniger konsumiert wird, reduziert sich auch der Warentransport, der in der Luft, übers Meer, auf der Schiene, aber vor allem auf der Straße abgewickelt wird. Ich kenne viele Autofahrer, die sich als leidenschaftliche Interneteinkäufer zwar jeden Artikel nach Hause schicken lassen, die aber am liebsten alle Trucks von der Straße verbannen würden. So widersprüchlich wie verständlich. Denn das Verhalten der Brummis insbesondere auf den Autobahnen ist oft so dreist, daß man sich zwar keinen Totalzusammenbruch der Wirtschaft, gewiß aber ein generelles Überholverbot für LKW und mehr Tage in der Woche wünscht, an denen Lastkraftwagen nicht fahren dürfen.

Ein bei unverschämten LKW-Lenkern besonders beliebter Streckenabschnitt ist der sogenannte Albaufstieg der

A8. Auf 16 Kilometern werden insgesamt 380 Höhenmeter auf einer zweispurigen Fahrbahn zurückgelegt, wobei der Albabstieg in einem anderen Tal liegt. Jedes Mal, wenn ich das Vergnügen habe, über die Schwäbische Alb gefahren zu werden, sind Brummis unterwegs, die nur darauf gewartet zu haben scheinen, an der Steige einen Lastwagenkollegen im Schneckentempo zu überholen und dadurch die Fahrbahn zu blockieren. Stau und Streß sind die Folge.

Was auf der Alb passiert, ist keinesfalls eine Ausnahme. Immer wenn es gar nicht paßt, beginnt ein Elefantenrennen, als wollten die Dickhäuter der Straße sich dafür rächen, daß sie im Verkehrsgehege so schlecht behandelt werden: Die Brummis müssen zahlen, wenn sie die Autobahn benutzen. Sie gelten als Dreckschleudern, selbst wenn sie mit der allerneuesten Fahrzeugtechnik unterwegs sind. Und niemand hat Mitleid, wenn sie gegen hohe Spritpreise protestieren. Brummis, warum liebt euch keiner? Weil ihr zu viele seid. Weil ihr euch oft nicht an Lenkzeiten haltet und völlig übermüdet über die Autobahnen tuckert. Weil ihr meint, Unfälle und Staus provozieren zu müssen, um 30 Sekunden früher am Ziel zu sein.

Als ich einen Fernfahrer gefragt habe, wie es dazu käme, daß sich seine Kollegen oft rücksichtslos verhielten, erzählte er mir, daß die Spediteure zum Teil Termine setzen würden, die selbst dann nicht eingehalten werden könnten, wenn der LKW 180 Kilometer in der Stunde schaffte. Daß Fahrer aus Osteuropa angeheuert würden, die oft nicht mal die Verkehrsregeln beherrschten. Und daß der Beruf des Fernfahrers eher selten vom Typ zurückhaltender Gentleman ausgeübt werde.

Viele Fernfahrer haben ihren LKW-Lappen bei der Bundeswehr gemacht. Oder nach einer Haftstrafe im Rahmen eines Resozialisierungsprogramms. Was nicht heißt, daß in jeder Truckerkabine ein verhinderter Straßenkämpfer oder Schwerverbrecher sitzt. Wer den CB-Funk der Berufsfahrer abhört, erlebt rührende Solidarität und zuweilen eine wirksame Sozialkontrolle. Da werden die Kollegen vor Baustellen oder Unfällen gewarnt, da werden Infos über noch freie Parkplätze auf den Autohöfen durchgegeben. Wer dagegen eine ungesicherte Fracht transportiert (was keine Seltenheit ist) oder sich nicht ans Überholverbot hält, bekommt auch schon mal verbale Dresche über Funk.

Das Fernfahrerleben ist oft romantisiert worden, obwohl der Truckeralltag alles andere als romantisch ist. Es gibt viele Gründe, warum verhältnismäßig wenige Frauen am Steuer eines LKW sitzen. Die rauhen Arbeitsbedingungen zählen zu den entscheidendsten. Stundenlang sitzen die Fahrer am Steuer, und wenn sie am Abend nach einem Stellplatz für ihr Arbeitsgerät suchen, werden sie immer häufiger nicht fündig, denn auf deutschen Raststätten gibt es zu wenig Parkmöglichkeiten für LKW. Wenn die ermatteten Wagenlenker weiterfahren, mißachten sie die vorgeschriebenen Ruhepausen, wenn sie illegal im Grünen oder am Straßenrand halten, geraten sie ebenfalls ins Visier der Polizei. Manche Autohöfe haben die maximale Parkzeit auf ein Minimum reduziert, was die Trucker wiederum zwingt, gegen Vorschriften zu verstoßen.

Wie wertvoll eine abendliche Dusche ist, wissen wahrscheinlich nur Fernfahrer. Fünf, sechs, sieben Euro müssen sie fürs Wasser zahlen, das keineswegs unbegrenzt fließt.

Nach fünf, sechs oder sieben Minuten ist die Duschzeit vorbei. Wer noch Schaum auf dem Kopf hat, muß nachzahlen. Die Arbeitgeber erhöhen keineswegs das magere Salär der Trucker, weil die sanitären Anlagen immer teurer werden. Selten trauen sich Fernfahrer, auf diese Mißstände hinzuweisen. Sie wissen um ihr schlechtes Image, das hierzulande ganz besonders schlecht ist. Daher schwärmen viele deutsche LKW-Lenker auch nur von den spektakulären Streiks und Autobahnblockaden ihrer Kollegen in Spanien und Frankreich, statt selbst aktiv zu werden.

Fragt man die Fernfahrer nach ihren Frauen und Familien, berichten sie von Einsamkeit, von der Sehnsucht nach den Liebsten und davon, wie oft der Beruf ihre Beziehungen beschädigt hat. »Jeden Monat«, erzählt Siggi aus Chemnitz, »bin ich dreieinhalb Wochen auf Achse. Einmal kam ich etwas früher zurück, da lag meine Frau mit dem Nachbarn im Bett.« Der Klassiker. Und ein Klischee, das wie so oft bei Klischees sehr viel über die Realität aussagt. »Ich habe es meiner Frau«, erklärt Siggi, »nicht mal übelgenommen. Ich war ja nie da.«

Trotzdem wollen die wenigsten Trucker, mit denen ich gesprochen habe, einen anderen Job. Sie wünschen sich nur ein wenig mehr Respekt. Ich frage Siggi, ob er nachvollziehen kann, warum viele Autofahrer ein generelles Überholverbot für LKW fordern. Siggi antwortet, wenn das käme, würde er den Job wechseln. Ich frage Siggi, was er davon hält, Pellegrino-Kisten von Italien nach Dänemark zu fahren, als hätten die Nordländer kein Mineralwasser. »Keine Ahnung«, sagt er. Ich frage Siggi, ob er auch schon mal halbtote Schweine aus Norddeutschland nach Parma transportiert hat, damit sie dort ihrem Schlachter zugeführt werden. Ich möchte wissen, was er davon hält, wenn dreckige Hotelwäsche von Berlin nach Polen gefahren wird, weil die Wäschereien dort billiger sind. Ich frage ihn, ob es ihm gleichgültig ist, was hinten in seinem Sattelschlepper geladen ist. Siggi zuckt mit den Schultern. »Und wenn es mir nicht gleichgültig wäre? Was sollte ich tun? Mir einen neuen Job suchen?« In der Tat richten sich die Fragen an den falschen Adressaten. Wir Kunden wollen südfranzösischen Käse und norditalienisches Olivenöl, wir möchten zu jeder Jahreszeit Erdbeeren oder frische Tomaten. Der Brummi ist blöd, weil er unsere Lebensmittel transportiert. Und wie blöd sind wir?

Streikten alle LKW-Fahrer, unser Wohlstandsleben bräche zusammen. Die Regale in den Supermärkten blieben leer, es würden keine Medikamente ausgeliefert, Umzüge müßten abgesagt werden, die Post käme nicht mehr an. So viele Waren könnten gar nicht auf die Schiene verlagert oder per Fahrradkurier ans Ziel gebracht werden. Eigentlich müßten wir den Truckern dankbar sein, daß sie Stunden, Tage und Wochen einsam in ihrer Fahrerkabine sitzen, begleitet von den Stimmen aus dem Radio oder den Sprüchen über Funk. Die Helden der Lastkraftwagenarbeit wären froh über einen leibhaftigen Beifahrer oder besser noch: eine Beifahrerin. Siggi hat mich, obwohl ich keine Frau bin, auf zwei Touren mitgenommen. Einmal von Amsterdam nach Warschau, ein anderes Mal von Basel nach Helsinki. Wir haben über unsere Jobs geredet, übers Wetter und natürlich über das Pin-up-Girl, das Siggi sich in seiner Schlafkoje aufgehängt hat. Und wir haben stundenlang miteinander geschwiegen. Brummis, warum liebt euch keiner?

Fahrerin und Beifahrer

Wenn nachfolgende Generationen auf das erste Jahrzehnt des 21. Jahrhunderts zurückblicken, werden sie sich an viele politische und private Ereignisse erinnern. An den ersten schwarzen Präsidenten der USA, an die Geburt des ersten Kindes, den Tod eines Verwandten, Arbeitslosigkeit oder einen neuen Job. Ich werde diese erste Dekade immer damit verbinden, wie sich das Image des männlichen Beifahrers gewandelt hat. In den Neunzigern habe ich mein Leben ohne Führerschein in Gesprächen auch deshalb oft in den schönsten Farben ausgemalt, weil sich kaum jemand vorstellen konnte, wie ich als Mann ohne Auto überhaupt Mann sein, wie ich ohne Fahrerlaubnis in der Autowelt überleben konnte. Ich stand unter Erklärungszwang, und obwohl mir die Rolle des Außenseiters immer gefiel, hatte ich doch manchmal das Gefühl, nicht ganz richtig zu ticken. Das hat sich geändert. Inzwischen bekomme ich auf Partys oft ein mattes »Du auch?« zu hören, wenn es spät in der Nacht darum geht, wer wie viel getrunken hat und warum ich mich auch nüchtern nicht ans Steuer setze.

Inzwischen – und das ist vielleicht ein bisschen aber nicht sehr übertrieben – gehört es fast zum guten Ton, keinen Führerschein zu haben. Sogar Redakteure der *Frankfurter Allgemeinen,* die früher um ihren Dienstwagen beneidet wurden, outen sich heute im eigenen Blatt als führerscheinlose Gesellen. »In meiner Kindheit«, bekannte unlängst Michael Althen, »hatte ich einen Freund, dessen Vater allen

Ernstes keinen Führerschein besaß. Etwas Unmännlicheres konnte ich mir kaum vorstellen. Das war fast so, als hätte mein Freund gar keinen richtigen Vater. Dreißig Jahre und zwei Kinder später habe ich selbst immer noch keinen Führerschein.«

Klaus Wowereit ist mit einem Satz in die Geschichte eingegangen: »Ich bin schwul, und das ist auch gut so.« Ich freue mich auf den ersten Bundeskanzler, der sagt: »Ich habe keinen Führerschein, und das ist auch gut so.« Einer Regierungschefin würde man(n) dieses Bekenntnis eher zutrauen. Es wäre politisch nicht brisant, würde die alte Geschlechterordnung wiederherstellen, und so lange eine Kanzlerin weiterhin die Interessen der deutschen Autobauer vertritt, muß sie auch nicht wissen, wie man Gas gibt. Hat Angela Merkel überhaupt einen Führerschein? Die Antwort interessiert kaum jemand. Heute gehen Männer in Elternzeit, schieben den Kinderwagen, können aber kein Auto fahren. Na und?

Zuweilen trauere ich allerdings den Zeiten hinterher, als es noch nicht in Mode war, Beifahrer zu sein, als ich staunenden Geschlechtsgenossen noch erzählen konnte, daß meine Rolle ein nahezu unmenschliches Maß an Zurückhaltung verlangt. Damals konnte ich mit meinen Erfahrungen, die singulär zu sein schienen, noch gute Ratschläge erteilen: »Der Mann auf dem Beifahrersitz muß grundsätzlich den Mund halten, selbst wenn er glaubt, besser zu fahren als die Frau oder Freundin.« Das hört sich leichter an, als es umzusetzen ist. Auch ich frage meine Liebste ständig, warum sie dies oder das tut, warum sie nicht nach rechts schaut, wenn sie abbiegen will, warum sie *so* schnell oder *so* langsam unterwegs ist. Ich liebe meine Frau auch deshalb, weil sie mich als Beifahrer erträgt. Und ich wüßte gerne, wie viele Freundschaften und Ehen durch Streitereien im Straßenverkehr zerbrochen sind.

Einmal war ich live dabei. Ich saß hinten auf der Rückbank, als Walter zum dritten Mal in kurzer Folge Elsa vorwarf, nicht in den Rückspiegel zu schauen, bevor sie überholte. Wir waren auf dem Weg zur Ostsee, um ein paar Tage auszuspannen. Mir kam das zwar etwas komisch vor, daß die beiden mich mitnahmen, aber als Führerscheinloser ist man froh über jede Mitfahrgelegenheit, also habe ich mir nicht viel dabei gedacht. Ich nahm hinten Platz und wunderte mich, daß Walter die Beifahrerseite wählte. Elsa erzählte, ihr Schatz sei in einer Woche zweimal über eine rote Ampel gefahren. Was Walter vehement bestritt. Er neigte, wenn es ums Autofahren ging, zur Besserwisserei und hatte, obwohl zwei Fotobeweise vorlagen, schriftlich darzulegen versucht, daß die Ampel jedes Mal gelb gewesen sei. Weil er uneinsichtig blieb, gab es ein temporäres Fahrverbot.

Elsa und Walter galten als harmonisches Paar. Auch im Auto hielt man es mit ihnen aus, wenn Walter am Steuer saß und Elsa schwieg, was sie, wenn Walter am Steuer saß, in aller Regel auch tat. Nun aber waren die Rollen vertauscht, und schon bald stellte sich heraus, daß Walter große Schwierigkeiten mit seiner neuen Rolle als Beifahrer hatte. Ständig mäkelte er an Elsas Fahrstil herum: Du fährst zu schnell, du fährst zu langsam. Warum überholst du diesen LKW nicht? Wir müssen hier abbiegen und warum fährst du geradeaus? So ging das in einem fort, und als ich Walter vorschlug, die Plätze zu tauschen, fauchte er mich an: Willst du dich jetzt mit Elsa solidarisieren? Ist das der Grund, warum du mitgekommen bist? Du hast doch keine Ahnung vom Autofahren!

»Nein, aber als Beifahrer muß man vor allem eines können, nämlich die Klappe halten«, erwiderte ich. »Und ich habe das Gefühl, es könnte die Stimmung verbessern, wenn auch du etwas zurückhaltender wärst.« Das war allerdings ein Irrtum. »Wenn du meinst, daß die Stimmung schlecht ist, können wir dich an der nächsten Raststätte rauslassen, dann kannst du mal sehen, was gute Stimmung ist. Damit du es weißt, ich habe mich nicht darüber gefreut, daß du mitkommst!« Das war mir dann doch zu blöd, also schlug ich vor, tatsächlich auszusteigen, bat aber Elsa, mich zu einem Ort mit Bahnhof zu bringen. Mit streitenden Eheleuten wollte ich kein Wochenende an der Ostsee verbringen.

Elsa fuhr nach Angermünde, und obwohl ich diesen öden Provinzbahnhof kannte, freute ich mich, diese rollende Ehe-Hölle zu verlassen. Von Angermünde gab es sowohl Verbindungen zum Meer als auch in die Stadt. Ich wollte das Schicksal entscheiden lassen und beschloß, den ersten Zug in welche Richtung auch immer zu nehmen. Seitdem Elsa den Bahnhof Angermünde ansteuerte, war Ruhe eingekehrt im Wagen. Eine Ruhe vor dem nächsten Sturm, der vor dem Bahnhof in Angermünde ausbrechen sollte. Kaum waren wir angekommen, bestand Elsa darauf, daß nicht ich, sondern ihr Ehemann den Zug nach Nirgendwo besteigen sollte.

Walter brüllte sie an: »Warum hast du mir nicht gleich gesagt, daß du mit dem Arschloch in den Urlaub fahren willst. Dann hätte ich zu Hause bleiben können.« Während die beiden stritten, stieg ich aus, holte mein Gepäck aus dem

Kofferraum und schlenderte zum Bahnhof. Ein Blick auf den Fahrplan genügte, um festzustellen, daß die Züge nach Berlin und Usedom mehr oder weniger gleichzeitig kamen, so daß mir das Schicksal auch in diesem Fall nicht behilflich war.

Irgendwann rannte Walter mit hochrotem Kopf durch die Bahnhofshalle. Er schien mich übersehen zu haben, ich blickte ihm nach und sah, daß er sich für Gleis 5, also für Berlin entschieden hatte. Nun wollte ich wissen, ob auch Elsa schon wußte, wohin ihre Reise ging. Sie saß noch immer im Wagen vor dem Bahnhof. Und wirkte sehr erleichtert. Sie fahre jetzt in den Urlaub, sagte sie. Ob ich einsteigen wolle.

Wir haben auf der Fahrt nach Usedom wenig gesprochen. Als wir in Bansin ankamen, hatte sie sich entschieden: »Ich lasse mich scheiden.« Ich riet ihr, eine Nacht über alles zu schlafen. Morgen sehe die Welt anders aus, behauptete ich, aber für Elsa hatte sich die Welt auch am Ende dieses Kurzurlaubs nicht geändert. Als wir wieder in Berlin waren, sagte sie, bevor sie sich wieder mit einem Typen einließe, würde sie ihn als Beifahrer testen.

Elsa hat sich tatsächlich von Walter getrennt und war viele Jahre auf der Suche nach einem netten Beifahrer. Sie fand Christian. Er hat keinen Führerschein.

Männer als Verkehrsrisiko

Als ich Christian kennenlernte, unterhielten wir uns stundenlang über unser Beifahrerdasein. Wir waren uns einig, daß sich unsere Rolle in den vergangenen Jahren grundlegend geändert hat. Früher hatten wir richtig was zu tun: Ständig blätterten wir in Straßenkarten, um herauszufinden, welche Abzweigung die richtige ist; ob es eine Möglichkeit gibt, den Autobahnstau auf Landstraßen zu umfahren; ob es einen netten Ort auf dem Weg gibt, den man besichtigen kann; wie man am schnellsten und noch viel schneller als alle anderen zum Ziel kommt. Seitdem es Navigationsgeräte gibt, haben wir Beifahrer kaum noch etwas zu tun. Vielleicht legen wir mal eine neue CD ein, und als gute Beifahrer richten wir uns selbstverständlich nach dem Geschmack unserer Steuerfrauen. Wir Beifahrer haben akzeptiert, daß wir unsere Wünsche zurückstellen müssen. Und das kann hart werden, wenn wir etwa zum dritten Mal *Männer* von Herbert Grönemeyer anhören müssen.

Männer haben's schwer, nehmen's leicht,
außen hart und innen ganz weich
werd'n als Kind schon auf Mann geeicht
Wann ist ein Mann ein Mann?
Wann ist ein Mann ein Mann?
Wann ist ein Mann ein Mann?

Diese Frage habe ich mir noch nie gestellt. Vielleicht ist das ein Grund dafür, daß ich bis heute nicht Auto fahren kann. Das Gefühl, es schwer zu haben, um das Leben als Mann leicht nehmen zu müssen, ist mir ebenfalls unbekannt. Und dann auch noch diese Jammerstimme zu diesem Jammertext, der sich anhört, als sei er ironisch! Ist er aber nicht. Mein Beifahrerfreund Christian und ich sind der Meinung, daß es einen Zusammenhang gibt zwischen dem Selbstbild der deutschen Männer und ihrem Fahrstil. Ein Italiener würde sich nie fragen: Wann ist ein Mann ein Mann? Deutsche Männer, die sich als solche verstehen, sind außen hart und innen ganz weich. Deshalb fahren sie auf der Autobahn auch am liebsten auf der linken Spur. Deshalb käme für sie ein Tempolimit auch einer Entmannung gleich. Deshalb können es rasende Teutonen nicht ertragen, wenn sie wie Elsas Ex-Mann Walter auf dem Beifahrersitz zum Schweigen und Stillsitzen verurteilt sind.

Dazu paßt, daß der deutsche Mann dem Italiener gerne Macho-Allüren vorwirft. Theodor W. Adorno nennt das pathische Projektion. Dem Konkurrenten wird unterstellt, worunter man selbst leidet. Denn der rasende Deutsche ist ja nicht glücklich über seine Raserei. Sitzt er am Steuer, verschreckt er die Frauen. Als Beifahrer wird er zum Fiesling, von dem frau sich sofort scheiden lassen will. Was tun? Das große Glück entdecken, Beifahrer zu sein. Und locker bleiben, selbst wenn es Gründe gibt, nervös zu werden.

Meine persönliche Herausforderung sind Fahrten mit Freundin Gerlind. Sie trägt, wenn sie Auto fährt, grundsätzlich eine Sonnenbrille. Auch mitten in der Nacht. Die Sonnenbrille ist ihre einzige Brille mit geschliffenen Gläsern.

Nun könnte man sagen, als Beifahrer hat man eine gewisse Verantwortung für die Fahrerin und auch für sich selbst. Das stimmt. Meiner Freundin Gerlind habe ich oft angeboten, sie zum Optiker zu begleiten. Keine Chance. Sie will mit Sonnenbrille fahren. Und ich bin jedes Mal beeindruckt, wie gut sie das kann.

Ihr Sonnenbrillen-Tick führt natürlich zu grotesken Situationen. Wenn wir zum Beispiel in der Nacht in eine Polizeikontrolle kommen und Gerlind vergißt, beim Gespräch mit dem Ordnungshüter die Sonnenbrille abzunehmen. Dann nehmen Polizisten nämlich an, Gerlind wolle ihre geweiteten Drogenaugen vor dem prüfenden Blick der Staatsmacht verbergen. Nie haben Polizisten ihr nächtliches Sonnenbrillentragen mit einer ausgeprägten Kurzsichtigkeit in Verbindung gebracht. Was auch daran liegt, daß die Beamten immer häufiger Sonnenbrillen tragen, wenn sie auf Nachtstreife sind. Ich werde nie vergessen, wie ein sonnenbebrilltes Streifenhörnchen gegen zwei Uhr in der Nacht den Führerschein meiner sonnenbebrillten Freundin Gerlind kontrollierte und mit einem Lächeln sagte: »Alles in Ordnung. Gute Weiterfahrt!«

Inzwischen weiß ich, daß Gerlind kein Einzelfall ist. Es sitzen erschreckend viele Leute am Steuer, die so gut wie blind sind. Studien zeigen, daß Autofahrer, deren Sehvermögen eingeschränkt ist, sechsmal so häufig in Unfälle verwickelt sind wie Menschen mit gesunden Augen. Besonders gefährlich wird es, wenn Fahrer mit der Dämmerung nicht zurechtkommen und wenn sie übermäßig empfindlich auf blendendes Licht reagieren. In Deutschland gibt es keine Pflicht, das Sehvermögen regelmäßig überprüfen zu lassen.

Obwohl es europäische Vorschriften hierzu gibt, die in den meisten EU-Ländern auch angewendet werden. Aber hierzulande ist der Autofahrer eine heilige Kuh und darf nicht gegängelt werden. Selbst wenn die Kuh blind ist und andere Leute über den Haufen fährt.

Es gibt eine Verkehrskommission der Deutschen Ophthalmologischen Gesellschaft, die sich seit Jahrzehnten darum bemüht, Zusammenhänge zwischen Sehvermögen und Straßenverkehr zu erforschen. Die Augenärzte haben einen interessanten Empfehlungskatalog mit zahlreichen Auflagen und Fahreinschränkungen erarbeitet: Da werden nicht nur Brillen und Kontaktlinsen für Sehgeschädigte gefordert, sondern wenn nötig auch individuelle Geschwindigkeitsbegrenzungen, Nachtfahrverbote und, für besonders schwere Fälle, Führerscheinentzug. Man könnte meinen, es sei eine Selbstverständlichkeit, sich nicht ans Steuer zu setzen, wenn man kaum etwas oder sehr schlecht sieht. Aber zunächst muß man einsehen, daß die Sicht eingeschränkt ist. Und was das angeht, sind, abgesehen von Freundin Gerlind, wiederum die Männer das Problem. Sie wollen ihr reduziertes Sehvermögen und damit ihre Unzulänglichkeiten als Fahrer nur ungern eingestehen. Besonders rücksichtslos sind alte Männer. Sie halten sich für topfit, auch wenn ihr Reaktionsvermögen nicht ausreicht, um im Notfall schnell bremsen zu können. Sie meinen, auch mit Grünem oder Grauem Star noch Autobahn fahren zu können. Sie behaupten fälschlicherweise, das mangelnde Sehvermögen mit jahrzehntelanger Fahrpraxis und einem eher defensivem Fahrverhalten wettmachen zu können. Männer ab 70 sind, wenn man die Unfallhäufigkeit auf die gefahrenen Kilometer bezieht, weitaus häufiger in Unfälle verwickelt als junge Raser.

Das statistische Bundesamt verzeichnet einen starken Anstieg bei verunglückten Senioren, was auch daran liegt, daß es immer mehr Alte gibt, die aufs Autofahren nicht verzichten wollen. Vor zehn Jahren hatten nur zehn Prozent der 80jährigen einen Führerschein. Der TÜV Süd in München rechnet damit, daß 2025 rund 80 Prozent der Senioren im eigenen Auto unterwegs ist. Wenn die demographische Katastrophe tatsächlich eintreten sollte und Deutschland eine Greisenrepublik wird, dann drückt sich das auch im Verkehr aus. Sollten bis dahin keine Fahrzeuge entwickelt worden sein, die von Robotern gelenkt werden, wird es ziemlich gefährlich auf unseren Straßen.

In Italien müssen Autofahrer ab dem 65. Geburtstag alle zwei Jahre zum Augen- und Reaktionstest. Regelmäßige Gesundheits-Checks für ältere und uralte Fahrer gibt es in Deutschland nicht. Die Seniorenlobby ist hierzulande mindestens so mächtig wie die Autolobby. Wenn unsere Psychologen und Mediziner ein Herz für Alte haben und Gutachten schreiben, in denen selbst Unfall-Opas die Fahrtüchtigkeit zugesprochen wird, wissen diese meist vom TÜV bestellten Verkehrsspezialisten nicht, was es heißt, in einem Rentnerparadies wie Baden-Baden zu wohnen. Noch jeder, der mich besucht hat, war erstaunt darüber, wie gefährlich es ist, in diesem Kurort die Straßenseite zu wechseln. Fairerweise sei ergänzt, daß in Baden-Baden nicht nur alte Männer, sondern auch betagte Damen ein Verkehrsrisiko darstellen.

Deshalb halte ich auch nicht viel davon, wenn, wie in

einem Heidelberger Fall geschehen, rüstigen Rentnern eine lokal begrenzte Fahrerlaubnis erteilt wird: Eine achtzigjährige Fahrerin hatte nach einem Unfall ihren Führerschein abgeben müssen, ein Verkehrspsychologe setzte aber durch, daß die Frau, die in schöner Hanglage wohnt, zumindest zur nächsten Einkaufsgelegenheit ins Tal fahren darf. Was aber hilft eine solche Regelung, wenn die Dame auf dem Weg zum Supermarkt die Kontrolle übers Fahrzeug verliert?

In der Altenresidenz Baden-Baden erlebt man viele kuriose Unfälle, die von Senioren verursacht werden: Einmal hatte ein Kurgast seinen schönen Mercedes in der Nähe des Oosbachs einzuparken versucht und dabei den Wagen ins Gewässer gelenkt. Das Auto war dahin, die Fahrerin überlebte und durfte ihre Kur verlängern. Die Lokalzeitungen veröffentlichten amüsante Bilder.

Zu sehen war das ramponierte Luxusmobil in einem gepflasterten Graben, durch den der Tröpfelbach sich schlängelte. Es sah aus wie die Installation eines Künstlers, der zum Thema *Zukunft der Kurstädte* gearbeitet hatte. Das ungeheure Glück der Mercedes-Fahrerin aber erahnten nur Einheimische. Wenn es die Tage zuvor stark geregnet hätte, wäre statt des Rinnsals ein kräftiger Strom durchs Tal geflossen, und die Frau wäre glatt in ihrem Wagen ersoffen.

Ein anderer Senior hatte weniger Glück im Unglück. Obwohl er sich mit dem Auto auf vertrautem Terrain befand, nämlich vor dem Haus eines alten Freundes, machte er einen entscheidenden und tödlichen Fehler. Er stieg, nachdem er sich verabschiedet hatte, irrtümlicherweise im Rückwärtsgang aufs Gaspedal und überfuhr seinen Sandkastenkumpel. Der Krankenwagen kam zu spät. Und zwar für beide. Der Unfallverursacher erlitt, nachdem sein Freund auf der Straße an inneren Verletzungen starb, einen Herzinfarkt.

Aus eigener Erfahrung weiß ich, wie schwer es ist, Großeltern und Großtanten mitzuteilen, sie seien nicht mehr in der Lage, sicher Auto zu fahren. Die Alten drohen mit Liebesentzug oder Enterbung. Wenn man ihnen Zeitungsartikel zuschickt, in denen über einen 80jährigen Fahrer berichtet wird, der trotz Brille zu wenig sah und auf der Autobahn drei Menschen in den Tod riß, wird man als herzlos gescholten. Niemand will den lieben Verwandten die Lebensfreude nehmen oder ihnen das Gefühl geben, sie würden aufs Altenteil abgeschoben. Aber einen dramatischen Abgang im Auto wünscht man ihnen auch nicht. Ich hatte einen väterlichen Freund, den ich nicht mehr besuchte, als er offenkundig nicht mehr fahren konnte, mich aber weiterhin im alten Jaguar ausführen wollte. Er war ein automobiler Rechthaber. Er fuhr über Rot und behauptete, es sei Gelb gewesen. Einbahnstraßen befuhr er in beide Richtungen. Halteverbote ignorierte er grundsätzlich. Kaum vorstellbar, daß er ansonsten ein verträglicher Zeitgenosse war. Kurz vor seinem 82. Geburtstag verursachte er einen schweren Unfall. Er starb drei Tage später im Krankenhaus. Seine Frau hat mir erzählt, seine letzten Worte seien gewesen: »Ich hatte Vorfahrt!« Sie verewigte diesen Ausspruch auf seinem Grabstein.

Möglicherweise wäre der Mann noch am Leben, wenn unsere Verkehrspolitiker die in Europa üblichen Kontrollen für ältere Fahrerinnen und Fahrer auch in Deutschland eingeführt hätten. Die Welt geht auch für einen alten Autonarren nicht unter, wenn er in den letzten Lebensjahren Straßenbahn oder Taxi fahren muß. Wenn es in meiner Macht stünde, würde ich altersabhängige und geschlechtsspezifische Eignungstests durchsetzen. So lange es noch Führerscheine gibt, sollten zumindest zwei Risikogruppen strenger überprüft werden: Männer und alte Männer.

Ich fahre, also bin ich

Ralf wohnt in Rastatt. Dort arbeitet er in einem Zulieferbetrieb der Automobilindustrie. Er hätte die Möglichkeit gehabt, nach München oder Stuttgart umzuziehen, um einen besser dotierten Job zu bekommen. Aber er blieb in Rastatt. »Ich hätte ja sonst mein Autokennzeichen aufgeben müssen.« Und das beginnt bei Ralf aus Rastatt selbstverständlich mit RA-LF. Das Nummernschild sei die »wahre Visitenkarte« hat *Die Zeit* einmal formuliert. Nein, eine Visitenkarte übergibt man einem Menschen, den man noch nicht kennt. Ralf würde sein Nummernschild mit Wunschkennzeichen niemals weiterreichen. Er ist auch deshalb nicht umgezogen. Ralf würde auch nie die Automarke wechseln. Ralf fährt Mercedes. Immer die allerneueste S-Klasse. Er verbringt mehr Zeit in dem Wagen als in seiner Wohnung, die auch deshalb eher klein ausfällt: Ein Wohnzimmer, das auch Eßzimmer und Schlafzimmer ist, ein schmaler Küchenstreifen und ein winziges Bad. Eine typische Junggesellenwohnung. Wobei er sich nicht als Single versteht. Die S-Klasse ist sein ständiger Begleiter. Er könnte sich durchaus eine etwas größere Wohnung leisten, um nicht jede Frau, die er einlädt, gleich zu verschrecken. Aber dann müßte er seine Leidenschaft fürs Auto etwas zurückfahren. Und das geht gar nicht.

Ralf ist ein Autofan, ja, fast ein Fanatiker, ein Typus Mann, den es immer seltener gibt. Ich kenne viele Leute, die mehr Geld fürs Auto als für die Wohnung ausgeben, von einigen Männern weiß ich, daß sie auf der Autobahn um die Hand ihrer zukünftigen Frau angehalten haben (niemand berichtet, daß der Heiratsantrag bei Tempo 160 abgelehnt worden sei). Und doch wirken diese Männer heute seltsam aus der Zeit gefallen, wenn sie zugeben, daß die Führerscheinprüfung wichtiger als Abi und Examensklausur war, wenn sie über den ADAC oder den TÜV sprechen, als wären diese Institutionen wichtiger als der Bundestag oder ein gut funktionierendes Krankenhaus.

Durchschnittlich zahlt der Deutsche rund 300.000 Euro in seinem Leben für seine Automobilität. Ralf wird auf eine Million kommen, wenn er so weitermacht. Er lebt nach dem Motto: »Ich fahre Auto, also bin ich.« Ich mag ihn trotzdem. Von Ralf bekomme ich sehr lustige Bücher geschenkt. Zum Beispiel das Nachschlagewerk *Fährt man rückwärts an den Baum, verkleinert sich der Kofferraum*, ein Buch, das keineswegs Hinweise zum Verschrotten von alten Autos oder gar eine Anleitung zum Unglücklichsein enthält. Es ist ein Ratgeber vom Autofachmann Andreas Keßler für den begabten oder auch minderbegabten Laien. Ralf meinte, ich solle mich bloß gut informieren, wenn ausgerechnet ich, der ich keine Ahnung von der Autotechnik hätte, über Autos schreiben wolle. Ich habe ihm erklärt, es gehe weniger um technische Details, als vielmehr um das Kulturgut Auto, um die soziale und politische Bedeutung eines Fortbewegungsmittels, aber meine Ausführungen haben ihn nicht überzeugt. Mich dagegen hat schon das Inhaltsverzeichnis seines Buchgeschenks abgeschreckt. In jedem Kapitel wird eine Frage beantwort, die ich mir noch nie gestellt habe: »Was kann ich tun, wenn es aus der Motorhaube qualmt? Oder wenn der warme Motor nicht anspringt? Wenn mein Motor im Leerlauf klappert? Wenn mein Auto beim Start blaue Wölkchen ausstößt? Wenn mein Motor kocht? Wenn mein Kühler nicht kühlt? Wenn mein Kühlerschlauch geplatzt ist? Wenn die Kupplung nicht kuppelt? Wenn mein Auto nicht mehr rollt? Wenn es beim Anfahren ›Klonk‹ macht? Wenn es beim Kurvenfahren vorne knackt?« Das ist nur eine Auswahl der technischen Ausfälle, die der Autor beschreibt. Wer das Buch gelesen hat, muß sehr mutig sein, um sich jemals wieder in ein Auto zu setzen. Als Beifahrer werde ich jetzt nicht mehr auf die Umleitungsempfehlungen im Radio achten, sondern die Geräusche des Motors überwachen, auf daß ich kein Klonk verpasse.

Passionierte Autofahrer wie Ralf haben einen ganz besonderen Humor. Ralf zum Beispiel kann stundenlang Autowitze erzählen. Ich glaube, er kennt über hundert Mantawitze, mindestens fünfzig Trabiwitze, diverse Smartwitze. Wenn er mir einen Autowitz erzählt, lache ich, weil ich ein höflicher Zeitgenosse bin. Aber es fällt mir schwer. Denn Autowitze funktionieren immer nach demselben Muster. Der Mantawitz macht sich über die Dummheit des Mantafahrers lustig. Der Trabiwitz spricht dem Trabi ab, ein Auto zu sein. Der Smartwitz verfährt sehr ähnlich. Ich vergesse Autowitze, kurz nachdem sie mir erzählt worden sind.

Um hier wenigstens ein paar Klassiker erwähnen zu können, rufe ich Ralf an. Er läßt er sich nicht zweimal bitten und legt los. »Was ist das kleinste Teil am Manta? Das Hirn des Fahrers.« Ich lache höflich. »Wie nennt man einen Unfall mit drei Trabis? Tupperparty.« Ich lache höflich. »Rückrufaktion bei Smart. Über 50.000 Smart-Besitzer wurden vergangene Woche mit ihrem Wagen in die Werkstatt gebeten. Grund: Das Auto ist zu klein.« Ich lache höflich. Aber dieses Mal über Ralf, ohne daß er es merkt. Schließlich frage ich ihn, ob er weiß, daß der Smart inzwischen schwarze Zahlen schreibt und in vielen Ländern der Erde besser verkauft wird als die deutlich größeren Autos der Daimler AG. Daß eine Elektroversion vom Smart in Rastatt gebaut werden soll und ihm damit den Job rettet.

»Ja, ich weiß«, sagt Ralf kleinlaut. Ein wenig tut er mir leid. Obwohl er gerne Autowitze erzählt und seine S-Klasse liebt wie sonst nur ein Vater sein Kind. Immerhin ist Ralf ehrlich. »Dir erzähle ich keinen Witz mehr«, höre ich ihn in den Hörer nuscheln. Dann legt er auf. Ralf ist nicht blöd. Er weiß, daß die große Zeit der Autowitze vorbei ist (wenn es die denn jemals gab). Weil die große Zeit der (großen) Autos vorbei ist.

Wir haben uns bald wieder vertragen. Weil ich ihm ein Buch geschenkt habe, das von einem sehr klugen Autofan geschrieben worden ist. *Planet Auto* heißt der Band von Tom Levine, und darin erfährt man zum Beispiel, warum »Autofahren göttlich und die Fernbedienung hilfreich ist«. Ralf hat mir nach der Lektüre gesagt, der Autor habe ihm »aus der Seele gesprochen«. Daraufhin habe auch ich mir das Buch besorgt und mich über die Ehrlichkeit des Verfassers sehr gefreut: »Die Türschlösser klickern vernehmlich, die Blinker blinken mehrfach im Takt, durch die Elektronik hinter dem Armaturenbrett beginnen unauffällig die ersten Elektronen zu sausen, damit ich gleich nicht so lange warten muß auf die Sachstandsmeldungen des Bordcomputers. Das ist der Moment, in dem nicht nur ich, sondern auch das Auto Vorfreude auszustrahlen scheint. In dem sich für meine sterbliche Existenz eine Symbiose mit dieser Machtmaschine andeutet, meinem eigenen Auto.«

Mein Freund Ralf hat das Buch auf einer Reise durch die USA gelesen, und wie sich herausstellte, hat er sich ausgerechnet im frommsten aller Autoländer mit automobiler Erbauungsliteratur trösten müssen. Früher waren die Staaten sein liebstes Reiseziel. Dieses Mal kehrte er deprimiert zurück. »Überall bauen die Amis Straßenbahnen«, sagte er verstört, was auch ich kaum glauben konnte. Aber es stimmt: Rund 30 amerikanische Städte haben in jüngster Zeit ein Straßenbahnnetz aufgebaut. Weitere 50 Städte planen und bauen derzeit ihren öffentlichen Personennahverkehr aus. Ausgerechnet in der texanischen Ölstadt Houston wird, wie ich dem *Spiegel* entnahm, die Straßenbahn zum attraktiven Verkehrsmittel. Denn der Dauerstau wird auch von den Texanern als volkswirtschaftliches Problem wahrgenommen: 78 Milliarden Dollar sollen jährlich durch Zeitverluste im Straßenverkehr vernichtet werden. In den USA besitzen von 1.000 Einwohnern im Durchschnitt 775 einen eigenen Wagen, und das macht einen Wandel in der Verkehrspolitik besonders nötig, aber auch besonders schwer. In Deutschland liegt die Autobesitzerquote übrigens bei rund 50 Prozent, aber was die wenigsten wissen: Im Stadtbahnbau in den USA ist mit Siemens eine deutsche Firma Marktführer.

Es gab mal einen republikanischen Präsidentschaftskandidaten in den USA, über den heute niemand mehr spricht: Mitt Romney. Der Mann kam im Wahlkampf in seine Heimatstadt Detroit und sagte: »Ich habe Autos im Blut.« Dann hoffen wir mal, daß der arme Kerl nicht irgendwann an einer seltenen Gefäßerkrankung leidet. Die Sprüche Romneys haben weder ihm noch den vielen Arbeitern und Angestellten geholfen, die bei General Motors, Ford oder Chrysler ihre Jobs verloren. Obama hat nie behauptet, Autos im Blut zu haben. Er macht sich für alternative Antriebsarten stark. Vor zehn Jahren wäre Obama in den USA verspottet worden. Jetzt muß er zu Beginn seiner Präsidentschaft die heimische Autoindustrie retten. Wenn sie denn zu retten ist.

Mein Freund Ralf erkennt sein liebstes Reiseland nicht wieder, obwohl der Wandel erst begonnen hat. »Change« war der Schlüsselbegriff in Obamas Wahlkampf. Schaffen es die USA, Mobilität umweltfreundlicher zu gestalten, verliert das Auto den Symbolcharakter im so symbolsüchtigen Amerika, wird der Wandel, der schon jetzt in westlichen Industrienationen zu beobachten ist, zu einem globalen Paradigmenwechsel. Selbst wenn es Wirtschaftszweige und Dienstleistungen gibt, die unter dieser Entwicklung zu leiden haben.

Waschanlage nur noch für Wau-Waus

Samstag war Waschtag. Die Nachbarn reinigten ihre Autos, Mama putzte die Fenster, und ich durfte in die Badewanne. Mein Vater hat unseren Volkswagen zum Glück nie in stundenlanger Handarbeit gesäubert. Wir sind mit dem Wagen grundsätzlich in eine Waschanlage gefahren. Das war fast so gut wie eine Geisterbahn. Wenn das Auto auf dem Laufband stand und mit riesigen Bürsten eingeschäumt wurde, wenn das Wasser gegen die Windschutzscheiben prasselte und wir im Wagen kein Wort mehr verstanden, hatten wir Kinder den Eindruck, in eine ganz ferne und gefährliche Welt einzutauchen. Wir stellten uns vor, wie wir von den bösen Mächten der Waschstraße angegriffen wurden. In unserer Vorstellung zerbrach das Fensterglas unter dem Druck der Wassermassen, die sofort in unseren Wagen strömten. Wir mußten um unser Leben kämpfen, was angesichts der überdimensionalen Fangarme, die sich zwischen den Putzrollen verbargen, ein großes Abenteuer war. Erstaunlicherweise überlebten wir jede Waschstraßenfahrt. Und freuten uns auf die nächste.

Als ich jetzt in der *Süddeutschen Zeitung* las, daß die Autowäsche in Deutschland vernachlässigt werde, mochte ich das kaum glauben. War das der letzte Beleg dafür, daß wir Deutschen zu wenige Kinder in die Welt setzen? Wer, wenn nicht die Kleinen, wird künftig noch von Mama und Papa fordern, in die Waschstraße zu fahren? Nun gab es in diesem früher so lukrativen Gewerbe einen Umsatzverlust von 15 Prozent zu verbuchen. Und Sigrid Pook, Geschäftsführerin des *Bundesverbandes Tankstellen und gewerbliche Autowäsche* (was es nicht alles gibt), schockierte SZ-Autor Adam Soboczynski mit einer ebenfalls einleuchtenden Begründung: »Das Auto ist den Deutschen nicht mehr das liebste Kind.«

Wer es als Frau in einem Bundesverband, der für Tankstellen und Autowäsche zuständig ist, zur Geschäftsführerin gebracht hat, weiß Bescheid. SZ-Autoren aber wissen es besser. Soboczynski mag nicht glauben, daß sich das Verhältnis der Deutschen zum Auto geändert hat. Er fragt: »Mögen wir es neuerdings dreckig?« Nach der Lektüre des Artikels habe ich tagelang nachgeschaut, wie sauber die Fahrzeuge der Nachbarn tatsächlich sind. Die Auto-Hygiene scheint sich tatsächlich verschlechtert zu haben. Die Karosserien waren staubig, die Radkappen ölig. Nur ein Mercedes glänzte. Dieses Auto ist aber auch das Arbeitsgerät eines Chauffeurs, der in dem Wagen vornehme Russen vom Flughafen abholt und ins Hotel nach Baden-Baden bringt.

Wie aber hängt die Flaute in den Waschstraßen mit der Verwahrlosung der Fahrzeuge zusammen? Der sympathische Auto-Nostalgiker Soboczynski hat eine schöne Erklärung parat. Für ihn ist die Krise der Waschstraßen ein Hinweis darauf, daß sich die Menschen wieder nach Fahrzeugen sehnen, die man nicht einem Putzroboter überläßt, sondern denen man liebevolle Pflege angedeihen läßt: »So kühl man die stählerne Geliebte einst der Waschstraße überließ, so möchte man sie ihr jetzt wieder entziehen. Wir wollen, anders ist der Waschstraßenumsatzeinbruch von 15 Prozent nicht zu erklären, wieder handwäschewürdige Autos. So eines wäre kantig wie ein alter Passat – man könnte wieder leidenschaftlich am Motor schrauben, statt vor der Elektronik zu kapitulieren –, es hätte ein ordentliches Türschloß, das im Winter vereist, und die Fenster müßten umständlich aufgekurbelt werden. Es wäre mit seinen Macken eine Verlängerung unserer selbst, liebes- und waschbedürftig.«

Soboczynski sei das Internationale Oldtimer-Meeting in Baden-Baden empfohlen. Dort treffen sich Leute, die ihren Wagen niemals einer Waschanlage überlassen würden, die noch wissen, wie man einen Motor auseinandernimmt. Wo diese Männer ihre geliebten Autos waschen, ist mir allerdings unklar. Denn die meisten Gemeinden haben vor langer Zeit das öffentliche Autowaschen verboten.

Selbst wenn die Vorschriften hier und da nicht ganz so streng sind, die manuelle Fahrzeugpflege gilt heute als spießiges Putzritual unterbeschäftigter Männer. Im 21. Jahrhundert dürfen Autos dreckig sein. Die Reinigung wird dem Regen überlassen, und wenn zwei Wochen lang die Sonne scheint und der Wagen staubig wird, ist das auch nicht weiter schlimm. Das Verhältnis der Menschen zum Auto ist wieder pragmatischer geworden. Was früher Fetisch war, ist heute vor allem Fortbewegungsmittel.

Um Freund Ralf etwas aufzumuntern, frage ich ihn, ob er mich beim nächsten Besuch einer Waschstraße mitnimmt. Zeter und Mordio! Darum hätte ich nicht bitten sollen. Ralf gehört zu den Leuten, die noch selber Hand anlegen. Dabei macht er nichts anderes als die Maschine: Vorwaschen, Waschen, Trocknen, Unterbodenwäsche, Konservierung. In der Garage steht Ralfs Hochdruckreiniger, riesige Vorräte von

Putzlappen, diverse Dosen mit Spezialwachs, das er auf den Unterboden aufsprüht, um Rost, Marder und anderen Ärger fernzuhalten. Die Prozedur dauert Stunden! Wenn Ralf unterm Auto liegt, kommt er so schnell nicht wieder hervor. Zumal er zur Reinigung hochmoderne Nano-Technologie verwendet. Damit will er Staub- und Schmutzablagerungen zu fast 100 Prozent entfernen können. Er versiegelt den Wagen in zwei Arbeitsschritten: Erst wird ein Acrylpolymer aufgetragen, schließlich kommt das Wundermittel zum Einsatz, die Nano-Tinktur NC 50 II. Ralfs Wagen sieht nach dieser Reinigung aus, als käme er frisch aus der Fabrik.

Ralf wird die Waschstraßen-Industrie also nicht retten. Die Presse scheint über den Niedergang dieser Dienstleistungssparte zu staunen; ständig erscheinen Artikel darüber. So erfährt man im *Focus*, daß die britische Firma THI Dogwash eine Hundewaschstraße an einen Hamburger Tankstellenbetreiber verkauft hat, der immer weniger Geld mit der Autoreinigung verdient. Insbesondere an regenreichen Tagen, wenn Mutter Natur die Fahrzeuge säubert und die Kundschaft auf professionelle Hilfe verzichtet, sollen jetzt die stinkenden Fiffis für den Umsatz sorgen. Das ist clever. Selbst wenn die Deutschen ihr Auto nicht mehr lieben, die Gefühle für den bellenden Vierbeiner werden sich ja wohl nicht ändern. Waschstraßen gibt es künftig nur noch für Wau-Waus.

Mein Autofreund Ralf hat mir die Geschichte mit dem vollautomatischen Hundebad nicht geglaubt, weil er den Wandel unserer automobilen Welt nicht wahrhaben will. Selbstverständlich gibt es THI Dogwash, und wer nicht gerade in Hamburg wohnt, kann das Gerät auch im Internet bestaunen. Es sieht aus wie eine Kombination aus Mikrowelle und Babywanne. Auf den Bildern sind diverse Schläuche und große Schaltflächen zu erkennen. Die Hundewäsche scheint kompliziert zu sein. Ob in dem Gerät auch Katzen und Vögel geduscht werden können?

In England, wo die Mehrheit der Bevölkerung kein Geld mehr für ein eigenes Auto hat, ist die Anlage ein Renner. Dort gibt es Waschanlagen nur noch für Wau-Waus. Und wann haben wir in Deutschland endlich englische Verhältnisse?

Keine Toten am autofreien Totensonntag

Als ich unlängst in Nordengland unterwegs war, in kleinen Dörfern in der Nähe von Newcastle, hatte ich den Eindruck, die Briten hätten eine autofreie Woche eingeführt. So wenige Fahrzeuge waren unterwegs. Ich erkundigte mich, ob die Straßen gesperrt seien. Aber niemand wußte etwas. Die Leute hatten auch noch nie von den autofreien Sonntagen gehört, die in den siebziger Jahren die Deutschen erschütterten.

Ich stand am Tresen eines Pubs, trank mein drittes Newcastle Brown Ale und dachte an jenen legendären Totensonntag 1973, als zum ersten Mal in Westdeutschland niemand ohne Ausnahmegenehmigung Auto fahren durfte. In Zeiten der Ölkrise hatte ausgerechnet ein Wirtschaftsminister der Freien Demokratischen Partei den Landsleuten vier Mal hintereinander ein sonntägliches Fahrverbot erteilt. Hans Friederichs ordnete in jenen grauen Novembertagen sogar ein generelles Tempolimit von 100 Stundenkilometern an. Was war passiert?

Ägyptische und syrische Truppen hatten am 6. Oktober 1973 Israel angegriffen. Auch wenn es auf Drängen der USA schon bald einen Waffenstillstand gab, solidarisierten sich die arabischen Staaten mit den Aggressoren und drosselten die Ölförderung, verhängten sogar ein Embargo gegen die Amerikaner. Die Preise stiegen, die Wirtschaftswunderjahre waren endgültig vorbei. Die Deutschen lernten, daß die angeblich freie Welt des Westens am Öltropf von morgenländischen Diktaturen hing, und auch wenn das nicht kurzfristig zu ändern war, so sollten die Bundesbürger zumindest tageweise auf den Treibstoff verzichten, mit dem die Feinde der Freiheit ihr blutiges Geschäft finanzierten. Der Verzicht hatte zudem eine volkspädagogische Funktion: Die Deutschen sollten vorbereitet sein, falls die Scheichs den Ölhahn vollends zudrehen würden.

Auch wenn der autofreie Sonntag kuriose Symbolpolitik war und schon bald mit zahlreichen Ausnahmeregelungen konterkariert wurde, so hat er sich doch ins kollektive Gedächtnis der Bundesrepublik eingeschrieben. Obwohl ich damals gerade mal anderthalb Jahre alt war, kann ich mich daran gut erinnern. Woran eigentlich? An die Erzählungen meiner Eltern? Oder die Aufnahmen von leeren Autobahnen, die oft im Fernsehen wiederholt, in der Presse regelmäßig nachgedruckt wurden? Ein Relikt aus dieser Zeit ist, wie mich das *Handelsblatt* aufklärte, der verschließbare Tankdeckel. Kaum stiegen die Spritpreise, gingen in Deutschland die Benzindiebe um. Die müssen sich allerdings ziemlich dämlich angestellt haben, denn in Krankenhäusern häuften sich damals die Vergiftungsfälle. Viele Benzindiebe hatten das Benzin mit Hilfe eines Schlauchs aus dem Tank zu saugen versucht, was zu unangenehmen Nebenwirkungen führte. Heute läuft der Benzinklau etwas geschickter. Der Profi montiert zunächst geklaute Nummernschilder ans eigene Gefährt, um dann eine Tankstelle aufzusuchen, die einen guten Fluchtweg bietet. Steht der Profidieb am Zapfhahn, meidet er den Blickkontakt zur Videoüberwachung und fährt nach dem Volltanken einfach davon. Unrealistisch? Keineswegs. Beim professionellen Benzindiebstahl handelt sich um eine Straftat, die überall in Deutschland regelmäßig angezeigt wird. Interessant ist, was Kriminologen herausgefunden haben: Die Benzindiebe haben in aller Regel kein Schuldbewußtsein. Benzinklau kommt in allen sozialen Schichten vor; wenn die Spritpreise steigen und der Lohn am Monatsende aufgebraucht ist, häufen sich allerdings die Benzindiebstähle von Leuten, die mit einer Tankfüllung ihren Dispokredit überziehen würden.

Ein bundesweites Fahrverbot würde helfen, zumindest diese armen Teufel vor einer kriminellen Karriere zu bewahren. Doch das wäre, selbst wenn es nur am Totensonntag gälte, politisch nicht durchsetzbar. Da mögen die Spritpreise heute zehnmal so hoch sein wie im November 1973, kein noch so kriminalpräventives Argument würde einen Verkehrsminister überzeugen. Als Kind hätte ich mich über ein Fahrverbot am Totensonntag sehr gefreut. Dann wären wir an diesem zumeist düsteren Tag nicht mehr zum Friedhof gefahren, um die Gräber von Verwandten, Freunden und ehemaligen Nachbarn zu besuchen. Heute sehe ich das ebenfalls pragmatisch: Wäre der Totensonntag autofrei, gäbe es an diesem Tag keine oder nur wenige Verkehrstoten zu beklagen. Das wäre doch schon mal was.

Allerdings rate ich meinen Lesern, genau zu überlegen, wann und wem sie solche Argumente vortragen. Wer zu Zeiten einer Autokrise für einen autofreien Sonntag plädiert, gilt schnell als Staatsfeind. Wenn die deutschen Wagenbauer mit Absatzproblemen zu kämpfen haben, dürfen potentielle Kunden nicht weiter verunsichert werden. Ein autofreier Sonntag, an sich eine lächerliche Angelegenheit, würde als politische Botschaft mißverstanden werden. Die Kunden könnten sich in ihrer Kaufzurückhaltung bestätigt fühlen. Genau das darf aber nicht passieren. In einer Autokrise gibt es trotz globalisierter Produktionsvorgänge wieder nationalökonomische Parolen: Kauft Leute, kauft endlich wieder deutsche Autos! Als wäre das eine staatsbürgerliche Pflicht.

Zum Glück verhallen diese Losungen inzwischen im medialen Wirrwarr, zumal die Deutschen so blöd auch nicht sind, daß sie vor dem Autokauf herauszufinden versuchen, welcher Wagen zu welchen Anteilen deutsch ist. Wenn der Motor aus Polen, die Felgen aus Lateinamerika, die Sitzbezüge aus China kommen, entscheiden selbst Patrioten vernünftig, wählen, wenn sie denn einen Neuwagen kaufen, nach Lust und Laune, etwa einen italienischen Kleinwagen oder ein japanisches Modell mit Hybridantrieb.

Die Propaganda funktioniert weder in die eine noch in die andere Richtung. Insofern wäre auch ein autofreier Totensonntag vollkommen wirkungslos. Wenn umweltbewegte Abgeordnete des Berliner Senats einen autofreien Tag einführen wollen, wird das die berüchtigte Berliner Luft nicht sauberer machen. Und die Kirchen, Krankenkassen und Naturschutzverbände, die in Baden-Württemberg einen freiwilligen Aktionstag »Moa« organisieren (was für »Mobil ohne Auto« steht), werden nur wenige Autofahrer bewegen, die Kiste an diesem Tag in der Garage stehenzulassen. Im Gegenteil. Wer sich Wagen und Benzin leisten kann, wird an einem »Moa«-Tag, falls dieser die eigenen Kreise stören sollte, erst recht ins Auto steigen, um eine Reise ins benachbarte Bundesland zu unternehmen.

Auch mir sind Veranstaltungen wie »Moa« suspekt. Weil ich Abkürzungen nicht mag und weil ich bezweifle, daß es irgendwas bringt, wenn an einem Tag im Jahr ein paar Straßen gesperrt werden, um auf diesen dann Bierbuden und Infostände von Gewerkschaften aufzustellen. Wenn sich kleinere Orte einen autofreien Sonntag gönnen, geht es ohnehin nur um Marketing in eigener Sache: Schaut her, ihr lieben Touristen, bei uns ist die Luft noch rein! Nicht unwahrscheinlich, daß die wenigen Gäste, die an autofreien Sonntagen geworben werden, mit dem Auto ins Urlaubsparadies reisen, das an gewöhnlichen Autotagen gar nicht mehr so paradiesisch aussieht: Allein wegen der vielen Reisebusse am Straßenrand, die grundsätzlich die Motoren weiterlaufen lassen, oder wegen der von Ausflüglerautos überfüllten Parkplätze.

»Noch eines?« fragte der Mann hinter dem Tresen und riß mich aus meinen Gedanken. Ich bestellte ein viertes Ale.

Busfahrt in die Vorhölle

Gerade noch habe ich die lärmenden und stinkenden Reisebusse am Straßenrand erwähnt, da fallen mir die vielen Leidensgeschichten ein, die ich in den unterschiedlichsten Bustypen erlebt habe. Meine erste längere Busfahrt war wohl ein Schulausflug. Es ging in die Eifel. Wie aufregend. Daß es tatsächlich heftig für mich werden sollte, hätte ich nicht gedacht, denn kaum waren wir auf einer Landstraße, die sich einen Hügel hochschlängelte, wurde mir kotzübel, und ich mußte mich übergeben. Busgeruch und Würgereflex sind bei mir seitdem eng miteinander verbunden. Ich habe es immer wieder versucht, aber selten hat mein Magen eine längere Busfahrt unbeschadet überstanden. Während des Studiums, als mir die Zugtickets zu teuer waren, bin ich ein paar Mal im Bus von Berlin nach Hamburg gefahren. Auf dieser Strecke gibt es keine nennenswerten Erhebungen, keine krassen Kurven, diese Fahrten habe ich ohne Kotztütenbedarf hinter mich gebracht. Selbstverständlich war das nicht. Und doch habe ich, wahrscheinlich um meine masochistischen Triebe zu befriedigen, im Februar 1996 an einer Höllenfahrt im Bus teilgenommen, die mir unvergeßlich bleibt.

Es begann mit einem Werbebrief des *Oldenburger Reisedienstes*, in dem behauptet wurde, ich hätte an einem Gewinnspiel teilgenommen und gewonnen. Der Hauptgewinn, so las ich weiter, sei mir auch zugeschickt, leider aber zurückgesandt worden, weil der Paketdienst mich nicht angetroffen habe. Der Reisedienst wollte nicht, daß mein Gewinn verfiel. »Das wäre doch schade«, hieß es in dem Brief. Ein erneuter Versand sei leider nicht möglich, ich könne mir den Gewinn, das Mikrowellengerät KX17-220V mit 6 Monaten Garantie, aber persönlich abholen. Und zwar auf einer »Kaffeefahrt mit Verkaufsveranstaltung«. Selbstverständlich hatte ich mich nicht an besagtem Gewinnspiel beteiligt, aber die Aussicht auf eine Heizdecke wärmte mein Herz. Ich meldete mich also an.

In aller Frühe wurden wir am Ostberliner S-Bahnhof Schöneweide eingesammelt, rund vierzig Teilnehmer im Rentenalter. Und ich. Wir wurden irgendwo ins Berliner Umland gekarrt; ich weiß bis heute nicht, wohin die Reise ging. Es war ein ostdeutsches Kaff, das sieben Jahre nach dem Mauerfall immer noch nach DDR aussah. Der Bus hielt vor einer alten Turnhalle, in der Kaffeetafeln hergerichtet waren. Doch es gab keinen Kaffee. Zunächst begann die »Verkaufsveranstaltung«. Ein Mann im grau-blauen Anzug, Streifenhemd und Mickey-Mouse-Krawatte betrat die Bühne. Eine Gerätschaft nach der anderen präsentierte der redegewandte Typ. Er sprach die Anwesenden direkt an, forderte sie auf, endlich etwas zu kaufen, sonst würde man hier noch bis zur Mitternacht sitzen. Frau Hartwig, die neben mir saß, erkundigte sich nach dem versprochenen Hauptpreis des Gewinnspiels. Der Verkaufsleiter aber rief, was für ein gieriger Gast sie denn sei. Der Schreihals blickte in die Runde und erntete Zustimmung. Ich hörte einen sächselnden Opa sagen: »Wirklich unerhört. Wir alle wollen unseren Hauptpreis, Vordrängeln gilt nicht.«

Das war der Zeitpunkt, an dem die meisten Wolldecken,

Wärmflaschen und Wundertüten verkauft wurden. Auch Frau Hartwig nahm eine Heizdecke. Sie wollte endlich ihre Mikrowelle haben. Doch die bekam sie trotzdem nicht. »Die Geräte sind leider defekt. Das haben wir zu spät bemerkt. Die können wir Ihnen nicht geben. Das wäre unseriös«, erklärte der Verkaufsleiter. Die Alten wurden mit einem Topfset abgespeist. Keiner muckte auf, jeder war froh, daß nun endlich Kaffee serviert wurde. Auch ich. Als mir der Mann mit Mickey-Mouse-Schlips ein Topfset überreichte, lächelte er zufrieden.

Zum Topfset gab es noch einen Reisegutschein über 98 Mark für eine andere Höllentour aus dem Reisekatalog der Oldenburger. Ich schmiß den Papierkram in die nächste Tonne, Frau Hartwig aber blätterte darin, und an ihren traurigen Augen konnte ich ablesen, daß sie das miese Angebot des Veranstalters wahrscheinlich annehmen würde. Es ging ihr gar nicht um die Mikrowelle, auch der Reisegutschein war nicht so wichtig. Frau Hartwig war wie die meisten Teilnehmer der Kaffeefahrt einsam. »Wenn mein Mann noch leben würde, wären wir ständig unterwegs. Ägypten, Mexiko, Thailand. Dahin durften wir ja damals nicht«, sagte sie. Auf der Rückfahrt habe ich mich wieder übergeben müssen.

Vor Busfahrerinnen und Busfahrern habe ich den allerhöchsten Respekt. Ob sie nun eine Meute Schüler, eine Reisegruppe betagter Herrschaften oder nervöse Großstädter umherfahren, sie tragen eine große Verantwortung, und selten wird ihnen gedankt. Vom Kapitän eines Flugzeugs verabschiedet man sich freundlich, nachdem er die Maschine sicher gelandet hat. Dem Schiffskapitän begegnet man schon wegen seiner eleganten Uniform mit großem Respekt. Die harte Arbeit der Busfahrer wird nur selten gewürdigt. Man regt sich auf, wenn sie zu schnell fahren oder abrupt bremsen (was ja vorkommen soll), man beschimpft sie, wenn die Türen nicht schließen, man betrügt sie, wenn sie nachts auch für die Fahrscheinkontrolle zuständig sind und man ihnen im Dämmerlicht ein altes Ticket hinhält. Nein, Busfahrer haben es nicht leicht. Dabei müßten wir ihnen große Anerkennung dafür zollen, daß sie in der Lage sind, den Lärm und Gestank am Arbeitsplatz zu ignorieren, ein riesiges Fahrzeug auch durch schmalste Gassen zu bugsieren und sich so gut wie nie zu verfahren.

Im schönsten, wenn auch traurigsten Busfahrerfilm, den ich kenne, spielt Götz George die Hauptrolle. Eigentlich geht es um eine Vater-Sohn-Geschichte. Der Vater (George) ist alzheimerkrank, und der Sohn weiß nicht, wie er damit umgehen soll. Die schönste Szene ist, wie die Hauptfigur, auch wenn sie sonst alles vergißt, sich heimlich davonschleicht, um noch einmal mit dem Bus seine alten Routen abzufahren. Wer würde sich, Alzheimer hin oder her, nicht gerne in einen Bus setzen, der von diesem Mann gelenkt wird?

Manche Busfahrer müssen sich vorkommen wie im Tresorwagen. Ist der Wagen mit Panzerglas geschützt, muß die Fracht wertvoll sein. Wer eine Rockgruppe oder besser noch: eine Fußballmannschaft aus der Bundesliga fährt, transportiert, addiert man die Ablösesummen und Gehälter, ein Millionenvermögen durchs Land. Eine dermaßen verantwortungsvolle Aufgabe überträgt der Vereinsvorstand gerne einer Frau: Jessica Förster fährt den Mannschaftsbus des Karlsruher SC. Die Bayern lassen ihre Spieler von Sandra

König chauffieren. Der Mercedes-Bus der Bayern hat 480 PS, ist mit großer Bordküche, Flachbildschirmen und DVD-Anlage ausgerüstet. Viel wichtiger aber als die hochwertige Sonderausstattung in einem Mannschaftsbus sind verschwiegene Fahrerinnen und Fahrer, die über Freude und Frust der Spieler keinen Ton verlieren, auch wenn das Boulevardblatt mit den vier großen Buchstaben viel Geld bietet. Die Boulevardmedien wissen, daß die Busfahrer, selbst wenn sie Superstars kutschieren, nicht zu den Großverdienern gehören.

Mitgefahren, selber schuld

Ebenfalls mittelmäßig bezahlt, aber nicht weniger interessant ist ein anderer Job, den es ohne Autoverkehr nicht gäbe: Die freundlichen Vermittler in einer Mitfahrerzentrale. Als ich den Service noch in Anspruch nahm, habe ich mich oft gefragt, ob die Zuordnung der Fahrer und Mitfahrer dem Zufall überlassen wird. Doch die Mitfahrzentrale meines Vertrauens hat immer abgestritten, mich an besonders aufdringliche Damen zu vermitteln. Jahre später, als ich längst vom Mitfahren aufs Zugfahren umgestiegen war, lernte ich Julia kennen, die lange Zeit als Vermittlerin in einer Münchner Mitfahrzentrale gearbeitet hat. Sie behauptet, sie habe versucht, jedem Fahrer die passende Mitfahrerin, jeder Fahrerin, falls sie mitfahrende Männer nicht ausschloß, den passenden Begleiter auszusuchen. Sie habe sogar eine Kartei mit ausführlichen Profilen ihrer Kunden erstellt.

Welche Informationen denn darin aufgeführt gewesen seien, wollte ich wissen, aber das hat mir Julia nicht verraten. Immerhin weiß ich nun, mit welchen Problemen sich das fleißige Team einer Mitfahrzentrale herumschlägt. Zum Beispiel mit der Frage, was zu tun ist, wenn der Name die Eingabemaske des Computersystems überfordert. Julia erzählte zum Beispiel von einem Mitfahrer namens Hagen Schulte in den Bäumen. Ich kann mir zwar beim besten Willen nicht vorstellen, warum Hagen sich nicht mit Schulte hat registrieren lassen, aber vielleicht kannte er Julias Verteilsystem und hoffte, der Namenszusatz habe Einfluß auf die Auswahl des Fahrers bzw. der Fahrerin. Um zu verhindern, daß ich mit einsamen Damen stundenlang im Stau stehe, hätte ich mich bei der Mitfahrzentrale wohl besser als taubstummer Manfred oder an der Schlafkrankheit leidender Detlef zu erkennen geben sollen.

Als Student fehlte mir die Chuzpe für eine solche Rolle. Wäre ich damals etwas selbstbewußter gewesen, hätte ich auch die Fahrt mit einer Frau abgesagt, die ich schon kannte. Karin fuhr regelmäßig in ihrem 7er BMW von Bonn nach Berlin und nahm grundsätzlich einen jungen Mann mit. Beim ersten Mal hatte mich die Dame zu einem Quickie im Autobahnhotel überreden wollen, beim zweiten Mal bot sie einen kleinen Umweg an, der auch mir »garantiert Spaß machen würde«. Ich hätte sofort aussteigen sollen, aber ich blieb sitzen, weil ich am frühen Abend unbedingt in Berlin sein mußte und mich nicht aufs Trampen verlassen wollte.

Sie raste durchs Ruhrgebiet, auf der A2 vorbei an Hannover und Braunschweig; auch Karin schien es eilig zu haben. In der Nähe von Helmstedt erfuhr ich schließlich, was sie antrieb. Sie wollte nämlich pünktlich zu einem privaten Wettrennen erscheinen, zu dem sie sich verabredet hatte. Damals noch ganz ohne Internet und Mail. Der Kontakt kam über eine Anzeige zustande, seitdem traf sich Karin in regelmäßigen Abständen mit ausgewählten Leuten zum Vollgas-Spaß. Als ich darum bat, mich doch bitte beim nächsten Rastplatz auszusetzen, war es schon zu spät. Karin erkannte einen Bekannten auf der Überholspur und setzte ihm nach. Es gab auf diesem Streckenabschnitt der A2 damals keine Geschwindigkeitsbegrenzung, und so erreichte sie bald Tempo 230. Sie überholte rechts und nutzte auch die Standspur für riskante Manöver. Es gelang ihr zwar nicht, den Gegner einzuholen, aber die Verfolgungsjagd schien sie dennoch zu befriedigen. Bei Magdeburg steuerte sie eine Tankstelle mit angeschlossenem Motel an. Ich hatte während der ganzen Rennsause kein Wort mehr gesagt, weil ich befürchtete, sie abzulenken und durch meinen Protest einen Unfall zu provozieren.

Karin und ihr Rennpartner schienen sich gut zu kennen. Oder auch nicht. Sie verschwanden jedenfalls beide im Motel. »Es dauert nicht lange«, sagte sie, und ich kam mir vor wie in einem Porno. Sehr froh über meine Statistenrolle lächelte ich dem notgeilen Paar hinterher und überlegte, ob ich Karin bei der Mitfahrzentrale verpfeifen sollte. Ich entschied mich dagegen, auch wenn mir ihre Highway-to-hell-Attitüde auf den Geist bzw., um der Dame gerecht zu werden, auf die Eier ging.

Zum Glück traf ich auf dem Parkplatz des Motels zwei Typen aus Köln, die in einem Laster von Europcar ebenfalls nach Berlin unterwegs waren. In dem Pritschenwagen hatten sie ihre Kinderzimmer verstaut und das, was ihnen die Eltern zum Einzug in ihre erste WG mitgegeben hatten. In der Fahrerkabine war noch Platz für mich, also nahmen mich Hans und Daniel mit. Auf Karin wollte ich jedenfalls nicht warten. Auf der Fahrt erzählten wir uns die schrägsten Mitfahrergeschichten, und mir fiel auf, daß ich bislang noch recht glimpflich davongekommen war. Daniel hatte einen Herrn erlebt, der aus unerfindlichen Gründen auf der Autobahn nur 70 Stundenkilometer fuhr. Hans berichtete von einer Frau, die im Kofferraum dreißig Katzen transportierte (was unglaublich gestunken haben soll), und von einem ebenfalls nicht wohlriechenden Alki, der auf der Fahrt nach Berlin eine Flasche Korn wegsoff.

Hans und Daniel wollten Betriebswirtschaftslehre studieren, wobei ihnen der Studienort fast wichtiger war als das Studienfach. Auf die Frage, warum sie sich für BWL entschieden hätten, sagte Hans, er möchte immer genug Geld haben, um nie wieder auf die Mitfahrzentrale angewiesen zu sein. Ich lächelte und dachte an meine Kindheit und daran, wie mich der Wunsch, eines Tages im eigenen Ferrari zu sitzen, aufs Gymnasium gebracht hatte.

In diesem Moment knallte und ruckelte es. Daniel, der am Steuer saß, hielt das Lenkrad fest und fuhr rechts ran. Sofort sahen wir das Malheur. Ein Reifen war geplatzt. Keiner wußte, wie der Ersatzreifen aufzuziehen war, aber wir machten uns ans Werk. Als Laie traut man sich kaum, einen Wagenheber in die Hand zu nehmen, aber ich wollte nicht tatenlos am Straßrand stehen. Außerdem stellten sich Hans und Daniel ziemlich ungeschickt an, so daß ich helfen mußte. Als ich es schaffte, den Laster wenige Zentimeter hochzuwuchten, die Radmuttern zu lösen und schließlich das Ersatzrad zu montieren, war ich mächtig stolz und fühlte mich schon fast wie ein altgedienter Trucker. Ein erhebendes Gefühl, denn zu Autoreifen hatte ich bislang ein rein kulinarisches Verhältnis.

Die Zukunft der Reifenhersteller

Nur wer vielseitig und viel ißt, kann beurteilen, ob das, was er verzehrt, auch gut ist. Nur wer verschiedene Weine und die in ausreichenden Mengen trinkt, kann gute von mittelmäßigen Tropfen unterscheiden. Aus diesem Grund rate ich jedem Gourmand, den Führerschein abzugeben. Nach einem guten Essen sollte niemand mehr in der Lage sein, Auto zu fahren. Wer sich trotzdem ans Steuer setzt, ist entweder lebensmüde oder hat sich vorsätzlich dem kulinarischen Rausch entzogen.

Leider sind die ausgezeichneten Restaurants in Deutschland und Frankreich nur selten mit öffentlichen Verkehrsmitteln zu erreichen. Es müssen also Autofahrt und Übernachtung organisiert werden. Besonders abgeschieden ist zum Beispiel das *Sonnora* von Helmut Thieltges. Oder wer weiß, wo Dreis liegt? Bei Wittlich. Nie gehört? Sind beides keine Metropolen. Was einen führerscheinlosen Vielfraß nicht davon abhält, auch dorthin mit Bus, Bahn und Taxi zu fahren. Meine Frau hat mich, als ich ihr die Verbindungen ausdruckte, für verrückt erklärt, zumal sie damals noch Vegetarierin war. Aber Liebe ist, den Mann auch ins etwas dröge Eifelland zu begleiten, damit der sich dort den Bauch vollschlagen kann.

Mein Menü war übrigens vorzüglich, ihres war nicht der Rede wert. Noch heute regt sie sich über die mit Olivenöl beträufelten Champignonscheiben auf, die ihr in dem Dreisternehaus serviert wurden. Ende der neunziger Jahre wurden Vegetarier in vielen Spitzenlokalen noch so behandelt wie Tretrollerfahrer im Autohaus: mit despektierlichem Unverständnis.

Mittlerweile können gute Köche originelle Gerichte auch ohne Fisch und Fleisch zubereiten. Der führerscheinlose Restaurantliebhaber scheint aber weiterhin ein unbekanntes Wesen zu sein. Dabei ist die Symbiose von Auto und Gastro durchaus kein Naturgesetz, wie schon der bedeutende Eßschriftsteller A.J. Liebling seinerzeit festgestellt hat: »In den zwanziger und dreißiger Jahren stieg der Anteil der französischen Restaurants an, die sich *auberge* oder *relais* nannten – Schritt haltend mit der zunehmenden Motorisierung des französischen Schlundes. Die Existenz dieser Lokale hing ab von Sonntagsfahrern und Urlaubsreisenden, die vielleicht niemals mehr dieselbe Landstraße entlangkommen mochten. Ominöserweise wurde der *Guide Michelin*, das Organ eines Herstellers von Autoreifen, zum Geschmacksrichter für die Restaurants – ein deprimierendes Beispiel, wie die Kunst sich dem Geschäft unterordnete.«

Trotz wachsender Konkurrenz sind die roten Bücher des Reifenherstellers noch immer heilige Schriften für reisende Feinschmecker. Und ja, auch bei mir zu Hause stehen die einschlägigen Restaurantführer im Regal, und obwohl der Reifenhersteller sich im Grunde nur an Autofahrer wendet und nicht an Leute wie mich, halte ich die Bewertungen im *Michelin* für einigermaßen nachvollziehbar. Den Führer wird es garantiert noch geben, selbst wenn kein Mensch mehr Autoreifen kauft. Ob Bridgestone, Continental oder Michelin, alle Reifenhersteller verkünden derzeit Gewinneinbrüche. Die Preise für die Rohstoffe steigen, der Verkauf verläuft schleppend. Auch die Zulieferer merken, daß sich Automarkt und Fahrverhalten ändern.

Was bedeutet das für einen führerscheinlosen Gourmand? Er freut sich auf einen Freßführer, der endlich jene Restaurants mit grünem Wimpel (oder einer Schnecke) würdigt, die mit öffentlichen Verkehrsmitteln zu erreichen sind. Mit dieser Änderung in der äußerst konservativen Publikation würde eine neue gastronomische Epoche beginnen, in der alsbald nur noch das Reifenmännchen auf dem Bucheinband an die automobile Vergangenheit der mitteleuropäischen Restaurantkultur erinnert. Ja, so wird es kommen. Man braucht nur die Geschäftsberichte der Gummi-Industrie zu studieren. Michelin kann sich glücklich schätzen, nicht nur Reifen zu produzieren. Das kulinarische Gewerbe ist hingegen krisensicher; gutes Essen und gute Essensempfehlungen haben immer Konjunktur.

Köche werden sich in Zukunft dreimal überlegen, ob sie in Käffern wie Dreis, Perl oder Langen ein Restaurant betreiben. Sollten sie trotzdem in der Provinz bleiben wollen (wofür es durchaus Gründe gibt), werden sie sich nicht nur um die Parkplätze vor der Tür, sondern auch um einen ordentlichen Shuttle-Service kümmern müssen. Schon jetzt deutet sich der Wandel an: Wer in alten *Michelin*-Ausgaben blättert, wird feststellen, daß die guten Gasthäuser auf dem Lande seit Jahren immer seltener werden und die Zahl der städtischen Sternelokale kontinuierlich steigt. Meinem Magen kommt diese Entwicklung sehr entgegen. Selbst in der Autostadt Stuttgart braucht niemand einen eigenen Wagen, um sich gut zu ernähren. Sternekoch Vincent Klink empfiehlt den Gästen seiner Wielandshöhe die Anreise mit der Zahnradbahn: »Ganz Schlaue fahren mit der Zacke. Welches Gasthaus hat schon eine Zugverbindung? Ab Hauptbahnhof mit der Linie 14 Richtung Heslach, dann am Marienplatz aussteigen. Man geht wieder ans Tageslicht und sieht sie schon, die Zahnradbahn.« Einsteigen und bei der Haltestelle Wielandshöhe aussteigen. Der Blick ins Tal hinab ist großartig, das Essen noch viel besser.

Erstaunlicherweise ist nicht nur Michelin auf die Autokrise gut vorbereitet. Während die Franzosen ihren Umsatz notfalls mit Kulinarik machen können, wird der italienische Reifenhersteller Pirelli seine Pin-up-Kompetenz ausbauen. Seit 1964 veröffentlicht die Firma den heißbegehrten Kalender mit nackten Schönheiten. Was die vorzüglich fotografierten Rundungen berühmter Frauen mit Autoreifen zu tun haben? Nichts. Warum auch? Das Kalender-Konzept ist genial. Lediglich 40.000 Exemplare werden von einem Pirelli-Jahrgang gedruckt und nur an ausgewählte Kunden verteilt. Der Pirelli-Kalender ist ein exklusives Werbegeschenk. Die Namen der Leute, die eins zugeschickt bekommen, hütet die Firma genauso wie die Zusammensetzung ihrer Reifen. Wer nicht auf der Liste steht, kann sich auf dem Schwarzmarkt umschauen, muß aber horrende Preise fürs Original bezahlen. Nachdrucke oder die Kopien im Netz sind deutlich preiswerter.

Wie Pirelli es schafft, Jahr für Jahr renommierte Fotografen und angesagte Models zu verpflichten, beeindruckt die gesamte Kalender-Industrie. Denn der klassische Jahresweiser zum Abreißen ist im digitalen Zeitalter aus der Mode gekommen. Großformative Künstlerkalender, Literaturkalender, Tierkalender oder Gartenkalender wirken spießig und taugen nicht einmal mehr als Weihnachtsgeschenk für Oma und Opa. Aber wer seinem besten Freund einen Pirelli-Kalender zur Hochzeit schenkt, kann so gut wie nichts falsch machen.

Dieses Objekt der Begierde hat seinen Glamour bewahrt, und das wissen auch die Damen, die sich ablichten lassen: Heidi Klum, Naomi Campbell oder auch Sophia Loren. Mit 72 Jahren hat sich die Loren noch einmal für die Pirelli-Fotografen ausgezogen, und die Bilder sind weder schlüpfrig noch peinlich, sondern phänomenal. Sie zeigen eine Frau, die Schönheit im Alter darzustellen weiß. Kein Wunder, daß selbst der große Marcello Mastroianni in Robert Altmanns Film *Prêt-à-Porter* wie ein Hündchen bellen mußte, als er mit der auch damals nicht mehr jungen Loren im Bett lag. Als hingegen der *Playboy* die geschmackssichere Diva um ein Foto-Shooting bat, hat sie selbstverständlich abgesagt.

Wer sich den Kalender des italienischen Reifenherstellers aufhängt, macht das nicht, weil er sich informieren will, ob Weihnachten auf ein Wochenende fällt oder ob der eigene Geburtstag endlich mal wieder an einem Sonntag gefeiert werden kann. Es soll vorkommen, daß sich stolze Besitzer eines Pirelli-Kalenders noch im November am Aprilfoto erfreuen und möglicherweise auf die Frage, welcher Monat gerade begonnen habe, allen Ernstes »Kate Moss« antworten. Die Pirelli-Aufnahmen erzeugen Frühlingsgefühle auch im Herbst.

Die Frage ist, ob die Popularität vom exklusiven Verteilsystem abhängt oder ob die Kundschaft auch dreißig oder fünfzig Euro für den Kalender ausgeben würde. Doch weil das Geschäft mit den Reifen auch in Italien nicht so gut läuft, wird Pirelli über den Verkauf des ruhmreichen Werbegeschenkes ernsthaft nachdenken müssen. Ein Alleinstellungsmerkmal hat der Kalender auf jeden Fall, unterscheiden sich die Bilder doch wesentlich von der ordinären Nacktheit, die das Internet prägt. Das war nicht immer so. Als die Aufnahmen zum ersten Pirelli-Kalender gemacht wurden, war die Zielgruppe noch der Mechaniker in der Autowerkstatt. Damals zeigten die Damen definitiv mehr Haut, heute sind die Models in schöne Stoffe oder merkwürdige Phantasiekostüme gehüllt. Erotisch sind nicht die Körper, sondern Pose und Blick. Der Pirelli-Kalender soll auch in der Vorstandsetage aufgehängt werden können und (wenn möglich) nicht von wichtigen Geschäften ablenken.

Keine Sünde im Auto!

Ob der Vatikan auf der geheimen Liste des italienischen Reifenherstellers steht? Zumindest Kurienkardinal Renato Raffaele Martino scheint sich mit den Bildchen auszukennen. Warum sonst hätte er neulich ein Papier veröffentlicht, in dem die erogenen Zonen des Automobils gegeißelt werden? »Du sollst das Auto nicht als Ort der Sünde benutzen«, rät er, und man fragt sich, welcher Katholik sich an dieses Verbot halten wird.

Sex im Auto ist keine bequeme Angelegenheit, sondern eine Notlösung. Für junge Liebespaare ist das Auto ein wichtiges Ausweichquartier, wenn die Eltern daheim nicht gestört werden wollen und selbst das billigste Stundenhotel zu teuer ist. Es ist anzunehmen, daß Sex im Auto entweder vor oder außerhalb der Ehe stattfindet. Mama und Papa werden sich eher selten auf der Rückbank des Familienmobils vergnügen, und daher zielt die Forderung des Vatikans, das Auto solle nur im Straßenverkehr und nicht für den Geschlechtsverkehr benutzt werden, nur auf die sündige Jugend. Aber wer denkt in diesem Alter an die Kirche oder einen Kurienkardinal, wenn sich die Chance auf den ersten Sex ausgerechnet im Auto bietet?

Der Heilige Stuhl weiß um die Nöte des Nachwuchses, und so wird auf die Sünden der Jugend in den »Richtlinien für eine pastorale Verhaltensweise auf der Straße« dankenswerterweise auch nicht weiter eingegangen, sondern allgemein festgestellt: »Autos neigen dazu, die primitive Seite im Menschen zu wecken und erzeugen daher eher unschöne Ergebnisse.« Mir war nicht bewußt, daß Autos Neigungen haben. Genauso unschön wie der Primitivling in der tiefer gelegten Prollkutsche ist die Sprache, die das antimoderne Weltbild des Vatikans offenbart. Das Verhältnis von Mensch und Maschine ist nicht das zwischen Sünder und Teufel. Die Straße ist weder Höllenweg noch Pilgerpfad. Insofern wirken die von höchster Kirchenstelle formulierten *Zehn Gebote für den Autofahrer* in ihrer Selbstverständlichkeit banal und in ihrer pastoralen Penetranz etwas lächerlich. Ich zitiere die Übersetzung von *Radio Vatikan*:

1. *Du sollst nicht töten.*
2. *Die Straße sei ein Allgemeingut, kein Platz zum Sterben.*
3. *Höflichkeit, Fairneß und Umsicht sollen Dir helfen.*
4. *Sei barmherzig und hilf dem Nächsten.*
5. *Das Auto soll kein Machtsymbol sein.*
6. *Überzeuge voll Liebe die Jugendlichen, daß sie sich nicht ans Steuer setzen, wenn sie fahruntüchtig sind.*
7. *Unterstütze die Familien von Unfallopfern.*
8. *Führe Opfer und Unfallverursacher zusammen, damit sie die befreiende Erfahrung der Vergebung machen.*
9. *Schütze auf der Straße den Schwächsten.*
10. *Sei verantwortungsbewußt gegenüber den anderen.*

Natürlich ist die Straße kein »Platz zum Sterben«, und es ist immer gut, dem Nächsten zu helfen. Sei es auf dem Bürgersteig oder im Büro. Für solche Einsichten aber bedarf es nicht der Kirche. Wenn man sich das sechste Gebot etwas näher anschaut, wird es allerdings heikel. Wie stellt sich das der Vatikan vor? Sollen Mama und Papa vor der Disco warten und dem betrunkenen Sohnemann, dem angeheiterten Töchterlein »mit viel Liebe« (und nicht unter Androhung von Taschengeldentzug) davon abhalten, sich ans Steuer zu setzen?

Verlogen ist das fünfte Gebot. »Das Auto soll kein Machtsymbol sein.« Mein Vorschlag: Der Papst möge sein Papamobil verkaufen und ab sofort im gepanzerten VW Golf durch die Welt fahren. Der weiße Papstwagen ist das größte Machtsymbol auf vier Rädern, das es gibt. Kein Porsche und kein Ferrari drücken mehr Machtfülle aus als dieses Fahrzeug, das nur gebaut wurde, damit das Oberhaupt der Katholiken durch die jubelnden Massen chauffiert werden kann. Vielleicht gelten die zehn Autofahrer-Gebote nicht für den Papst. Denn strenggenommen ist der Vertreter Gottes auf Erden auch nicht der Fahrer des Papamobils, sondern nur die wertvolle Fracht.

Dem gemeinen Gläubigen empfiehlt der päpstliche Glaubenswächter Martino übrigens, sich vor dem Reiseantritt zu bekreuzigen und auf der Fahrt einen Rosenkranz zu beten. Die Weltkirche befürchtet nicht, daß der Rosenkranz zum Verkehrsrisiko wird, weil dessen »Rhythmus und sich wiederholendes Muster nicht die Aufmerksamkeit des Fahrers ablenken«. In diesem einen Fall hoffe ich inständig, daß Martino recht behält. Ansonsten steht der nächste große Konflikt zwischen Staat und Kirche bevor. Der weltliche Gesetzgeber müßte notfalls die gläubigen Schäfchen der Straße zwingen, die Anweisung ihres Oberhirten nicht zu befolgen.

Die Einhaltung der vatikanischen Vorschriften im Straßenverkehr könnte sogar zu internationalen Verwicklungen führen. Man stelle sich nur einmal vor, in Istanbul würde ein muslimischer Fußgänger von einer Rosenkranz betenden Nonne umgefahren. Die wenigen Christen, die es in der Türkei noch gibt, müßten um Leib und Leben fürchten. Vatikantreue Nonnen sollten sich in der Türkei wohl besser nicht ans Steuer setzen.

Was auch immer man von christlichen Gebeten und Geboten hält, zumindest in der Fremde sollten Autofahrer »verantwortungsbewußt gegenüber den anderen« sein. Das ist nicht nur eine Frage des Glaubens, sondern vor allem eine des guten Stils. Wer es schon nicht schafft, sich auf heimatlichen Straßen zu benehmen, möge im Ausland etwas zurückhaltender fahren. Wer trotzdem durchs Urlaubsland rast, die Einheimischen verärgert, trotz aller guten Ratschläge einen Unfall provoziert, sollte abgesehen von den ortsüblichen Strafen dazu verurteilt werden, die zehn Autoregeln des Vatikans tausendmal aufzusagen.

In europäischen Ländern mag man sich mit dem Unfallgegner und der örtlichen Polizei einigen. In Ländern ohne Rechtsstaat wären die meisten Unfallverursacher froh, endlich wieder nach Hause fliegen und im heimischen Beichtstuhl die zehn Autogebote aufsagen zu dürfen. Ein deutscher Automanager hat mir erzählt, in China gelte unter Kollegen folgende Vereinbarung: »Wenn Unfall mit Personenschaden, dann Unfallflucht.« Wer in China im Knast sitzt, kommt so schnell nicht wieder raus. Und wird zur finanziellen Belastung für die Firma. Die Freilassung einer Langnase lassen sich die kommunistischen Kapitalisten gut bezahlen. Angeblich reservieren deutsche Firmen Tag für Tag Sitzplätze auf Flügen zurück nach Deutschland. Für Kollegen, die China schnell verlassen müssen.

Wer keinen Führerschein hat, kann auch in der Fremde keinen Auto-Unfall bauen. Es sei denn, man wird wie ich von einer bezaubernden Schweizerin überredet, nach vielen sündigen Begegnungen im Wagen, sich auch mal automobil auszutoben. Mein zweiter Versuch am Steuer fand lustigerweise wieder in der neutralen Schweiz statt. Und wiederum in den Bergen. Zufall, Schicksal, Gottes Wille? Wer weiß das schon.

Meine Schweizer Freundin hielt die Berge, über die ich ihr Auto lenken sollte, für sanfte Hügel und freute sich über die vertauschten Rollen. Ich am Steuer, sie daneben. Ich fuhr 50 Meter und merkte, wie sich die geliebte Beifahrerin über meine Versuche amüsierte, das Fahrzeug langsam über den Feldweg zu steuern. »Etwas mehr Mut!« sagte sie, und nun saß ich in der Falle. Wie sollte ich ihr demonstrieren, daß ich kein Angsthase war? Ich lenkte das Fahrzeug auf eine grüne Wiese, nahm die Kühe, die dort weideten, sorgfältig ins Visier, stieg aufs Gaspedal und hupte wie verrückt. Die armen Kühe liefen erschrocken davon, und meine Schweizer Freundin schrie laut auf. Nach diesem Erlebnis ließ sie mich nicht mehr ans Steuer. War das die Strafe Gottes, daß ich im Fahrzeug meiner Freundin gesündigt hatte? Wenn ich eines Tages doch noch zur Beichte gehen sollte, werde ich den Priester fragen, ob die zehn Gebote für Autofahrer um eine Regel für Anfänger ergänzt werden können: Steige niemals in den Wagen einer Schweizerin, um Kühe zu erschrecken!

Highway in Gambia

Es gibt Länder, die lassen sich nur schwer mit Bus und Bahn bereisen, und es gibt Länder, da mietet man, wenn man weiterkommen will, nicht nur einen Jeep, sondern heuert auch jemand an, der die Karre fahren und sie notfalls auch reparieren kann. In einigen Ländern Afrikas überlassen selbst stolze Führerscheinbesitzer aus Deutschland das Autofahren einem einheimischen Profi. So zum Beispiel in Gambia, einem der ärmsten Länder der Welt. Im Winter '99 habe ich das westafrikanische Land bereist, und abgesehen von der Schönheit der Natur und den sozialen und politischen Mißständen kann ich mich an zwei Dinge besonders gut erinnern: An das Bier und an die schlechten Straßen.

Zunächst zum Bier. Das seltsame Jul Brew wird in Banjul, der Hauptstadt Gambias, unter deutscher Leitung hergestellt, doch das hat nichts zu bedeuten. Nach dem fünften Jul Brew hört man die Grillen erst noch lauter zirpen, und dann fällt man in einen echten Jul-Brew-Tiefschlaf. So habe ich das mehrfach erlebt, am eindrücklichsten im Janjang Bureh Camp, das direkt am Gambia River liegt, gegenüber von Georgetown. Keinen elektrischen Strom gibt es in der wildromantischen Lodge, gekocht wird mit Gas. Öllampen weisen abends den Weg zu den Rundhütten. Wenn man den Weg vor lauter Jul Brew denn findet. Schlafen muß man, denn die Nacht endet um sechs Uhr in der Frühe, wenn die Affen über die Hüttendächer springen und einen Riesenlärm machen. Diese grauen, eleganten Meerkatzen quieken wie hundsgewöhnliche Hausschweine, sobald die Sonne aufgeht.

Ich habe eine unruhige Nacht hinter mir, bin müde, habe mal wieder – den Bauch voll Bier – von einer Dürreperiode geträumt, von ausgemergelten Körpern, die an den Straßenrändern um ein paar Dalasi betteln. In Afrika wird man entweder zynisch oder stumpf. »Jetzt erst mal Frühstück«, brülle ich so laut ich kann, um die Nachtgedanken zu verdrängen. Als artiger Europäer möchte ich den Tag mit einer landestypischen Morgenmahlzeit beginnen. Mir bleibt auch gar nichts anderes übrig. Ich bin froh, daß meine Geschmacksnerven nach der durchzechten Nacht noch betäubt sind, denn die Guten-Morgen-Milchreissuppe, die mit Dosenmilch verfeinert wird, ist kaum zu ertragen. Ich habe Traveller getroffen, die diesen geschmacklosen Brei mit Maggi gewürzt haben.

Mit leerem Magen schippere ich eine halbe Stunde später auf einer Piroge, dem für Westafrika typischen schmalen Holzboot, langsam nach Georgetown. »Dort am Ufer stehen die Mauern eines Sklavenforts«, murmelt Joseph Wiessman. Er wird mir auf meiner Reise durch Gambia erzählen, was ich über die Geschichte des Landes wissen muß. Joseph zeigt den wenigen Safaritouristen in Gambia am liebsten die Sklavenforts.

Heute spielen Kinder, die von britischen Kolonialherren nichts mehr wissen, zwischen den umwucherten Knastmauern. Wir betreten einen verlotterten Jugendstilbau, dessen Räume noch heute vergittert sind. »Hier haben sie uns verkauft«, sagt Joseph trocken. Ich gehe schnell durch den ehemaligen Menschenkäfig. Es ist vollkommen unmöglich, sich das Grauen vorzustellen, überlege ich, während wir den Keller des Hauses betreten. Da hockt ein alter Mann, der um eine Spende bittet. Eine Handvoll Kerzen beleuchten den Kerker, an dessen Wänden rostige Eisenketten befestigt sind. Die Familie des alten Mannes, so erfahre ich, kümmert sich in Eigeninitiative darum, daß der Sklavenkeller nicht vollkommen verfällt und weiterhin der Öffentlichkeit zugänglich ist. Merkwürdig gleichgültig berichtet Joseph von Folter und Mord, erstaunlich desinteressiert spricht er von der Verschleppung »seiner Brüder und Schwestern«.

In Gambia ist Joseph ein Ausländer, er kommt aus Sierra Leone. Vor drei Jahren hat der Mann mit den weichen Gesichtszügen an einem Studentenaustausch seiner Universität in Freetown mit der Dresdner Fachhochschule teilgenommen. Sein Professor hat ihm damals ein Dutzend Lehrbücher mitgegeben, deshalb spricht er heute fließend Deutsch. In Gambia verdingt sich der studierte Wirtschaftswissenschaftler als überqualifizierter Reiseführer. Vor dem Bürgerkrieg in seiner Heimat ist er gerade noch rechtzeitig geflohen. Wer in Afrika durch ein halbwegs friedliches Land reist, hört pausenlos von den Kriegen in der Nachbarschaft. Joseph aber spricht ganz selten von Sierra Leone. »Ich bin wirklich froh, hier eine Arbeitserlaubnis zu besitzen. Wenn's schon nicht möglich ist, nach Deutschland auszuwandern.« Rund hundert US-Dollar verdient Joseph im Monat, wenn er Bleichgesichter wie mich durch die Savanne führt. Bei einem durchschnittlichen Jahreseinkommen eines Gambiers von dreihundertfünfzig Dollar im Jahr gehört er zur westafrikanischen Oberschicht.

Vor Georgetowns altem Sklavengefängnis wartet Fahrer

Siaka Diedhion mit knatterndem Motor. Mindestens 300 Kilometer werden wir unterwegs sein, in einem Land, das an keiner Stelle breiter als 55 Kilometer ist. Siaka schaut uns mürrisch an: »On y va«, sagt der Senegalese knapp. Atheist Joseph schüttelt den Kopf: »Siaka hat Ramadan-Fieber, er hätte zu Hause bleiben sollen.« Seit drei Wochen fastet der eh schon dürre Muslim tagsüber. »Ich war 20 Jahre Soldat im Senegal«, verkündet Siaka. Wochenlang sei er durch den Staub der Sahelzone gerobbt, da werde ihn so ein Trip im Jeep gewiß nicht umhauen. Siaka ist der Fahrer, und Joseph bestimmt, wo es langgeht. Weil die Lebenserwartung der Männer in Gambia bei 43 Jahren liegt und Siaka schon 54 Jahre auf dem Buckel hat, nennt Joseph ihn einen Greis. Der gar nicht greise Siaka spricht Wolof und ein paar Sätze Mandinka, versteht also die Sprachen der einflußreichsten Stämme in Gambia. Und weil Senegal französische Kolonie war, schimpft er am liebsten en français. Joseph, ganz Europäer, glänzt mit Deutsch und Englisch, seinen Dorfdialekt versteht in Gambia sowieso keiner. Ein lustiges Männertrio auf dem Weg durch die gambische Savanne: ein Wüstenkämpfer und ein akademischer Flüchtling, dazwischen ein ewig fragender Toubob. So werden die Bleichgesichter von den Wolof genannt.

Die Fahrt über die rotbraune Sandpiste ist alles andere als ein Vergnügen. Siaka fährt Schlagloch-Slalom. »Du bist zu schnell«, raunzt Joseph seinen Kollegen an, »mir ist schon ganz schlecht.« In meinem Magen rumpelt es auch, doch ich schiebe es auf irgendwelche fremden, bösen Bakterien. Doch Siaka läßt sich nicht belehren. Joseph sagt, er spare schon seit Jahren auf einen eigenen Jeep. Wer in Gambia ein Auto besitzt, kann groß Karriere machen, und wenn es nur eine rostige Karre ist, die in Deutschland durch keinen TÜV mehr käme. Alte Lastwagen der Bundespost oder des Berliner Umzugsunternehmens *Zapf* holpern über die gambischen Pisten – oder liegen im Straßengraben, wo sie dann endgültig verrotten. Wir Touristen rasen durch ein Fußgängerland und bekommen von dem Zeitgefühl der Menschen in Gambia nichts mit. Vielleicht soll ich einfach aussteigen und auch zu Fuß laufen? Ich bin ein Faulpelz und bleibe im Geländewagen hocken.

»Give me a pen«, schreien die Kids und laufen unserem Auto hinterher. Der alte Zauber einer Reise ist dahin. Die Jeeptouristen haben sich an die allgegenwärtigen Fortbewegungsmaschinen genauso gewöhnt wie die meisten Bewohner Gambias. Immerhin, im Landesinnern ist der weiße Tourist noch eine Attraktion, und die Einheimischen sind überglücklich, wenn man sich die Dorfbäckerei oder die Töpferei einmal anschaut. Ein Mädchen steckt mir in Pakaliba einen Zettel mit ihrer Adresse zu, ich schaue mir die Kinderschrift von Famara Tawla an, dann flüstert sie: »Give me a pen. Give me sweets.« Soll man nun Stifte und Bonbons für die Kids mitnehmen? Soll man dem Familienoberhaupt ein paar Dalasi geben? Die gönnerhafte Geste mancher Safaritouristen ist erbärmlich, doch wer einmal die großen Augen eines kleinen Gambiers gesehen hat, dem beim Lollylutschen der Rotz aus der Nase läuft, wer die Freudensprünge eines Teenagers bewundert hat, nachdem er den Kugelschreiber in die Hosentasche stecken konnte, wer die stille Dankbarkeit einer Bäuerin wegen eines Münzgeschenks erträgt, der wird die Präsente auf einer Reise durch den Busch nicht vergessen.

Wir fahren weiter Richtung Küste, vorbei am marmorbestückten Flughafen Yundum Airport, und landen irgendwann in Serrekunda, einer Wellblech-Agglomeration ohne erkennbares Zentrum. An der Sayer Jobe Avenue, angeblich die Hauptstraße des Ortes, haben grau-beige Betonkästen die sonst in Serrekunda üblichen Bretterbuden verdrängt. Menschenmassen ziehen, laufen, rennen geschäftig umher. In diesem Trubel tauscht man am besten sein Geld. Siaka gibt Anweisungen, die Dalasi-Scheine wechseln den Besitzer. Die Dollar-Noten auch. Der Schwarztausch im wüsten Serrekunda ist ein phantastisch archaischer Akt. Überhaupt wäre dieser Unort der perfekte Drehplatz für einen Gangsterfilm. Stundenlang kann man durch die namenlosen Straßen schlendern, Toubobs habe ich hier nicht gesehen. Dafür aber wunderbare Affenbrotbaum-Produkte: Eine fruchtige Limonade aus dem weißen Inneren des Baums, der in Gambia Baobab heißt. Affenbrotbaum-Pastillen gegen Kreislauflaufprobleme und Baobab-Pulver gegen rheumatische Beschwerden.

Die Reiseveranstalter werben, in Gambia sehe man: *the real Africa*. Aber genau das sehen die meisten Leute nicht. In Hotelgärten oder an den von rigidem Sicherheitspersonal geschützten Stränden verschanzt sich der Pauschalurlauber. Selten setzen sie sich in einen Jeep und lassen sich mal dorthin fahren, wo *the real Africa* stattfindet. Um das zu sehen, braucht ein Toubob tatsächlich Auto und Fahrer. Einen eigenen Führerschein dagegen nicht.

Camping mit Mikrowelle

Der größtmögliche Gegensatz zur Jeeptour durch Gambia ist ein Urlaub im Wohnwagen. Wer die afrikanische Steppe im offenen Wagen erkundet und tagelang den Staub der Straße einatmet, hat sich von den Annehmlichkeiten einer klassischen Autoreise weitgehend entfernt. Der Wohnwagen hingegen ist ein rollendes Zuhause, das auf engem Raum heimischen Komfort bietet.

Ich bevorzuge Hotelbetten und sanitäre Anlagen, die ich zumindest in den Ferien nicht selber putzen muß. Ich kann aber nachvollziehen, warum Freunde von ihren Reisen im Wohnwagen schwärmen, wie sie etwa im menschenleeren Norwegen an einer Klippe am Meer angehalten haben, um dort ein abendliches Lagerfeuer anzuzünden. Ob französische Atlantikküste oder spanisches Mittelmeer, ob in den Schweizer Alpen oder im Schwarzwald, mit dem Caravan findet man abgelegene und ausgefallene Orte zum Verweilen und Nächtigen. Einsamkeit muß man mögen. Genau wie Pasta, die über dem Gaskocher zubereitet wurde. Wobei ich weiß, daß moderne Wohnwagen mit Küchen ausgestattet sind, in denen sich leicht Zehn-Gänge-Menüs zaubern ließen.

Sieht man vom hohen Anschaffungspreis ab, ist der Urlaub im Campingwagen deutlich preiswerter als ein Hotelaufenthalt. Wobei legale Stellplätze auch nicht umsonst zu haben sind. In der Schweiz zahlt man in der Hochsaison mancherorts 70 Franken pro Nacht, und wer einen Platz mit

Seeblick wünscht, muß noch mehr berappen. Aber es geht ohnehin nicht nur ums Geld. Es geht um ein Lebensgefühl. Um ein wenig vertraute Gemütlichkeit, wie auch immer die aussehen mag. Es geht darum, daß die Kleinsten auf dem Gelände herumtollen können und die Eltern auf dem Campingstuhl sitzen und sich mit den Campingnachbarn darüber unterhalten können, wo die schönsten Campingplätze der Welt sind.

Es gab Zeiten, da überlegten sich nicht nur Familien mit Kindern, die Ferien auf dem Campingplatz zu verbringen. In der DDR sind frisch Verliebte mit dem Wohnanhänger »Weferlinger LC 9«, der im VEB Heimstolz hergestellt wurde, durch sozialistische Bruderländer gefahren. Auch wenn in dem als »Wanderklo« verspotteten Wohnmobil nur zwei Personen übernachten konnten, war der Heimstolz-Anhänger der ganze Stolz eines Trabi-Fahrers. Noch heute sind ostalgische Ossis im Weferlinger unterwegs. Wenn auch nicht mehr so oft an der bulgarischen Schwarzmeerküste, sondern eher in bekannten mecklenburgischen oder sächsischen Gefilden.

Die Deutschen haben in den dreißiger Jahren das Wohnmobil entdeckt. Auch wenn die Nazis »fahrende Völker« wie die Roma und Sinti auszurotten versuchten, war es den Ariern erlaubt, im Wohnwagen die Heimat zu erkunden. 1939 wurde zum Beispiel das Modell »Karawane« gebaut. In dem rollenden Zweibettzimmer gab es sogar ein Waschbekken aus Kunststoff. Die Deutschen hatten damals nur wenig Erfahrung mit Plastik, der Hersteller warnte daher, allzu heißes Wasser zu verwenden. Die detaillierte Gebrauchsanleitung war mit »Heil Hitler!« unterschrieben.

Nicht selten hatten Wohnwagen wohlklingende Namen, wie zum Beispiel die »Austermann Knospe«, die 1957 auf den Markt kam und mit 400 Kilogramm käfertauglich war. Mit Hilfe einer Kurbel öffnete sich der rollende Knubbel wie eine Knospe, und aus dem schmalen Anhänger wurde ein breites Schlafmobil, das so geschickt umgebaut werden konnte, daß man darin tagsüber auch an einem Klapptisch sitzen und vespern konnte. Nur noch selten sieht man die Knospe auf deutschen Campingplätzen; unter Kennern ist sie wohl das, was man ein »Kultobjekt« nennt.

Heutzutage gibt es Caravan-Modelle und Wohnmobile in den unterschiedlichsten Ausstattungen und Preisklassen. Die billigsten Anhänger ohne Schnickschnack sind für 6.000 Euro zu haben. Ein vornehmes Reisemobil bietet Ledersessel und Flachbildschirme, Alarmanlage und Fußbodenheizung, Cerankochfeld und Mikrowelle, Stromversorgung aus Solarzellen und ein 100-Liter-Tank für Frischwasser, Innenbad und Außendusche. Für einen Luxus-Liner der Marke Teschner Motorhomes, der immerhin 14 Meter lang ist, muß man 1,7 Millionen Euro hinblättern.

Ich will erst gar nicht ausrechnen, wie oft ich für diese Kohle in einer feinen Hotel-Suite übernachten kann, aber wer sich einen Teschner leisten kann, wird garantiert ab und zu auch im Fünf-Sterne-Haus vorbeischauen. Doch die Nobel-Camper sind eher in der Minderzahl. Es ist vor allem die Reihenhaus-Mittelschicht, die von der mobilen Ferienwohnung träumt. In manchen Gegenden Deutschlands hat sich der Wohnwagen auch zum Wohnersatz entwickelt. Wer durch den Ruhrpott fährt, darf sich nicht wundern, sogar Wohnwagen ohne Räder zu sehen, dafür aber mit Gartenzwergen vor der Tür. Meist springt ein Schäferhund um diesen Einraumtraum, und ein Bierbauch sitzt davor. Die wohnmobile Spießigkeit kennt keine Grenzen.

Einmal habe ich einen Selbstversuch unternommen. Ich besuchte die Freunde Nina und Ole auf ihrem Lieblingsplatz in den Vogesen. Dorthin kamen sie seit neun Jahren. Vor elf Jahren hatten sie sich auf einem Campingplatz kennengelernt.

Ich bezweifle, ob mir mein Besuch tiefere Einblicke in die Campingwelt beschert hat. Tagsüber wanderten Ole und ich im Wald, Nina hütete die beiden Kinder. Abends stieg die Stimmung. Die Camper grillten. Und zwar jeder für sich. Als die Würstchen verputzt waren, fragte ich, was ihnen am Camping-Urlaub so gut gefalle. Ole brauchte nicht lange nachzudenken. »Die Mikrowelle, die im Wagen eingebaut ist«, antwortete er. Nina nickte zustimmend und erklärte, das könne nur nachvollziehen, wer Kinder hätte und ständig Babybrei aufwärmen müsse. Damals habe ich das Argument akzeptiert. Inzwischen habe auch ich eine Tochter zu füttern, und obwohl wir oft mit der Kleinen verreisen, habe ich die Mikrowelle bislang nicht vermißt. Aber wenn mir irgendwo in Italien oder Frankreich ein netter Wirt das gewärmte Breiglas bringt, denke ich oft an Nina und Ole und daran, wie wir an einem lauen Abend in den Vogesen herausgefunden haben, daß Camper und Nicht-Camper sich wenig zu erzählen haben.

Nach einem etwas länglichen Gespräch über die Vorzüge des Wohnwagenurlaubs erkundigte ich mich, welche Bücher sie denn dabei hätten. Der Plural war schon ein Problem. Denn die beiden sagten, im Camping-Urlaub habe man viel zu tun, da komme man nicht zum Lesen. Seit Jahren flöge ein Buch durch den Wohnwagen, ab und zu würden sie darin auch blättern und sich an ihre Jugend erinnert fühlen. Weder Nina noch Ole konnten sich an den Titel erinnern. Sie waren auch nicht in der Lage, den Inhalt des Buches genauer zu beschreiben.

Nun war ich neugierig und schlug ein paar Romane vor, die ich in meiner Jugend gelesen hatte. *Oliver Twist*, *Robinson Crusoe* und die phantastischen Reisegeschichten von Jules Verne. Mich amüsierte die heitere Buchsuche, Nina und Ole wirkten gelangweilt. Die Lektüren meiner Jugend kannten sie nicht. Gegen elf sagte Nina, es sei schon spät. Beim Bettenmachen fiel Ole tatsächlich das gesuchte Bändchen in die Hände. Es war *Generation Golf* von Florian Illies. Das paßt doch, dachte ich. Gestern Golf, heute Caravan.

Die Legende von der Generation Golf

Angeblich gehöre ich, zumindest vom Alter her, zur Generation Golf. Doch meine Generation war eigentlich gar keine Generation. Zu unterschiedlich die Lebensläufe, zu verschieden die Sehnsüchte und Ziele der Leute, die in den achtziger Jahren ihre Jugend erlebt haben. Meine Freunde haben sich für Autos nicht sonderlich interessiert. Das war auch gar nicht nötig. Busse und Bahnen fuhren damals in die letzten Winkel der Republik und hielten sich an die ausgehängten Abfahrtszeiten, das Trampen war noch nicht verpönt, und jede Fahrradtour mit Freundin war aufregender als die vielen Autoausflüge mit den Eltern. Auch als ich älter und volljährig genannt wurde, war der Golf kein Sehnsuchtsobjekt. Mein Freund Holger fuhr einen, der alt und rostig war. Zum Statussymbol taugte der Wagen nicht. Statussymbole dieser Art wären auch nichts für Holger gewesen. Er engagierte sich bei der autonomen Antifa.

Der Golf war, wenn überhaupt, Statussymbol jener sozialen Schicht, die in Einfamilienhäusern wohnte und ihren Kindern alles kaufen konnte, was diese sich wünschten. Florian Illies hat aus seinen eigenen Erfahrungen, die offenbar nicht die besten waren, ein Generationenbild gemalt: »Die achtziger Jahre waren mit Sicherheit das langweiligste Jahrzehnt des 20. Jahrhunderts. (...) Es ging allen gut, man hatte kaum noch Angst, und wenn man den Fernseher anmachte, sah man immer Helmut Kohl. (...) Irgend jemand, so ahnten wir, weiß auf alles eine Antwort. Sei es, wie wir im Kindergottesdienst lernten, der liebe Gott. Oder eben der offenbar ähnlich liebe Golf. Wir wußten auf jeden Fall, daß wir uns keine übertriebenen Sorgen machen mußten, weil das ohnehin unsere älteren Geschwister und die Grundschullehrerinnen mit ihren Atomkriegsängsten für uns erledigten.«

Ich bin in einer Siedlung des sozialen Wohnungsbaus aufgewachsen. Dort lebten viele Menschen auf engem Raum; langweilig war meine Jugend nicht. Vielleicht lag das auch daran, daß in unserer Nachbarschaft kaum jemand VW Golf fuhr. Statt dessen aber italienische Autos. Wie die Eltern meines Freundes Domenico. Der hatte damals übrigens viele Ängste. Nicht vor Atomstrahlen, aber vor den Reaktionen seiner Mutter, wenn er wieder mal eine Fünf in Mathe nach Hause brachte.

Die rabiate Frau rückte mit dem Teppichklopfer an, manchmal schlug Domenicos Mutter auch mit einer Bratpfanne zu oder mit einem Rohrstock. Jedes Schlaginstrument klang verschieden. Die Wände der Sozialwohnungen waren dünn, so daß jeder mitbekam, was in den angrenzenden Wohnungen passierte. Bei Domenico war immer was los. Er hatte noch drei Brüder, und neben Vater, Mutter und Oma wohnte auch noch sein Onkel in der Dreizimmerwohnung. Eine richtige Gastarbeitergroßfamilie.

Eigentlich erstaunlich, daß Florian Illies mit *Generation Golf* zumindest im Feuilleton eine gewisse Deutungshoheit über das Lebensgefühl der achtziger Jahre besitzt. Als hätte es in den achtziger Jahren nur westdeutsche Söhne und Töchter aus finanziell gesichertem Hause gegeben, deren Schicksal es war, die konservative Langeweile der Eltern zu imitieren: »Irgendwann fuhr über die Straßen unserer Provinz ein erstes dunkelblaues Golf-Cabrio, verziert mit einem winzigen Aufkleber, den man zunächst für die Brandnarbe auf der Stirn Gorbatschows hielt, aber später als Sylt identifizierte. In diesem Auto saß ein junge blonde Frau mit Sonnenbrille. Sie war auch die erste, die eine dunkelgrüne Barbour-Jacke trug. Diese blonde Frau war die Pionierin der Generation Golf. Ihr dunkelblaues Golf-Cabrio wies uns den Weg heraus aus der Tristesse der Achtziger.«

Mich hat keine blonde Frau im dunkelblauen Golf-Cabrio aus meiner Jugend herausgeführt. Aber ich halte die achtziger Jahre auch nicht für eine besonders *triste* Zeit. Wenn ich nur an meine Interrail-Reisen denke, habe ich Mitleid mit den Leuten, die ein dunkelblaues Golf-Cabrio brauchten, um ihre Jugend zu beschließen. Zumal dieser automobile Aufbruch wie ein Stillstand auf hohem Niveau aussah. Was ist schon aufregend daran, dorthin zu fahren, wo auch die Eltern Urlaub machen, eine Autofahrerin anzuhimmeln, die sich wie ihre Eltern kleidet und die stolz darauf ist, der elterlichen Automarke treu zu bleiben?

Vielleicht hätten die traurigen Protagonisten der Generation Golf ein paar gute Reisebücher lesen sollen, in denen erzählt wird, wie eine Autofahrt tatsächlich zum Rausch, wie der Weg zum Ziel wird. Nach Sylt sind die Helden meiner Bücher nicht gefahren: »Regnerisch war es und unheimlich am Anfang unserer Reise. Ich sah nur, daß es eine einzige Nebelsaga werden würde. ›Yippie!‹ schrie Dean. ›Es geht los!‹ Er beugte sich übers Lenkrad und gab Gas; er war wieder in seinem Element, jeder konnte es sehen. Wir waren froh: Wir wußten, daß wir Chaos und Wahnsinn hinter uns ließen und unsere einzige noble Aufgabe in der Zeit erfüllten – wir waren in Bewegung.« In Bewegung sein. Das war wichtig für den Erzähler und für den Autofahrer Jack Kerouac. Ein Kuriosum, daß ein durchaus leistungsstarkes Auto wie der Golf zum Symbol für den Stillstand wurde.

Im 20. Jahrhundert hat es viele und sehr unterschiedliche Autobücher gegeben. Mal war das Fahrzeug ein erzählerisches Vehikel, um eine Liebesgeschichte in Gang zu bringen. Mal wurde das Auto zur Zentralfigur eines Textes. Otto Julius Bierbaum hat mit »Eine empfindsame Reise im Automobil« eines der schönsten Bücher dieses Genres geschrieben, und ich habe mich oft gefragt, was Autopionier Bierbaum wohl zu den Ausführungen über die Generation Golf gesagt hätte.

Bierbaum fuhr vor über 100 Jahren in einem offenen Wagen der Marke Adler von Deutschland über Prag und Wien nach Italien und über die Schweiz wieder zurück ins Rheinland – es war eine der ersten und abenteuerlichsten Autoreisen, die je unternommen wurden. Damals gab es noch keinen Autotunnel durch die Alpen, und der Adler war keineswegs fürs Hochgebirge konstruiert worden. Beinahe wäre das Auto nicht über die Berge gekommen, aber die Schweizer waren hilfsbereit und zogen das ächzende Gefährt mit Pferden über die Pässe.

Von der Euphorie, die Bierbaum antrieb, bis hin zur gepflegten Langweile eines überzeugten Golf-Fahrers ist es ein langer Weg. Im Laufe der Zeit, so mein Eindruck, ist vor allem eines verloren gegangen: das Gespür für das Reisen selbst, wie es Bierbaum so eindrücklich beschreiben konnte.

»Mit offenen, wachen, allen Erscheinungen des Lebens, der Natur zugewandten Sinnen reisen, nenne ich empfindsam reisen«, schrieb Bierbaum im Vorwort zu seinem Bericht. »Und ich hoffe, daß dieses Buch meine Leser davon überzeugen wird, daß wir jetzt im Automobil das Mittel an der Hand haben, die Kunst des Reisens aufs neue zu pflegen und noch weiter zu führen, als es ihr in der Zeit der Reisekutschen beschieden gewesen ist.«

Das Auto setzte sich bekanntlich durch; schon in der zweiten Hälfte des 20. Jahrhunderts sollten Millionen Deutsche im eigenen Auto nach Italien in den Sommerurlaub fahren. Bierbaum ließ sich seine Italienreise noch vom Verlag finanzieren; das Cabriolet stellten die Adler-Werke zur Verfügung. Heute ist das Cabrio zur Massenware geworden, und das empfindsame Reisen ist zumindest in unseren Breitengraden gar nicht mehr möglich.

Würde Otto Julius Bierbaum noch leben, erführe er von Parkplatzproblemen und kilometerlangen Staus, sähe er, wieviel Dreck, Lärm und Gestank das Auto über die Menschen gebracht hat, hätte er *Generation Golf* gelesen, würde er ganz bestimmt auf einen eigenen Wagen verzichten und, wenn nötig, ein Taxi rufen.

Im Taxi zum Baumarkt

Einen Führerschein nicht machen zu wollen, heißt nicht, das Automobil an und für sich zu verdammen. Das Taxi ist ein zivilisiertes Fortbewegungsmittel. Es sitzen in der Regel Leute am Steuer, die mehr Fahrpraxis haben als man selbst, sie kennen sich meistens besser aus im Straßengewirr einer Stadt, sie erhalten über Funk die allerneuesten Stau- und Baustelleninformationen, und seitdem in Taxen nicht mehr geraucht werden darf, muß man auch nicht mehr in verqualmte Kisten einsteigen, weil ein Nichtrauchertaxi gerade nicht verfügbar ist.

Eine Taxifahrt ist kein Luxus. Fahrradfahren ist zwar billiger, aber das ist kein Argument. Wer einen neuen oder gebrauchten Wagen kauft, Versicherungen, Benzin und Reparaturen zu bezahlen hat, gibt Summen aus, mit denen er ziemlich oft und ziemlich lang Taxi fahren könnte. Führerscheinlose sind, was die Mobilität angeht, flexibler. Sie nutzen Bus und Bahn, wenn es praktisch ist. Und sie steigen ins Taxi, wenn weder Bus noch Bahn weiterhelfen. Zum Baumarkt fahre ich zum Beispiel grundsätzlich im Taxi. Und ich fahre oft zum Baumarkt. Nicht weil ich ein begabter Hobbyhandwerker wäre, aber die stattlichen Honorare professioneller Maler, Klempner und Elektriker treiben mich dann doch zu Obi & Co. Wer häufig umzieht, bekommt außerdem eine gewisse Routine beim Bohren, Schrauben, Spachteln, Streichen und Lackieren, Kabelverlegen, Lampenaufhängen, Gardinenstangenanbringen oder Schränkezusammenbauen. Von diffizileren Dingen halte ich mich noch immer fern. Fliesen würde ich niemals selbst verlegen, und Sägearbeiten mache ich auch nicht gern. Aber wenn es nötig ist, montiere ich auch eine Kloschüssel.

Das ist zuweilen auch nötig, insbesondere in Wohngemeinschaften, die sich um den Abort nicht gerne kümmern. Ende der neunziger Jahre zog ich in eine Stuttgarter WG. Die Wohnung lag in einem alten Haus, das Anfang des 20. Jahrhunderts für einen Bäckermeister gebaut worden war. Im Untergeschoß waren Backstube und Bombenkeller untergebracht, und die konnte man hundert Jahre später immer noch besichtigen. Die Räumlichkeiten hatten Krieg und Nachkriegsmoder unbeschadet überstanden und wurden nun als Vorratslager von den Mietern genutzt (die offenbar glaubten, Krieg und Hungersnot stünden unmittelbar bevor, so viel Dosenfutter war in diesem Keller gehortet).

Die Kellerräume waren in einem besseren Zustand als die Wohnungen. Insbesondere die Toiletten entsprachen nicht dem mitteleuropäischen Durchschnitt. Die Kloschüssel sah jedenfalls so aus, als sei sie seit fünfzig Jahren nicht mehr ausgewechselt worden, was meine neuen WG-Genossen nicht zu stören schien. Im Gegenteil. Man war froh, daß der Dreck, der hinzukam, nicht weiter auffiel. Ich wußte aber, daß meine Freundin, die mich schon bald nach dem Einzug besuchen wollte, verschissene Toiletten so sehr haßte, daß sie nach einer ersten Visite sofort einen Installateur angerufen oder selbst eine neue Schüssel eingebaut hätte. Als Tochter eines Bauunternehmers hielt sie sich in solchen Dingen nicht zurück. Aber ich wollte das anstehende Wochenende natürlich nicht auf dem Klo verbringen, also ging ich das Problem im vorhinein an.

Baumärkte sind leider nur selten ans U-Bahn-Netz angeschlossen, und auch die Busverbindungen zu den Gewerbegebieten lassen meist zu wünschen übrig. So auch in Stuttgart. Meine Mitbewohner hatten sich in ihren Sommerurlaub verabschiedet, und ich kannte niemanden vor Ort, der mich zum nächsten Baumarkt hätte fahren können. Also blieb mir auch dieses Mal nur die Taxifahrt.

Wenn ich genau weiß, was ich kaufen will, bitte ich den Fahrer, vor dem Eingang zu warten. Bei meinem ersten Stuttgarter Taxiausflug zum Baumarkt habe ich Glück: »Komme gleich wieder«, sage ich dem freundlichen Mann, der gleich anbietet, mitzukommen und beim Tragen zu helfen. Einen Fahrgast, der sich zum Kloschüssel-Kauf ins Taxi setzt, hat er nicht alle Tage an Bord. Den Taxameter stellt er aus, wofür ich ihm sehr dankbar bin.

Der freundliche Taxifahrer begleitet mich sogar in den Baumarkt, und als wir in der Kloschüssel-Abteilung stehen, sagt er: »Ich habe zehn Jahre als Installateur gearbeitet.« Und zum Beweis bekomme ich einen ausführlichen Vortrag über Tiefspüler und Flachspüler zu hören, über Wandhänger und Standfüßler. Leider habe ich nicht die Wahl; das WG-WC verlangt nach einem deutschen Flachspüler mit Auflagefläche fürs grobe Geschäft.

Ich nehme eine Billigausführung, auch wenn mein Taxifahrer mich davon überzeugen will, ein anderes Modell zu nehmen. Ich bleibe bei der 30-Mark-Schüssel samt Plastikdeckel und sage: »Irgendwo muß gespart werden. Die einen fahren kein Taxi, sitzen daheim aber auf einer 100-Mark-

Klobrille mit Goldrand. Ich spare da lieber beim Scheißhaus.«

Mein Fahrer lacht. Auf dem Weg nach Hause sagt er: »Wenn Sie wollen, baue ich Ihnen die Schüssel ein!« Als ich ihm erzähle, daß ich zwar kein Auto fahren, dafür aber Schraubenzieher und Bohrer bedienen kann, beschreibt er mit allerlei unappetitlichen Details, was beim Einbau einer Klo-Schüssel alles schiefgehen kann.

»Wie hoch ist denn Ihr Stundenlohn?« frage ich schließlich.

»Der Einbau eines Klos«, antwortet er nach einer Weile, »ist im Fahrpreis inbegriffen. Ich bin übrigens der Toni.«

Fast zwei Jahre habe ich in Stuttgart gewohnt. In dieser Zeit habe ich immer Tonis Nummer gewählt, wenn ich ein Taxi brauchte. Noch heute rufe ich Tonis Taxi-Service an, wenn ich in Stuttgart automobil unterwegs bin. Meine Taxifahrt zum Baumarkt hat sich für uns beide gelohnt. Zumal ich Toni im Stuttgarter Freundeskreis auch empfehle, wenn's mal Probleme mit dem Klo gibt.

Wie alt dürfen Taxifahrer sein?

Ein Taxifahrer mit Sonnenbrille auf der Nase fährt durchs nächtliche Rom. Niemand nimmt seine Dienste in Anspruch. Also vertreibt er sich seine Zeit, indem er mit der Lady in der Funkzentrale flirtet. Der Spaß hat ein Ende, als ihn ein Priester herbeiwinkt. Der Fahrer, gespielt von Roberto Benigni, redet den Geistlichen mit »Herr Bischof« an und beginnt eine aberwitzige Beichte: Er habe es mit Kürbissen, Schafen und der Schwägerin getrieben. Natürlich berichtet der Sünder alle Einzelheiten seiner Sexpraktiken, achtet aber nicht darauf, wie der »Herr Bischof« darauf reagiert.

Wer Jim Jarmuschs wunderbaren Taxifilm *Night on Earth* gesehen hat, wird sich an das schmerzverzerrte Gesicht des Priesters erinnern: der erleidet nämlich bei der Sex-Beichte einen Herzinfarkt und stirbt, während der monomanische Wortschwall über ihn ergossen wird. Irgendwann bemerkt der Taxifahrer dann doch, daß er einen toten Bischof im Wagen hat. Also zerrt er den Leichnam aus dem Auto, legt ihn auf ein Parkbank und haut ab.

Insgesamt erzählt Jarmusch in *Night on Earth* fünf Taxi-Episoden, und die Fahrer und Fahrerinnen sind allesamt Helden des Alltags: wie Corky in Los Angeles, die auf eine Karriere im Filmbusiness verzichtet, weil sie Automechanikerin werden will; wie Helmut, der gerade aus der DDR nach New York übergesiedelt ist, weder Englisch spricht noch das Automatikgetriebe seines Taxis beherrscht; wie Isaac, der zwei Fahrgäste aus dem Auto wirft, weil sie sich über ihn lustig gemacht haben; wie Mika, der das Jammern seiner Kunden nicht erträgt und kurzerhand vom frühen Tod seiner Tochter erzählt.

Die Arbeit eines Taxifahrers, einer Taxifahrerin wird im Film und in der Literatur meist als Abenteuer dargestellt. Auch Karen Duve läßt in ihrem Roman *Taxi* die Heldin Alex Herwig erzählen: »Es gab vieles, was mir am Taxifahren gefiel: die ganze Nacht aufbleiben, unverantwortlich schnell und unangeschnallt Auto fahren und dabei wilde und merkwürdige Musik in den Spätprogrammen der Radiosender hören, die Busspur benutzen, wenn alle anderen Autos im Stau standen, jede Nacht in Bordelle eindringen, in übel beleumdete Hafenkaschemmen, und gleich danach Herrn und Frau Pfeffersack vom Atlantic Hotel oder aus dem Fischereihafenrestaurant abholen.«

Der Arbeitsalltag im Taxi sieht selbstverständlich anders aus, nämlich furchtbar öde. Weder ist es die Regel, daß Fahrgäste auf der Rückbank sterben, noch ist es besonders lustig, Familienväter vom Puff abzuholen und zum Reihenendhaus zu transportieren. So öde der Job, so mißgelaunt sind die meisten Fahrer. Mein Stuttgarter Toni ist die Ausnahme von der Regel, genauso wie die vielen Taxihelden in Romanen und Filmen.

Die *Frankfurter Allgemeine* hat die »Ökonomie des Taxifahrens« mal folgendermaßen zusammengefaßt: »Lange warten, viel zahlen und dem Fahrer den Weg erklären.« Das ist zwar auch übertrieben, aber es stimmt, daß die Taxifahrt eine merkwürdige Dienstleistung ist. Man weiß erst nach der Fahrt, ob Preis und Leistung stimmen. Wenn ich wüßte, daß der Fahrer sich in der Stadt nicht auskennt und auch ein Navigationsgerät nicht bedienen kann, würde ich in den Wagen niemals einsteigen. Wirtschaftswissenschaftler nennen Taxifahrten ähnlich wie die Angebote im Speiselokal »Erfahrungsgüter«. Mit einem wichtigen Unterschied. Restaurantbesitzer sind meist darum bemüht, die Gäste zufriedenzustellen. Wenn es gut schmeckt, komme ich gerne wieder. Einen Taxifahrer, vor allem in Großstädten, sehe ich hingegen nur einmal. Darauf hat auch der Halunke spekuliert, der mich vor Jahren in Athen übers Ohr gehauen hat. Ich kannte den Umrechnungskurs der Drachmen nicht, und diese Unwissenheit hat der Saukerl ausgenutzt und eine Summe verlangt, die für zehn Fahrten zum Flughafen ausgereicht hätte. Verkehrsökonomen wissen: Wenn Taxis nicht überwacht werden, leiden die Fahrgäste.

Obwohl die Tarife ständig steigen, verdienen Taxifahrer nur mittelmäßig. Mit durchschnittlich 100 Euro Umsatz in einer Schicht kommen die Fahrer nur knapp über die Runden. Und wenn dann, wie Karen Duve schreibt, Herr Pfeffersack kein ordentliches Trinkgeld gibt, ist die Versuchung groß, beim nächsten Kunden mal einen Umweg zu fahren.

Taxifahrer jammern gerne über die schlechte Auftragslage. Oft vollkommen unberechtigt, wie Wissenschaftler herausgefunden haben. Demnach sollen Taxifahrer an guten Tagen – in Frankfurt würde man sagen: zu Messe-Zeiten – keineswegs ihr volles Pensum absitzen, sondern nach Hause fahren, wenn sie eine gewissen Betrag verdient haben. Das würde meine Erfahrung erklären, warum gerade dann, wenn die Nachfrage sehr hoch ist, besonders wenige Taxis unterwegs sind.

Eine andere Entwicklung im Taxi-Gewerbe bereitet mir

ebenfalls Sorgen: das steigende Alter der Taxifahrer. Nach einer unangenehmen Operation, die ich leider nicht im heimischen Krankenhaus, sondern bei einem Spezialisten am Starnberger See durchführen lassen mußte, wurde ich zwar nach fünf Tagen stationärer Behandlung entlassen, war aber keineswegs in der Lage, meinen Koffer ins Taxi zu hieven. Der Fahrer in Starnberg aber auch nicht. Er war 76 Jahre alt und hatte Bandscheiben-Probleme. Also mußte ich ein anderes Taxi rufen. Bis dahin wußte ich nicht, wie schwer es in manchen Regionen ist, einen Taxifahrer zu engagieren, der das Rentenalter noch nicht erreicht hat. Ich mußte drei Stunden warten, bis der Starnberger Taxi-Monopolist eine Fahrerin schickte, die mir helfen konnte und wollte. Als ich ihr von meiner mißlichen Lage erzählte, sagte sie: »Ich gehe dreimal in der Woche ins Fitness-Studio.« Ich schlug ihr vor, ein eigenes Taxi-Unternehmen zu gründen und ausschließlich Mitarbeiter anzustellen, die ebenfalls dreimal in der Woche Gewichte heben und zum Bauch-Beine-Po-Kurs gehen. Sie entgegnete: »Da kann ich lange suchen, um solche Leute in Starnberg zu finden.«

Meine Vermutung, am Durchschnittsalter der Taxifahrer lasse sich ablesen, wie es um die Demographie eines Ortes bestellt ist, wurde am Bahnhof in Baden-Baden bestätigt. Wieder fand ich keinen Fahrer, der in der Lage war, mein Gepäck einzuladen. Als sich schließlich einer erbarmte, bekam ich ein schlechtes Gewissen: Der Mann war, wie er mir während der Fahrt erzählte, gerade 69 geworden und litt unter Rheuma, und so mußte ich ihm, obwohl der Arzt mir das ausdrücklich verboten hatte, beim Kofferausladen assistieren. Endlich am Ziel angekommen, schlug er mir vor, zuerst den Inhalt des Koffers, am besten jedes Kleidungsstück einzeln in den zweiten Stock zu tragen. Was ich dann auch getan habe.

Verstieße es gegen das Grundgesetz oder die Menschenrechte, wenn man Senioren die Ausübung gewisser Berufe verbieten würde? Alte Taxifahrer können nett sein, interessante Geschichten erzählen, aber mir sind uncharmante oder schweigende Typen lieber, die, wenn's drauf ankommt, körperlich gut beinander sind. Wie lange es Taxifahrer im Rentenalter noch geben wird? Wahrscheinlich bis Roboter erfunden sind, die einem das Kofferschleppen abnehmen und die, was noch besser wäre, auch noch Taxi fahren können. Romantiker werden einwenden: Die Fahrt mit einem solchen Taxi-Roboter wäre langweilig, es gäbe keine lustigen und traurigen Taxi-Geschichten mehr, wie sie auch Jim Jarmusch in *Night On Earth* erzählt hat. Das stimmt natürlich, aber wer wie ich auf dieses Verkehrsmittel angewiesen ist, will im Taxi nicht ständig etwas Lustiges oder Trauriges hören oder erleben. Meist wünsche ich mir nur wenige Dinge: daß der Fahrer das Radioprogramm ändert (weil nur selten die merkwürdige Musik in den Spätprogrammen läuft), daß der Fahrer, die Fahrerin mich nicht zuquatscht und daß ich auf dem schnellsten Wege ans Ziel gebracht werde, daß ich nach einem Krankenhausaufenthalt nicht mit einem rheumakranken Fahrer zu tun habe.

Ist das zu viel verlangt?

Für ein Roboter-Taxi nicht. Vielleicht habe ich in meiner Jugend die Filme über den Wunderkäfer *Dudu* zu oft gesehen und das wunderbare Buch *Robbi, Tobbi und das Fliewatüüt* zu oft gelesen. Schon in den siebziger Jahren konnten wir Kinder nämlich lernen, was ein Auto eigentlich können muß: fliegen, schwimmen und nebenbei auch fahren. Weniger überzeugend fand ich als Steppke, daß das Fliewatüüt mit dem Himbeersaft von Tante Paula oder später mit Lebertran angetrieben wird. Ich hielt den gelben Käfer Dudu, der mit einer Art künstlichen Intelligenz ausgestattet war, für wesentlich »realistischer«. Wie die automobile Zukunft aussieht, wußte ich jedenfalls schon als Kind. Und als ich dann ein paar Jahre später, inmitten der achtziger Jahre, zum ersten Mal eine Folge von *Knight Rider* sah, wollte ich eine Zeit lang nicht in ein »normales« Auto einsteigen. Die Ausstattung des Filmautos K.I.T.T., die je nach Auftrag erweitert wurde, war in vielerlei Hinsicht visionär: Der Wagen hatte ein Molekularversiegelung, die ihn nahezu unzerstörbar machte. Serienheld Michael Knight konnte über seine Armbanduhr mit K.I.T.T. kommunizieren. Das Auto hatte einen »Silent Mode«, in dem der Motor nicht zu hören war. Mit der »Microjam«-Technologie konnte K.I.T.T. andere Fahrzeuge bremsen oder auch Hubschrauber steuern. Es gab ausgetüftelte Bremssysteme und für den Notfall einen Schleudersitz. Wer hätte nicht gerne ein Fahrzeug, daß so klug und leise, so schnell und sicher wäre wie K.I.T.T. es war?

Erinnern Sie sich an den Spruch im Intro von *Knight Rider*? »Er kommt. Knight Rider. Ein Auto, ein Computer, ein Mann. Knight Rider. Ein Mann und sein Auto kämpfen gegen das Unrecht.«

Wenn es doch so wäre.

Warum Männer nicht mehr über Frauen lästern werden, die (angeblich) nicht einparken können

Sie bugsiert den Mini-Van in eine schmale Lücke. Das Manöver dauert drei Minuten, was ihn zur Bemerkung verleitet, beim nächsten Mal sitze er wieder am Steuer. Sie beschimpft den Mann. Er rät ihr, Fahrstunden zu nehmen.

Derlei Streit wird es demnächst nicht mehr geben. Denn schon bald werden in neuen Autos noch effizientere elektronische Einparkhilfen eingebaut, die das Fahrzeug schnellstmöglich und garantiert unfallfrei an die gewünschte Stelle bringen. Diese Technologien, die etwas uncharmant »Fahrerassistenzsysteme« genannt werden, gehören früher oder später zur Grundausstattung eines Autos, wie der Blinker oder die Bremse. Die Ingenieure wissen, daß es nicht leicht ist, solche elektronischen Parkhilfen auch auf dem Markt durchzusetzen. Deshalb betonen sie, daß die »grundsätzliche Souveränität des Fahrers« nicht angetastet wird. Der Parkassistent bleibt also jederzeit übersteuerbar. Eine Konzession an den fahrenden und parkenden Mann, der sein Ego durch die intelligente Elektronik bedroht sieht.

Frauen, in der Regel klüger und selbstbewußter als Männer, freuen sich schon jetzt auf diese Innovationen. Ausnahmen bestätigen die Regel: Eine Freundin hat mir geschworen, sie werde diese nie in Anspruch nehmen. Nun gut, die Frau hört Hardrock und trägt Lederhosen.

Ansonsten sind es vor allem Männer, die über Assistenzsysteme lächeln. Was wiederum Wissenschaftler und Techniker der TU Braunschweig amüsiert. Die haben nämlich einen Autoroboter entwickelt, der vollkommen selbständig fahren, Hindernisse erkennen, Verkehrsregeln beachten, sich in den fließenden Verkehr einreihen und einparken kann. Kein Wunder, daß sie dieses Fahrzeug nicht Peter oder Hans-Jürgen, sondern Caroline genannt haben.

Das Auto (oder sollte ich schreiben: die Auto) ist mit Laser-Sensoren, Kameras, Radar, GPS und viel Computerhardware ausgestattet. Wenn man Caroline mal im Einsatz gesehen hat, mag man kaum glauben, daß sie führerinnenlos umherfährt. In den USA gibt es sogar ein staatlich gefördertes Wettrennen von Roboterfahrzeugen, bei dem Caroline schon mal den siebten Platz gemacht hat. Ausgerichtet wird die Veranstaltung von der Darpa-Forschungszentrale des US-Verteidigungsministeriums. Darpa steht für Defense Advanced Research Projects Agency. Sehr leicht zu erraten, warum das Pentagon solche Projekte unterstützt: Unbemannte Armee-Fahrzeuge sollen zunehmend im Krieg und in Krisengebieten eingesetzt werden. Die militärische Nutzung der Rollroboter mag einem das Vergnügen nehmen, aber vielleicht ist es wie mit dem Internet. Auch diese Technologie wurde zunächst als militärisches Informationssystem genutzt und hat, endlich im zivilen Einsatz, das Leben der Menschen grundlegend verändert.

Der japanische Konzern Toyota ist, sieht man auf die Absatzzahlen, der größter Automobilhersteller der Welt. Außerdem baut Toyota Boote und Fertighäuser, betreibt ein Mobilfunknetz in Japan. Was für das Kerngeschäft aber viel wichtiger ist: Toyota läßt in einem neuen Zentrum für Roboterentwicklung humanoide Hilfskräfte konstruieren, die im Haushalt und in der Pflege eingesetzt werden sollen. Diese Heimroboter sollen nicht nur putzen können, sondern Kranken und Senioren auch beim Aufstehen behilflich sein. Einen Roboter, der Geige spielt, hat Toyota bereits vorgestellt. Das Ziel dieser Bemühungen aber ist nicht die Musik, sondern die Mobilität. Der Konzern will mit der Robotertechnologie seine Autos verbessern.

Auch Volkswagen forscht seit Jahren auf dem Gebiet der autonomen Fahrzeuge. So ist der Gewinner des Rollroboter-Rennens in den USA ein VW. Jürgen Leohold, Leiter der Volkswagen Konzernforschung, ist allerdings nicht ganz so optimistisch wie ich und meint, erst in fünf bis zehn Jahren sei es vorstellbar, einem automatisierten Auto im Straßenverkehr wichtige Steuerfunktionen zu überlassen. Spätestens dann können wir den bekannten IKEA-Slogan variieren: Lenkst du noch oder lebst du schon?

Den Männern, die vor dieser Zukunft Angst haben, sei ein Film empfohlen: *I, Robot* aus dem Jahre 2004. Darin bekämpft Polizist Del Spooner alias Will Smith eine Horde von Robotern, die sich angeblich nicht an die drei Gesetze der Robotik halten. Das 1. Gesetz lautet: Ein Roboter darf keinem Menschen schaden oder durch Untätigkeit einen Schaden an Menschen zulassen. Das 2. Gesetz lautet: Ein Roboter muß jeden von einem Menschen gegebenen Befehl ausführen, aber nur, wenn dabei das erste Gesetz nicht gebrochen wird. Und das 3. Gesetz lautet: Ein Roboter muß sich selbst beschützen, es sei denn, dies spricht gegen das erste oder zweite Gesetz.

Es stellt sich heraus, daß die Roboter keine Schuld trifft. Denn es sind die bösen Menschen, die für die Fehlprogrammierung verantwortlich sind. Womit indirekt bewiesen ist, daß auch die Probleme im Straßenverkehr nicht gelöst werden, solange Menschen über Computerhirne herrschen.

In *I, Robot* ist Del Spooner in einem futuristischen Automobil unterwegs, das vom Fahrer allerdings äußerst altmodisch bedient wird. In der schönsten Szene des Films rast Spooner mit diesem Geschoß durch einen Tunnel, neben ihm sitzt die Roboter-Psychologin Susan Calvin (Bridget Moynahan). Del Spooner drückt aufs Gas, bremst und umklammert das Lenkrad. Calvin sieht ihn entsetzt an und fragt: »Sie fahren selbst?«

Mein Robo

Ja, ich freue mich auf die Vollautomatisierung. Auf ein Auto, das mitdenkt und dem ich sagen kann: Fahre mich zur Staatsoper nach Stuttgart! Zum Essen ins Markgräfler Land! Zu Freunden nach Mainz. Dieses Allzeitbereit-Taxi wird mit dem allerneuesten Sprachcomputer ausgestattet sein, wird an der Art und Weise, wie ich meinen Wunsch formuliere, sofort erkennen, wie die Route zu wählen ist: Wenn ich Zeit habe und in Genießerstimmung bin, wird mich mein kluges Gefährt durch schöne Landschaften führen, nie zu schnell fahren, vielleicht eine kurze Rast an einem Ort mit schöner Aussicht vorschlagen. Wenn ich aber in Eile bin, wird jede Abkürzung genutzt, darf der Auto-Roboter auch Spitzengeschwindigkeiten abrufen, ohne daß es mich nervös machen würde. Einem rasenden Rechner vertraue ich. Mein Robo weiß sich übrigens zu benehmen. Er hält an, wenn Fußgänger am Zebrastreifen warten.

In dieser wünschenswerten Zukunft wird es selbstverständlich immer noch Menschen wie Del Spooner geben, die selbst Hand ans Steuerrad legen wollen, die das Gasgeben und Kuppeln nicht lassen können, die meinen, Individualverkehr sei mehr als ein häßliches Wort. Doch sollte ein automobiler Ego-Shooter sich nicht in den friedvollen Robo-Fahrfluß einordnen und mit penetranten Lichthupsignalen die linke Autobahnspur freikämpfen wollen, greift künftig ein anderer Mechanismus: Die Mautstationen melden die Störung des geregelten Autoverkehrs einer Überwachungszentrale, die umgehend die Kontrolle über das Auto übernimmt und den Störenfried via Fernsteuerung zur nächsten Polizeistation transportiert. Ja, ich gebe zu, die Sicherheitspläne von unserem Herrn Innenminister gefallen mir! Ich bin sogar der Meinung, daß Wolfgang Schäuble viel zu zaghaft ist. Die Mautstationen sollen nicht nur im Anti-Terror-Kampf und bei der Suche nach mordenden LKW-Fahrern eingesetzt werden. Verkehrsrowdies sind, weil es so viele davon gibt, mindestens so gefährlich wie eine kleine Gruppe fanatischer Bombenbauer. Mit der Totalüberwachung des Verkehrs wird eine neue Epoche der Fortbewegung beginnen. Über die deutschen Mautstationen wurde einst gelacht, weil sie nicht funktionierten. Eines Tages aber werden diese vielen kleinen Triumphbögen der deutschen Technik dem definitiv dumpfesten aller Autofahrer-Slogans eine neue Bedeutung geben: Freie Fahrt für freie Bürger!

Wer dieses Szenario für unwahrscheinlich hält, sollte sich mit Ulrich Fastenrath in Verbindung setzen. Der Mann ist Produktentwickler bei der Telekom-Tochter T-Systems Traffic. Zusammen mit der Uni Stuttgart hat er einen Service entwickelt, der sich Echtzeit-Navigation nennt. Dabei werden die Verbindungsinformationen aus dem Mobilfunknetz permanent ausgewertet. Die Idee ist simpel: Weil fast jeder Autofahrer ein Handy im Wagen hat, kann man über die sogenannten Floating-Phone-Daten ein genaues Bild der Verkehrssituation erhalten. Datenschützer haben das Projekt natürlich kritisiert, aber nachdem sich selbst nach diversen Datenklau-Skandalen der Telekom kaum ein Kunde beschwert hatte, wird auch niemand dagegen protestieren, wenn die Bewegungsdaten genutzt werden, um Staus rechtzeitig anzuzeigen bzw. Hinweise auf freie Straßenstrecken zu geben.

Viel spricht dafür, Navigationssystem und Handy künftig zu verbinden. Im nächsten Schritt würden die Angaben zur Umleitung nicht an einen Fahrer, sondern an einen Roboter weitergeleitet, der sogleich den richtigen Weg fände. Die technische Umsetzung einer solchen Idee ist zwar etwas komplizierter, weil die Datenmenge ungleich höher ist, aber keineswegs unvorstellbar.

Wolfgang Müller-Pietralla leitet bei Volkswagen die Abteilung Zukunftsforschung und Trendtransfer. Wenn es der Autobranche schlecht geht, ist Müller-Pietralla sehr gefragt. »Verunsicherung ist die beste Arbeitsgrundlage für Zukunftsforscher«, hat der *Spiegel* über ihn geschrieben. Ein internationaler Autokonzern wie VW will und kann nicht alles umsetzen, was sich Fahrzeugvisionäre ausdenken. Doch Müller-Pietralla ist davon überzeugt, daß sich Automobilität grundsätzlich ändert, daß zum Beispiel der von mir gewünschte Autopilot eines Tages zur Serienausstattung eines Wagens gehört. Die Zukunftsforscher um Müller-Pietralla machen sich sogar Gedanken darüber, was die Fahrzeuginsassen tun können, wenn sie das Auto nicht mehr zu lenken brauchen. Die Zeit mit Computerspielen vertreiben? Tee trinken? Ein Fertigmenü zubereiten? Kühlschrank und Mikrowelle gehören demnächst wohl auch zur Bordausrüstung. Als ich erfuhr, daß VW Leute wie Müller-Pietralla beschäftigt, wußte ich, daß ich auf meinen Robo nicht mehr lange warten muß.

Ob es in dieser robomobilen Zukunft noch einen Verkehrsfunk geben wird? Wohl schon, er wird sich aber verändern. Und das hat wie immer Vor- und Nachteile. Tiere auf der Fahrbahn werden seltener, weil Tiere in freier Wildbahn immer seltener werden. Die meisten Staumeldungen und Warnhinweise werden wegfallen, weil es keine Autos mehr ohne Anti-Stau-Software und automatische Navigation geben wird. Diese Entwicklung dient sicherlich der Umwelt, spart Zeit und schont die Nerven. Kinder, für die Verkehrsfunk ohne Geisterfahrer wie Entenhausen ohne Donald Duck ist, werden sich auf längeren Fahrten allerdings noch mehr langweilen. Dabei wird mit der vollautomatisierten Autowelt durchaus ein Kinderwunsch erfüllt: Daß der Verkehr wie von Geisterhand gelenkt werde. Es wird die Aufgabe zukünftiger Eltern sein, auf der drögen Fahrt zur Nordseeküste von der bösen, alten Zeit zu erzählen, in der es noch Geister auf den Straßen gab, die nicht wußten, was sie taten. Wenn es möglich sein sollte (wovon ich überzeugt bin), eines Tages auch den alljährlichen Ferienstau zu vermeiden, werden Eltern noch ganz andere Wissenslücken schließen müssen. Ich wußte schon mit sieben, wo das Kamener Kreuz liegt und daß es einen viel befahrenen Kölner Ring gibt. Werden sich die Kids in einem Deutschland ohne Staus schlechter orientieren können?

Der Verkehrsfunk der Zukunft wird weniger Service und mehr Unterhaltung bieten. Unfallmeldungen bekämen Sensationswert, weil alle sich fragen würden: Wer hat den Fahrcomputer manipuliert? Handelt es sich um einen privaten Racheakt oder ist schon wieder ein Terrorist am Werk?

Leider, leider gibt es Ärgernisse, die auch in hundert Jahren noch zu vermelden sein werden: vom Laster gefallene Toilettenhäuschen oder entflohene Raubkatzen auf der Fahrbahn. Diese Plagen werden erst verschwinden, wenn die in der Science Fiction schon heute bekannten Gerätschaften zur Dematerialisierung eingesetzt werden können. Doch in diesen fernen Dekaden werden die Menschen ohnehin nicht mehr auf Erdautobahnen fahren, sondern durch die Luft gleiten. Was den Verkehrsfunk wiederum vor ganz neue Herausforderungen stellen wird.

Träum weiter

Darf ich vorstellen? Michael, 42 Jahre, arbeitet als Ingenieur in der Entwicklungsabteilung eines Stuttgarter Autokonzerns. Michael hätte einen Dienstwagen bekommen können. Er verzichtete. Michael bekam vom Arbeitgeber, was er wollte, nämlich eine Bahncard 100.

Wenn Michael auf Partys von seinem Beruf erzählt und davon, daß er die Autos von morgen entwirft, sind die männlichen Zuhörer zunächst sehr neugierig, und die Damen suchen sich in aller Regel einen anderen Gesprächspartner. Irgendwann wird Michael von den Männern gefragt, welches Auto er denn fahre. »Gar keins«, sagt er und grinst. Er beginnt dann vom Zugverkehr zu schwärmen, vom zunehmend besseren Essen im Speisewagen, von der Möglichkeit, während der Fahrt zu arbeiten und vom freundlicheren Service. Er hört sich in solchen Situation an, als sei er ein Werbefuzzi der Bahn. Dann aber erklärt er, daß ACC ein intelligenter Tempomat ist und CMBS ein Millimeterwellen-Radar, der den Abstand zum Vordermann regelt und im Notfall sogar bremst. »Alles Technologien, die bereits auf dem Markt sind«, ergänzt Michael. Und lächelt.

Die Zukunft des robomobilen Verkehrs findet überall statt. Nissan zum Beispiel hat einen Roboter mit Kugelaugen und Mickey-Mouse-Stimme entwickelt, der auf dem Armaturenbrett sitzt und den Fahrer beobachtet. Der Roboter erkennt am Lidschlag, an Mundwinkeln und Tonlage des Fahrers, wie der sich fühlt, ob er sich auf den Verkehr konzentriert oder müde am Steuer sitzt. Droht der Fahrer einzuschlafen, würde der Roboter einen Witz erzählen oder den Besitzer ermahnen: »Immer schön wach bleiben, in drei Kilometern kommt die nächste Raststätte!« Volvo wird ein System namens »Alcolock« einführen, das den Promillegehalt des Fahrers feststellt und im Notfall die Zündung blokkiert. Ja, ich freue mich über diese elektronischen Beifahrer, mit denen sich ein grundlegender Wandel im Automobil vollzieht: Der Fahrer verliert Kompetenzen, die Rolle des Beifahrers wird aufgewertet.

Wenn ich mit begeisterten Autofahrern über die Vision eines computergesteuerten Wagens spreche, heißt es in aller Regel: »Träum weiter.« Ähnlich haben natürlich auch die meisten Leute reagiert, als man ihnen vor dreißig Jahren vom mobilen Telefonieren erzählte. Und als die ersten Autos übers Land fuhren, gab es nicht wenige, die das für Hexenwerk hielten. Frage ich meinen Ingenieurfreund Michael, wie der Verkehr in dreißig, vierzig Jahren aussehen könnte, lächelt er wieder. Er will mir auch nicht erklären, warum die Autohersteller nicht schon vor Jahrzehnten ein Auto mit Brennstoffmotor gebaut hätten, der mit Wasserstoff betrieben wird. General Motors arbeitet derzeit an dem Hydro-Gen4, der allerdings kaum zu bezahlen ist. 500.000 Euro soll eine Einheit kosten, außerdem lösen sich bei längerer Nutzungsdauer Teile des Motors auf. Über solche Petitessen möchte Michael nicht diskutieren. Auch wenn er mir untersagt, seinen richtigen Namen zu nennen, ist er seinem Arbeitgeber gegenüber loyal. Er sieht die aktuelle Krise vor allem als Chance. Selten, sagt er, hätten seine Chefs so viel Geld in die Entwicklung neuer Fahrzeugtechnologie investiert wie heute. Weil die Autos, die es heute zu kaufen gebe, kaum zu vermarkten seien. Ich solle mal die aktuellen Anzeigen der Autoindustrie anschauen. Da wird allerlei Technik gezeigt. Windräder zum Beispiel. Oder Solaranlagen. Autos nur am Rande. Oder sie werden, wie es Werbedichter für VW vorgemacht haben, gar nicht erwähnt: »Mehr zu sein als nur ein Fortbewegungsmittel von A nach B. Das ist der Anspruch, den wir an all unsere Entwicklungen stellen. Denn mit jedem Exemplar, das unsere Werkshallen verläßt, rollt auch ein großes Stück Verantwortung in die Welt hinaus. Für unsere Fahrer und auch für ihren Lebensraum.« – Das Wort »Auto« kommt in diesem Reklametext nicht ein einziges Mal vor. Anspruch, Verantwortung, Lebensraum. Diese Schlagworte bleiben hängen. Wir sehen im Anzeigenbild viele Windrotoren, die uns sauberen Strom liefern. Wir sehen auch neue Automodelle, aber wir bezweifeln, daß diese Modelle genauso umweltfreundlich sind wie Windenergie.

Die Werbung im 20. Jahrhundert hatte es leichter. Damals wurde das Auto mit Bildern verkauft, die von Freiheit, Status und Stil erzählten. In dieser heilen Reklamewelt war das Auto hilfreich und schön, es machte Massen mobiler und Menschen auf die unterschiedlichste Weise glücklich. Die Zielgruppen waren leicht zu definieren und konnten mit einfachen Botschaften gelockt werden. Der Kunde von heute liest Testberichte und will es genau wissen. Das schlechte Gewissen ist mächtig. Was tut der Konzern, dem ich viel Geld für ein Gerät gebe, das mitverantwortlich dafür ist, daß der Treibhauseffekt zunimmt, die Pole schmelzen und die Wirbelstürme heftiger werden? Die Volkswagen-

Werbung versucht zu beruhigen: »Wenn etwas unmöglich scheint, gibt es nur eine Lösung – man muß so lange darüber nachdenken, bis es möglich wird. Nach diesem Prinzip sind bei Volkswagen einige der richtungsweisenden Entwicklungen der letzten Jahre entstanden. So zum Beispiel das 1-Liter-Auto, das als weltweit erste Studie lediglich 0,99 Liter auf 100 Kilometern verbraucht.«

Kaum zu glauben, daß einer der größten Autokonzerne der Welt mit einem Wagen wirbt, den es noch gar nicht auf dem Markt gibt. Allein die Aussicht auf das 1-Liter-Auto soll Vertrauen zu einer Marke herstellen. Ob das funktioniert? Bislang waren sogenannte Öko-Modelle, die im Vergleich sehr wenig Kraftstoff verbrauchen und verhältnismäßig schadstoffarm fahren, auch deshalb nicht erfolgreich, weil die Werbeleute keine angemessene Sprache für diese Produkte gefunden haben. Zumal die Reklame dem Handeln der Unternehmensführung oft widerspricht. Deutsche Automanager reden gerne über Ökologie, wenn es aber darum geht, Beschränkungen für Spritfresser zu lockern oder zu verhindern, sind sie sehr erfinderisch.

Die Ingenieure indes arbeiten Tag und Nacht an unserer mobilen Zukunft. Im Schlaf, erklärte Michael seinem Vorgesetzten, habe er die besten Ideen. »Dann träum weiter«, sagte der Manager mißgelaunt und erhöhte Michaels Entwicklungsbudget zum vierten Mal in diesem Jahr.

Auto im Museum

Die Autofirmen ahnen offenbar, daß eine neue Epoche der Fortbewegung begonnen hat. Und treiben die Musealisierung des klassischen Automobils voran. Ob BMW in München, Porsche und Mercedes in Stuttgart oder Volkswagen in Wolfsburg, die deutschen Autofirmen beeindrucken mit spektakulären Museumsbauten und aufwendigen Präsentationen. Das ist kein Zufall: Bevor das Robomobil die Straßen erobert, soll die Geschichte des Automobils ganz im Sinne der Produzenten ausgestellt werden. Wie wichtig ihnen die Deutungshoheit über diesen Teil unserer Technikgeschichte ist, sieht man allein daran, wie viel in die museale Aufbereitung investiert wird. Nur wenige Kunstmuseen haben so viel Geld zur Verfügung wie die neuen Automuseen in Deutschland. Wobei wir uns fragen könnten, ob das, was Automuseum genannt wird, überhaupt ein Museum ist.

Selbst wenn wie bei BMW zwischen Museum und aktueller Markenpräsentation unterschieden oder wenn wie bei Volkswagen der musealere Teil der Autostadt »ZeitHaus« genannt wird und die Präsentation neuer Technologien im »AutoLab« untergebracht ist, alle Häuser und Einrichtungen erfüllen, Museum hin oder her, vornehmlich eine Reklamefunktion. Und manchmal ist die ziemlich penetrant. So stellt sich das Mercedes-Benz-Museum im Internet mit diesem Satz vor: »Wir brauchen keine gute Geschichte zu erfinden, wir schreiben sie seit 1886.« Solche Werbeparolen erstaunen insofern, als die Inhalte im Stuttgarter Benz-

Tempel durchaus selbstkritisch sind. Hier wird eben nicht nur die »gute Geschichte« gefeiert. Hier werden weder die vielen Verkehrstoten noch die Umweltverschmutzung verschwiegen, auch die ganz besonders böse Unternehmensgeschichte im Nationalsozialismus wird nahezu vorbildlich angesprochen. So umfangreich wird sonst nirgendwo in Deutschland übers Autofahren mit und ohne Stern informiert, und das in einem Gebäude, dessen Architektur die museale Aufgabe unterstützt, ohne allzu museumspädagogisch zu wirken. Wie das möglich ist? Vielleicht hat das mit schwäbischer Gründlichkeit zu tun. Oder mit einem Selbstbewußtsein aus einer Vergangenheit, in der ein solches Automuseum noch nicht wie ein Mausoleum wirkte.

Der Volkswagen-Konzern, der mit der Musealisierung der Konzerngeschichte begonnen hat, ist nicht ganz so akribisch. Im Wolfsburger »ZeitHaus« wird zwar mit vielen historischen Exponaten die Erfolgsgeschichte des Volksautomobils erzählt, die endet aber etwas abrupt mit dem ersten Golf, und zudem sucht man vergeblich nach ausführlicheren Informationen, wo die Schattenseiten der Konzernvergangenheit angesprochen werden müßten: Wir sehen zwar einen Wagen, der wie ein Vorläufer vom VW-Käfer aussieht und der laut Hinweistafel KDF-Wagen genannt wurde. Viel mehr erfahren wir aber nicht. Ich habe rund 20 Besucher gefragt, ob sie wüßten, was mit KDF gemeint ist. Nur drei waren im Bilde, und die waren über 70 Jahre alt. Wer über die Zeit des KDF-Wagens mehr erfahren will, wer wissen will, auf wessen Kosten die nationalsozialistischen Reiseveranstalter ihr Programm »Kraft durch Freude« umgesetzt haben, muß die Autostadt verlassen und kann die

»Erinnerungsstätte an die Zwangsarbeit auf dem Gelände des Volkswagenwerkes« besuchen. Doch dorthin gehen die wenigsten. Was ein Fehler ist. Denn dort kommen auch jene zu Wort, die als Zwangarbeiter im Wolfsburger VW-Werk ausgebeutet wurden. Wie Katarzyna Morzydsza aus Polen, die sich an die qualvolle Zeit folgendermaßen erinnerte: »Ich kehrte krank und erschöpft zurück. Bis heute leide ich an den Folgen der vergangenen Jahre, Jahre der Vernichtung, Kälte und der Angst. Ich leide an Erkrankungen der Bewegungsorgane, an Herzerkrankungen.« Wer heute in einen Volkswagen einsteigt, wird sich nicht erinnern, daß VW auch deshalb zur Massenmarke wurde, weil viele tausend Menschen gelitten haben und, wenn sie noch leben, weiter unter den Folgen ihres Zwangseinsatzes leiden. Es wäre angemessen, wenn auch das Massenpublikum mit der Aufarbeitung der automobilen Geschichte konfrontiert würde.

Die Autos im Wolfsburger »ZeitHaus« werden als »Skulpturen« inszeniert und wirken, so alt sie sein mögen, seltsam zeit- und geschichtslos. Das Museum will die »Meilensteine der Automobilität« ausstellen. Dabei geht es vornehmlich um Volkswagen und darum, was für ein toller Autokonzern VW immer schon war. Auch das Münchner BMW Museum, der kleine schüsselartige Bau neben der großen BMW Welt, ist Werbung für die Marke mit anderen Mitteln, wobei sich ein Besuch, insbesondere nach der Erweiterung und Neugestaltung, durchaus lohnt.

Etwas Eigeninitiative muß man aufbringen, um sich auf die vielen Touchscreens und digitalen Spielereien einzulassen, aber so hat man wenigstens das Gefühl, sich einen eigenen Weg durch die BMW-Geschichte zu suchen. Was man nicht oder nur nebenbei bemerkt: Wie viel auch hier unerwähnt bleibt. Jenseits der digitalen Museumspädagogik bekommt man einen guten Eindruck, wie das Automobil unseren Alltag bestimmt hat. Wenn etwa mit Originalfotos aus den fünfziger, sechziger und siebziger Jahren gezeigt wird, wie sich der Wohlstand in der Bundesrepublik vor allem im Autokauf gezeigt hat, amüsiert und erschreckt das zugleich. Wir sehen ein und dasselbe Modell, wie es bei unterschiedlichen Besitzern die immer gleiche Reaktion hervorruft: Stolz, Stolz, Stolz.

Ein Mann läßt sich in den besten Jahren mit Frau und Kind vor seinem neuen BMW 328 ablichten. Die Richtung seines Blicks verrät, wie wichtig ihm Frau und Kind sind, und was für ihn das Auto bedeutet. Durchaus verständlich sind diese Prioritäten bei der kleinen und feinen Isetta, die als Zweisitzer zwar nicht familienkompatibel ist, dafür mit Vordereinstieg und blasenartiger Form heute wieder modern wirkt. Da möchte man auch als Führerscheinloser sofort einsteigen und durch München gondeln. Oder mit 12 PS die Alpen hochfahren, wie dies die Besitzer auf den ausgestellten Bildern getan haben.

Daß die Isetta im BMW Museum so prominent präsentiert wird, hat nicht nur nostalgische Gründe. Denn die Isetta bewahrte das Unternehmen vor dem Konkurs nach dem Zweiten Weltkrieg. Während Ferdinand Porsche mit dem VW-Käfer einen Kleinwagen für die Massen im Angebot hatte, setzte BMW im Nachkriegsdeutschland zunächst auf Motorräder und Luxuslimousinen. Was eine Fehlentscheidung war. Die Mehrheit der Deutschen sehnte sich auch damals nach Autos, die sie sich auch leisten konnte. Die Zeit der dicken Luxusliner kam später.

Auf dem Turiner Autosalon entdeckten die Münchner zu ihrem Glück die Isetta der italienischen Firma Iso Rivolta und kauften eine Lizenz zum Nachbau. So entstand aus der Iso-Isetta ein bayerisches Motocoupé, und die »Knutschkugel« wurde ein Riesenerfolg; zwischen 1955 und 1962 wurden rund 160.000 verkauft.

Wer das BMW Museum verläßt und wie ich gerade noch davon geträumt hat, sich in der kleinen Isetta davonzumachen, steht fassungslos vor der BMW Welt. Allein die Größe des vom österreichischen Architekturbüro COOP HIMMELB(L)AU entworfenen Bauwerks erschlägt mich. Obwohl insgesamt 14.500 Quadratmeter Glas für die Fassade verbaut wurden, wirkt das Gebäude keinesfalls transparent. Wenig deutet von außen darauf hin, daß es sich bei dem Monumentalbau um das Repräsentationsgebäude einer Automarke handelt. Nur die abwechselnd konvex und konkav geformten Stahlplatten der Dachwelle erinnern an das Design neuer BMW-Modelle. Der obere Teil des vorgelagerten Doppelkegels wirkt auf mich wie die Überwachungsstation eines Geheimdienstes. Wenn es in Bayern mal ein Wahrheitsministerium geben sollte, wie George Orwell es in seinem Roman *1984* beschrieben hat, dann sollte das in diesem Stahl-Beton-Glas-Kegel untergebracht werden. Was die Sprache angeht, ist man auch bei BMW nicht weit vom Wahrheitsministerium entfernt: »Die BMW Welt als Gebäude, aber auch als Institution ist eine bedeutende Schnittstelle zwischen dem Unternehmen, der Marke und seiner Umwelt. Nur an diesem Standort sind Unternehmen,

Marke und Produkt sowie deren Vergangenheit, Gegenwart und Zukunft ganzheitlich zu erleben.«

Ganzheitlich? Wie das? Gebäude, Institution, Schnittstelle, Unternehmen, Marke, Umwelt, Standort, Unternehmen, Marke, Produkt, Vergangenheit, Gegenwart, Zukunft. Zu viele Substantive in zwei Sätzen. Zu viel Unternehmen, zu viel Produkt.

Ich drehe mich noch einmal um und schaue aufs BMW-Hochhaus, das kongenial in Form eines Vierzylinders gebaut wurde, betrete den neuen Münchner Himmelbau, freue mich zunächst einmal, daß es sich um einen öffentlichen Raum zu handeln scheint. Eintritt wird hier nicht verlangt. Ungläubig passiere ich den Info-Schalter und stehe in einer silbrig schimmernden Motormaschine. Ein perfektes Ambiente für die Präsentation einer Automarke wie BMW; alles wirkt teuer und technisch. Die Innenausstattung verzichtet auf Farbtupfer. Der Raum ist in hellgrau, dunkelgrau, graugrün, blaugrau, silbergrau, silber-matt und silber-glänzend gehalten. Ich kann mir gut vorstellen, daß an diesem Ort noch viele Partys gefeiert werden. Wenn etwas »cool« ist, dann der grau-kalte Glamour der BMW Welt.

Die geschwungenen Wege und Brücken, Galerien und Bühnen sind so organisiert, daß der schweifende Blick irgendwann doch auf ein Auto fällt. Obwohl ich nach den schriftlichen Verlautbarungen der Presseabteilung mehr befürchtet hatte: Mehr Werbeplakate, mehr BMW, mehr Fahrzeuge. Weil nicht jeder Winkel des luftigen Gebäudes mit einem Wagen vollgestellt ist, schlendere ich gerne durch diesen Autotempel, besuche, als die Beine müde werden, die Coffee Bar und beginne zu meiner eigenen Verwunderung, mich für die ausgestellten Autos zu interessieren. Gerade die Leere des Raumes macht den einzelnen Wagen zu einem Fetisch, den es anzubeten gilt. Man befindet sich, wie die *Süddeutsche Zeitung* treffend schrieb, in einer »Kathedrale im Glauben an das Tempo, die Raserei und die Unendlichkeit der Ressourcen«.

Was werden wohl die Menschen in 100 Jahren über einen solchen Sakralbau sagen? Was über jene Gläubigen denken, die in der BMW Welt ihre neuen Fahrzeuge abgeholt haben? Wie wird der automobile Gottesdienst, der hier als eine Mischung aus Geburt, Taufe und (silberner) Hochzeit gefeiert wird, den bayrischen Katholizismus verändern?

Unbefleckte Empfängnis

Simone und Norbert sind seit 25 Jahren verheiratet. Das wollen sie feiern. Mit ihren beiden Kindern, Benjamin und Ella. Vor allem aber wollen sie sich selbst feiern. Endlich mal wieder. Simone und Norbert wollen sich etwas schenken. Aber was denn? Eine Reise? Sie sind schon an so vielen entlegenen Orten dieser Welt gewesen. Einen Abend im Sternelokal? Warum nicht, aber sie gehen ohnehin regelmäßig gut essen.

Simone ist Ärztin, Norbert ist Arzt. Beide sind Dermatologen. Sie haben in München vor 20 Jahren eine gemeinsame Praxis aufgemacht, und das Geschäft läuft gut. Insbesondere mit den Leistungen, die von der Kasse nicht übernommen werden. Lasermedizin ist gefragt wie nie. Hier ein Leberfleck, dort ein störendes Härchen, das entfernt werden muß. Sie können sich einiges leisten, aber sie wissen nicht genau, was. Dann lesen sie in der Zeitung über die Eröffnung der BMW Welt, über jenes »post-postmoderne Gebäude« zwischen Olympia-Stadion und Autofabrik, in dem die »Übergabe eines Neuwagens zum Ereignis wird«.

Sollen wir? Wirklich? Warum eigentlich nicht? Einen neuen BMW zum Hochzeitstag? Ein Cabrio mit versenkbarem Stahldach, wie es jetzt in Mode ist? Ja, genau das ist es. Ein Zweitwagen, der Spaß macht. Für die Fahrt durchs schöne Bayernland. Beim letzten Autokauf haben sie sich für einen BMW aus der 7er-Reihe entschieden. Da lebten die Kinder noch bei ihnen. Simone sagt, der Wagen sei ihr inzwischen zu groß. Die meisten Parklücken in der Stadt seien für das Auto jedenfalls zu klein. Der neue 3er, das wäre eine schöne Alternative! In den 25 Ehejahren sind sie immer BMW gefahren. Wie andere Paare ihr ganzes Eheleben lang VW oder Mercedes fahren. Simone und Norbert werden bei BMW bleiben. Das steht fest. Aber wirklich das neue 3er Cabrio? Als Viertürer oder als Coupé? Oder sich doch einen Roadster genehmigen? Norbert ist dafür. Wenn schon, denn schon. Simone ist dagegen und setzt sich durch. Der neue 3er sei schnell genug. Auf jeden Fall als Cabrio. Die Entscheidung ist gefallen.

Am nächsten Tag gehen die beiden zu ihrer BMW-Niederlassung, bestellen sich ihr Spaßmobil und terminieren die feierliche Fahrzeugübergabe in der BMW Welt auf ihren Hochzeitstag. Dieser Spaß kostet 457 Euro. Ihren Kindern erzählen sie nichts davon. Warum auch?

Drei Wochen vor dem Termin bekommen Simone und Norbert Post von BMW, silbergraue Broschüren über die BMW Welt, aber auch Details zur Fahrzeugübergabe. Das neue Kfz-Kennzeichen müssen sie mitbringen; BMW hat sogar einen Tasche für den Transport der Schilder beigelegt. Rund 1,5 Stunden vor der Auslieferung sollen sie in der BMW Welt eintreffen und sich beim »Check In« anmelden. »Das klingt, als würden wir in den Urlaub fliegen«, sagt Simone.

Als sie dann am Hochzeitstag vor dem imposanten Bauwerk stehen, dessen Dach sie an eine Wolke und dessen Eingangsbereich sie an einen Wirbelsturm erinnert, haben sie tatsächlich das Gefühl, gleich abzuheben. Etwas nervös sind sie. Ob sich der Aufwand lohnt? Sie sind mit der

U-Bahn Richtung Olympia-Zentrum gefahren und haben erstaunt festgestellt, wie schnell sie angekommen sind. Ohne Stau durch den Stadtverkehr. Der dröhnt um den markanten Doppelkegel an der Spitze des Gebäudes. Norbert schaut rüber zur wellenförmigen Zeltkonstruktion der Olympia-Sportstätten und meint, die BMW Welt passe gut hierhin. »Merkwürdig«, sagt Simone. »Wie schlecht die Luft und wie laut der Verkehr ist, merkt man erst, wenn man mal nicht im Auto sitzt.«

»Und gleich«, geht Norbert dazwischen, »holen wir noch einen Luftverpester ab. Oder haste es dir anders überlegt?«

Simone schüttelt den Kopf. Endlich betreten sie die riesige Halle. Simone fragt sich, was ihr Sohn, der sich bei Attac engagiert, zu dieser Raumverschwendung gesagt hätte: Leere ist Luxus? Die Abendzeitung hat an diesem Tag getitelt: *Münchens Mieten steigen wieder!* Dabei sind die Wohnungen schon jetzt unbezahlbar. Simone ärgert sich über ihr schlechtes Gewissen.

Es riecht nach gemähtem Rasen. Wie ist das möglich? Hat BMW dafür gesorgt? Sie gehen an den ausgestellten Fahrzeugen vorbei. Die neuen Modelle. Ein weißer Roadster. Den hätten sie auch haben können. Wobei sie sich ganz bestimmt für eine andere Farbe entschieden hätten. Auch beim Roadster. Ihr 3er Cabrio ist flaschengrün.

Norbert will jetzt endlich zur Anmeldung. »Du bist ja noch aufgeregter als bei der Geburt von Benjamin.« Er lächelt. An die Geburt seines Ältesten kann er sich kaum erinnern. Nur an das Gefühl, jetzt beginne ein neues Leben. Ja, ein wenig fühlt er sich wie damals. Das bemerkt Simone sofort. Sie sind ja auch 25 Jahre verheiratet. Da kennt man sich.

Im gläsernen Aufzug gleiten sie in die Höhe. Kaum hat sich die Tür geöffnet, begrüßt sie ihr persönlicher Kundenbetreuer. Als habe er gewußt, daß sie in diesem Moment einchecken wollen. »Sie befinden sich in unserer Premium Lounge!« sagt der Kundenbetreuer und bietet ihnen etwas zu trinken an. Nachdem die Formalitäten erledigt sind, gehen sie zum gläsernen Ausblick und schauen auf eine Bühne, die der Kundenbetreuer »Premiere« nennt. »Dort unten steht ihr neuer Wagen«, sagt der Mann im dunkelblauen Anzug. Tatsächlich, da ist ihr BMW 335i Coupé mit versenkbarem Stahlverdeck. So wie Simone es sich gewünscht hat. Norbert sagt, es sei wie beim Ultraschall. Man sehe das Baby und müsse warten.

Das Warten hat auch in der BMW Welt einen Sinn: Bevor sie einsteigen, geht es zum »Automobil Briefing im Produkt Info Center«. Simone kichert. »Check In in der Premium Lounge, Automobil Briefing im Produkt Info Center. Sind wir hier noch in Bayern?« flüstert sie. Norbert zieht die Augenbrauen hoch. »Hier kommen ja auch Russen und Araber hin. Die wollen das so.«

Der Kundenbetreuer begleitet sie zu einem Bildschirm mit, wie er erklärt, »touchsensitiver Oberfläche«. Simone kichert wieder. Und sie hört mit dem Kichern auch nicht mehr auf. Denn der Kundenbetreuer spricht nun von »3D Online Renderings« und einer »Performance«, die auch in einer multimedialen Probefahrt getestet werden könne. Dank des »I-Drive-Controllers«. Nun kichert auch Norbert. Die Ausführungen des Kundenbetreuers zu Design, Sicherheit, Fahrdynamik und Bedienkomfort ihres neuen Autos bekommen die beiden nicht mehr mit.

Nach einer Dreiviertelstunde »Automobil Briefing« erhält der Kundenbetreuer ein Zeichen, daß ihr Wagen zur Abholung auf der »Premiere« bereit ist. Das Auto ist, nachdem es das Lager verlassen hat, noch einmal gewaschen und kontrolliert worden. Als sie die Galerietreppe hinabsteigen, startet der Kundenbetreuer die angekündigte Übergabe-Show. Das Cabrio steht nun im Scheinwerferlicht und dreht sich auf einer kreisrunden Scheibe um die eigene Achse. Sie betrachten den Wagen von allen Seiten.

»Schön isser«, sagt Norbert.

»So sauber wird er nie wieder sein«, ergänzt Simone.

Der Kundenbetreuer nickt zufrieden und hält die Drehscheibe an. Ein Fotograf kommt herbeigeeilt und gibt genaue Anweisungen: »Bitte legen Sie doch mal Ihre Hand auf die Kühlerhaube. Und lächeln Sie bitte recht freundlich!« Simone streichelt über die glänzende Blechhaut. Nach einer Weile sagt sie, es ein komisches Gefühl, ein Auto zu begrüßen, als sei es ein neugeborenes Baby. Sie kichert wieder.

Zum Schuß überreicht ihnen der Kundenbetreuer einen Schlüsselanhänger mit, wie er betont, »persönlicher Gravur«: *25 Jahre Simone und Norbert.*

»Dann mal los«, sagt Norbert.

Simone seufzt.

Der Kundenbetreuer schaut die beiden etwas ratlos an und scheint sich zu fragen, ob er alles richtig gemacht hat.

Freuden der Mittelschicht

Die Übergabe eines neuen Automobils wird nicht nur in der Münchner BMW Welt zelebriert. Im Grunde haben die Bayern kopiert, was die Wolfsburger schon seit Jahren praktizieren. Die Autostadt von Volkswagen wird allerdings von einer anderen Kundschaft besucht. Auch wenn es mit dem Phaeton eine Luxuslimousine und mit dem Eos ein elegantes Cabrio im Angebot gibt, kommt nach Wolfsburg, wer einen soliden Mittelklassewagen kauft. Wie Renate und Paul. Auch sie wollen ihr neues Auto nicht beim Händler in der Heimatstadt, sondern direkt vom Werk abholen. Auch wenn der Passat, den sie ausgewählt haben, nicht in Wolfsburg, sondern irgendwo in der Welt zusammengeschraubt worden ist.

Renate und Paul haben sich seit Wochen auf diesen Samstag gefreut, wobei die Freude schon am Freitagabend angefangen hat, als sie im Ritz-Carlton, dem Hotel der Autostadt, ihre Zimmer bezogen und aus dem fünften Stock aufs Wolfsburger VW-Werk geschaut haben, um den im Industriesee schwimmenden Pool zu bewundern.

Renate und Paul – sie Ende dreißig, er Mitte vierzig. Beide sehen jünger aus, als sie sind. Er trägt Jeans und ein weißes Hemd, dessen Ärmel er bis zum Ellenbogen hochgekrempelt hat, so daß man seine teure Uhr sehen kann. Sie hat ihre Jeans mit einer rosafarbenen Bluse kombiniert. Wenn sie nicht eine schwarze Markensonnenbrille im Haar trüge, wäre der Partnerlook noch auffälliger. Er arbeitet als

Statiker in einem großen Architekturbüro, sie für eine Kölner Versicherung. Früher hätte man gesagt, sie gehörten zur Mittelschicht.

Im Wolfsburger Ritz ist gute Stimmung. Vor allem zum Frühstück. Kinder springen herum, am Büffet herrscht Gedränge, und die Teller der Gäste sind mit Fischhappen und ofenwarmen Schokotörtchen, mit Eierspeisen und Obst überladen. Fünf-Sterne-Superior wirken nirgendwo in Deutschland so entspannt wie hier. Allein für das Ritz lohnt sich die Reise nach Wolfsburg.

Zusammen mit Renate und Paul werde ich die Autostadt besichtigen, jenen automobilen Erlebnispark, den jährlich fast zwei Millionen Menschen besuchen. Insofern ist die Autostadt nicht nur ein Marketinginstrument von Volkswagen, sondern auch ein lukratives Touristikunternehmen. Früher wäre man nur nach Wolfsburg gefahren, wenn dort die Großmutter gewohnt hätte oder ein guter Freund (der wahrscheinlich bei VW arbeitet). Heute ist die Wolfsburger Autostadt ein Ort, der in kulinarischer und kultureller Hinsicht beeindruckt. Im Ritz-Restaurant »Aqua« hat sich Sven Elverfeld drei Michelin-Sterne erkocht, die von der Autostadt organisierten »Movimentos-Festwochen«, Jazz- und Klassikkonzerte, die Lesungs- und Vortragsreihen locken sogar Besucher aus den kulturverwöhnten Städten Berlin und Hamburg. Kein Wunder, daß *Merian* einen Autostadt-Reiseführer herausgegeben hat (in dem Wolfsburg nur am Rande vorkommt).

Die Autostadt ist alles andere als eine Stadt; hier gibt es keinen Dreck und kein Getöse. Die Autostadt ist so gut wie autofrei. Selbst in den Marken-Pavillons von Audi, VW,

Škoda, Seat, Lamborghini und Bentley sind nur wenige Fahrzeuge ausgestellt. Die Autostadt ist ein Fußgängerdorf. Vielleicht fühle ich mich deshalb dort so wohl. Und überall gibt es etwas zu essen: Es gibt diverse Cafés, eine japanische Nudelsuppenküche, Mövenpick-Buffets in den »Lagune Foodhalls«, einen Beefclub, das im Gault Millau mit 13 Punkten ausgezeichnete »Chardonnay«, eine Trattoria und eine Pizzeria, in der Kinder den Belag ihrer Pizza selbst zusammenstellen können.

Rund 434 Millionen Euro soll die Anlage samt »KundenCenter«, »KonzernForum«, »MarkenPavillons« gekostet haben, wobei die ambitionierte Schreibweise gar nicht nötig wäre. Die Architektur aller Gebäude ist im Vergleich zu den protzigen Markentempeln der süddeutschen Autohersteller angenehm sachlich und fügt sich gut in die weitläufige Gartenlandschaft ein. »Neuronale Architektur« hat Chefplaner Gunter Henn sein Ensemble genannt, das auf dem ehemaligen Schrottplatz des VW-Werks errichtet wurde. Auf meine Neuronen wirkt die künstliche und radikal harmonische Welt der Autostadt entspannend und beängstigend zugleich. Es scheint, als habe jemand mit Kinderaugen eine Erwachsenenwelt erschaffen wollen.

Renate und Paul sind kinderlos. Außerdem auf Diät. Das ist schade. Denn die Restaurants in der Autostadt gehören zu den Höhepunkten dieser »Erlebniswelt«. Ansonsten »erlebt« man hier zum Glück nicht allzu viel; jedenfalls als erwachsener Erwachsener. Wer sich einen Belustigungspark wie das Phantasialand in Brühl wünscht, wird von der Autostadt enttäuscht sein. Statt Achterbahn und Wildwasserrutsche gibt es hier eine entspannte Besichtigungsfahrt in einem gläsernen Autoturm. Darin, so erklärt die Infobroschüre, werden bis zu 400 Neuwagen übereinander gestapelt, die auf ihre Abholer warten.

Wir setzen uns in eine Panoramakabine, die noch größer ist als ein Phaeton, aber für den vollautomatischen Greifarm macht das keinen Unterschied. Er holt sich die Kabine und befördert uns mit einer Geschwindigkeit von zwei Metern pro Sekunde in die Höhe. Vorbei an den Fahrzeugen, die für den Autolaien alle ähnlich aussehen.

»Schau mal, ein schwarzer Passat!« ruft Paul. »Ob das unser Auto ist?« Renate entdeckt noch einen Passat und noch einen. Immer in schwarz. Für Technik und Ästhetik der Turmgarage interessieren sich die beiden nicht. Sie freuen sich auf den Termin im Fahrsimulator. Vor diesem Gerät fürchte ich mich, soll es doch das Fahrgefühl in einem Auto realistisch nachahmen. Renate lacht, als sie die Simulatorkabine betritt. Kaum hat sie sich hingesetzt, schließt sich das Gerät zu einem eiförmigen Objekt zusammen. Paul und ich stehen neben dem Fahrsimulator, der ruckelt und quietscht. Eine Autostadt-Mitarbeiterin beruhigt uns: Alles sei in Ordnung. Nach drei Minuten ist die Fahrt im Simulator vorbei. Nun bin ich dran. O Graus!

Wieder schließt sich das Ei. Ich erhalte von der freundlichen Fahrlehrerin Hinweise, was ich zu tun habe: Auto anlassen, Gas geben, bremsen – zum Glück wird hier eine Fahrt mit Automatik-Getriebe simuliert. Mein Ziel ist das Theater einer namenlosen Stadt. Ich fahre über Landstraßen, besser gesagt, ich krieche. Ich habe Kurven und Regen zu bewältigen. Ich werde noch langsamer. Es geht hinein in die Stadt, ich fahre weiterhin im Schneckentempo, das mir vor einer roten Ampel zum Verhängnis wird. Die Zeit ist um, das Benzin verbraucht, ich bin nicht rechtzeitig angekommen, werde die Premiere verpassen. Ärger! Das Ei öffnet sich wieder und spuckt mich aus. Die Fahrlehrerin gibt mir zu verstehen, daß es noch schlechtere Ergebnisse gibt. Ich sage selbstbewußt: »Einen Unfall habe ich nicht gebaut.«

Der Fahrsimulator hat meinen Eindruck bestätigt, daß die Autostadt für große und kleine Kinder konzipiert ist. Wobei das Angebot für die kleinen Kleinen vielseitiger ist: Hier kann man Spielzeugautos mit Winddruck-Antrieb und kleine Solarwägelchen bauen, hier gibt es Kurse, in denen Kinder ab zehn Jahren Auto-Designer spielen und eigene Modelle entwerfen können, es werden Motoren auseinander genommen und Karosserien auf Aerodynamik getestet – es gibt sogar einen Workshop, in denen Teenies in die Rolle von Lobbyisten schlüpfen, und auf einer selbst geleiteten Podiumsdiskussion über die Ware und die wahre Mobilität diskutieren. Für jede Altersgruppe und jedes schulische Niveau gibt es Lernmodule, die sich mit dem Thema Auto beschäftigen. Hätte ich nur ein Bruchteil dieser automobilen Bildung genossen, hätte ich heute einen Führerschein. Die Manager der Autostadt wissen, wie wichtig dieser Bereich auch für die Zukunft des VW-Konzerns ist. Die Kunden, die heute noch Kinder sind, werden eines Tages höhere Ansprüche haben als ein Paar, das sich damit begnügt, einfach einzusteigen und loszufahren.

Ich begleite sie zum Kundencenter, in dem ihr Neuwagen schon wartet. 2007 wurden hier 145.000 Fahrzeuge ausgeliefert, in guten Auto-Jahren sind es 170.000, durchschnittlich

500 Autos pro Tag. Über die schlechten Auto-Jahre spricht man nicht. Die Fahrzeugübergabe verläuft in Wolfsburg nicht ganz so theatralisch wie in der BMW Welt. Aber auch bei VW wartet ein Fotograf und vereint Besitzer und Wagen auf einem Bild. Was mich wirklich schockiert: Auch Renate streichelt den Wagen. Obwohl sie niemand dazu aufgefordert hat. Renate und Paul sehen aus, als seien sie glücklich. Sie werden heute noch nach Köln zurückfahren.

Wir verabschieden uns. »Ich mache jetzt meinen Kinderführerschein«, sage ich. Renate und Paul schauen sich verwundert an.

Theorie und Praxis

Verkehrserzieherin Stefanie mustert mich streng. »Eltern dürfen nicht mit. Zur Theoriestunde sind nur Kinder zugelassen.« Ich lächele freundlich und versuche ihr zu erklären, daß ich nicht als besorgter Vater um Einlaß bitte, sondern als Erwachsener, der endlich seinen Kinderführerschein machen wolle. Die Miene von Verkehrserzieherin Stefanie verfinstert sich. »Das gab's ja noch nie«, behauptet sie, und ich glaube ihr. »Irgendwann ist immer das erste Mal«, erwidere ich.

»Zum Kinderführerschein sind nur Fünf- bis Elfjährige zugelassen, und wenn mich nicht alles täuscht, sind Sie deutlich älter«, sagt sie. Ich gebe zu, nicht mehr der Jüngste zu sein, und erzähle ihr, daß ich als Fünf- bis Elfjähriger leider nicht die Gelegenheit hatte, einen Kinderführerschein zu machen, und ich mich sehr darüber freuen würde, dies nachzuholen, wenn also bitte eine Ausnahme von der Regel gemacht werde.

»Sie haben doch einen Erwachsenenführerschein, wozu dann noch die Kinderführscheintheorie?« fragt sie, gar nicht erfreut über meine Hartnäckigkeit.

»Das ist ja das Problem«, gebe ich zurück. »Als wir in der Grundschule zum Verkehrsübungsplatz geschickt wurden, war ich leider krank, und vielleicht liegt's auch daran, daß ich bis heute keine Fahrerlaubnis habe.«

Verkehrserzieherin Stefanie glaubt mir kein Wort. Zum Glück kommt Verkehrserzieherin Jutta hinzu und flüstert ihrer Kollegin etwas ins Ohr. Ich habe mit Schwierigkeiten gerechnet und mich in weiser Voraussicht rechzeitig bei den wichtigen Leuten der Autostadt angemeldet. Und so darf ich, auch wenn Verkehrserzieherin Stefanie nicht einverstanden ist, schließlich doch mitmachen. Mit vierzehn Kindern begebe ich mich in den Lehrraum.

Zunächst wird uns Prüflingen ein Film gezeigt, in dem sich Hauptfigur Lotte darauf vorbereitet, zum ersten Mal in ihrem Leben allein zur Schule zu gehen. Die Comicstars der Autostadt, Rolli und Slomo, erklären der Kleinen, daß man vor dem Überqueren der Straße nach links, rechts und wieder links schaut, selbst wenn das grüne Ampelmännchen leuchtet. Ich erinnere mich an meine ersten Gänge zur Schule, die ich allein absolvieren mußte. Das war schrecklich. Zumal ich damals weder Rolli noch Slomo hatte, die mir hätten helfen können.

Verkehrserzieherin Stefanie unterbricht die Filmvorführung und fragt in die Runde, warum die Links-Rechts-Links-Guckerei so wichtig sei. »Weil so viele Idioten unterwegs sind«, ruft der selbstbewußte Nils. Alle Kinder lachen. Verkehrserzieherin Stefanie sagt: »Da kennt sich jemand aber schon gut aus.« Nils nickt. »Mein Vater ist Fahrlehrer.«

Neben mir sitzt die achtjährige Anna, die genau wie ich keinen Fahrlehrer zum Vater hat und die wie ich die genaue Bedeutung eines Schildes nicht kennt: Rotes Dreieck, darin ein schwarzer dicker Pfeil in Fahrtrichtung, der von einem dünneren Balken gekreuzt wird. Verkehrserzieherin Stefanie klärt Anna und mich auf, daß es sich um ein Schild handelt, das die Vorfahrt bis zur nächsten Kreuzung gewähre. Die Rechts-vor-links-Regel sei außer Kraft, könne bei der nächsten Abzweigung aber wieder gelten. Anna nickt schüchtern und flüstert mir zu: »Ist das kompliziert.«

Immerhin kennen wir beide das Stopp-Schild. Verkehrserzieherin Stefanie freut sich ein wenig. Anna lächelt. »Bin ich froh, daß du auch nicht alle Schilder kennst«, sagt sie.

Der Film mit Lotte endet damit, daß sie wohlbehalten in der Schule ankommt. Anna atmet tief durch. Verkehrserzieherin Stefanie teilt uns mit, wir hätten alle die Theorie bestanden. Ich frage sie, ob denn schon mal jemand durchgefallen sei, was sie verneint. Die Kinder sollen nicht frustriert werden, sondern spielerisch lernen, wie es im Verkehr zugeht. Nils sagt: »Dürfen wir jetzt endlich Beetle fahren?« Was Nils sagt, denke auch ich: Endlich raus zum Praxistest.

Die Sonne scheint, und ich freue mich auf die elektronischen Mini-New-Beetles. Es leuchtet mir sofort ein, daß Volkswagen den neuen Käfer zum Vorbild für die Übungswagen genommen hat und nicht einen Golf, der für eine vergangene Zeit steht. So erfolgreich die aktuellen Golf-Modelle insbesondere in Deutschland noch sind, für die kommenden Käufer wie Anna und Nils wird dieses Modell keinen Symbolwert mehr haben. Der Golf war das Auto der Eltern oder gar Großeltern. Dieser Wagen taugt schon allein deshalb nicht zur eigenen Projektionsfläche. Aber wahrscheinlich werden Anna und Nils in zehn Jahren auch nicht im Beetle fahren; zu schlecht sind seine Umwelteigenschaften.

Jetzt aber werden wir zunächst einmal ganz ökologisch mit vier Stundenkilometer über den Verkehrsparcours rollen, wir werden alle Schilder wiedersehen, die wir in der Theoriestunde besprochen haben. Anna setzt sich in einen gelben Beetle, Nils in einen grünen. Ich entdecke eine Ausführung für junge Rollstuhlfahrer, in der die Geschwindigkeit über Knöpfe am Lenkrad geregelt wird. Beeindruckt von dieser fortschrittlichen Miniaturtechnik, suche ich mir ein rotes Modell mit Fußpedal aus. Dann aber kommt Verkehrserzieherin Stefanie und sagt: »Die Praxis ist definitiv nur für Kinder.« Obwohl ich weiß, daß die Autostadt grundsätzlich Erwachsene nicht auf diese mobilen Käferknubbel läßt, habe ich bis zuletzt gehofft, einsteigen zu dürfen. Doch dieses Mal gibt es keine Ausnahme von der Regel. Ich sehe Nils, der nach kurzer Zeit freihändig fährt. Und Anna, die den Halt vor einer roten Ampel nutzt, um mir zuzuwinken.

»Ich darf nicht«, rufe ich ihr zu.

»Ich gebe dir meinen Beetle«, erwidert Anna.

Aber Verkehrserzieherin Stefanie steht zwischen uns. Sie murmelt etwas von versicherungstechnischen Gründen. Ich sei nicht der erste Erwachsene, der auf den Übungsplatz wollte. »Vielleicht waren das alles Leute wie ich, die etwas nachzuholen hatten.«

Ich schaue traurig über das Übungsgelände. Zum Trost wird mir schnell die Belohnung ausgehändigt, die später auch die Kinder bekommen. Ich halte meinen Kinderführerschein in den Händen, und habe das Gefühl, steinalt zu sein. Theorie trotz Wissenslücken bestanden, zur Praxis aus Altersgründen nicht zugelassen. Ich frage mich, ob ich das schicke, grüne Kärtchen mit Foto und Krakelunterschrift überhaupt verdient habe. Ob es an der Zeit ist, trotz allem den Erwachsenenführerschein zu machen?

Oder doch warten, bis das Automobil, wie wir es heute kennen, nur noch im Museum steht?

Goodbye Auto!

Neulich träumte ich, wie meine Tochter aus ihren vorsprachlichen Lautspielereien ein erstes Wort formte. Sie sagte nicht *Mama*, und auch nicht *Papa*. In meinem Traum flüsterte sie ein *Au!*, machte eine Pause, in der ich mir schon Sorgen machte, stieß dann aber ein freudiges und lautstarkes *To!* aus. Ich wollte nicht glauben, was ich hörte, aber die Kleine wiederholte die beiden Silben, die sie so oft in den Geprächen ihrer Eltern gehört hatte, nun ohne Unterbrechung: »Au-to, Au-to, Au-to, Au-to, Au-to…« Dann wachte ich auf.

Wahrscheinlich war es eine Mischung aus Selbstzweifel und schlechtem Gewissen, die mein Unterbewußtsein zu diesem Traum animierte. Der Vater will ja Vorbild sein, und auch wenn ich mein führerscheinloses Leben für außerordentlich vorbildlich halte, mache ich mir natürlich Gedanken darüber, ob das Autofahren, wie *Die Zeit* formulierte, tatsächlich »zu den zivilen Grundfähigkeiten« gehört. Wenn sich die Art und Weise, wie wir uns fortbewegen, in 18 Jahren wider Erwarten nicht geändert haben sollte, wenn wir im Auto der Zukunft immer noch selbständig lenken und kuppeln, Gas geben und bremsen müssen, wenn es dann noch Führerscheine gibt und meine Tochter einen machen möchte, werde ich sie selbstverständlich unterstützen. Sie müßte selbst herausfinden, ob das Auto*fahren* zu den »zivilen Grundfähigkeiten« gehört. Doch ich bin optimistisch. Da der Auto*verkehr* schon heute weder zivil noch zivilisiert ist, sondern in seiner aggressiven Grundordnung auffällig anachronistisch, nehme ich an, daß die Autokonzerne, so konservativ ihre Produktentwicklung in der Vergangenheit war, sich in Zukunft etwas mehr Mühe geben. »Wir müssen das Auto neu erfinden«, hat Daimler-Chef Dieter Zetsche zu Beginn der aktuellen Autokrise gesagt. Ein Satz, der inzwischen immer und immer wieder zitiert wird. Ein Satz, den ein Daimler-Chef vor 20 Jahren nicht gesagt und auf den er auch heute gerne verzichtet hätte. Alles nur Gerede? Für ein schlichtes »Weiter so!« sind Umsätze und Umweltwerte zu schlecht.

Wer sich in den Archiven umschaut, wird sich wundern, wie sich die automobile Rhetorik im Laufe der Zeit geändert hat. Werner Mackenroth von der Deutschen Straßenliga gab 1964 zu Protokoll: »Selbst in Notzeiten, wenn Menschen nicht mehr Wein, sondern Wasser trinken und statt Kuchen Brot essen, werden sie Automobil fahren.« Als Kulinariker meine ich, daß es immer darauf ankommt, welchen Wein und welchen Kuchen die Menschen essen. Keine Ahnung, wie sich der Straßenbaupropagandist Mackenroth ernährt hat, aber wir Nutznießer der Industriegesellschaft konsumieren trotz der Wirtschaftskrise, kaufen Wein und Gebäck, neue Fernseher und neue Klamotten. Nur beim Autokauf halten wir uns zurück, wenn der Staat keine Abwarckprämien zahlt. Wir ahnen, daß wir erst am Anfang eines Wandels stehen und daß wir über die Neuheiten, ob sie nun BMW Efficient Dynamics, Volkswagen Blue Motion oder Mercedes Blue Efficiency heißen, schon bald nicht mehr sprechen werden. Und wenn wir trotzdem einen Wagen kaufen, sind wir kritisch, wie der Eigentümer einer E-Klasse von

Mercedes-Benz, der den Hersteller verklagte, weil der Spritverbrauch um fast 10 Prozent höher war als im Prospekt von Daimler angegeben. Über die unzuverlässigen Verbrauchswerte haben sich schon viele Autofahrer beschwert, der Musterprozeß aber zeigte, daß sich die Industrie nicht länger rausreden kann, es gäbe keine entsprechenden Tests, um realistische Werte herauszubekommen. Daimler wurde verurteilt, Schadenersatz zu zahlen, und der Kaufpreis des Wagens wurde nachträglich gemindert. Die Gerichtskosten mußte der Stuttgarter Konzern ebenfalls übernehmen.

Goodbye Auto? Wie auch immer das Gefährt heißt, das uns in 20, 30 Jahren von A nach B bringt, mit dem klassischen Automobil wird es wenig zu tun haben. Wir nennen das Handy, das viel mehr als unsere fernmündliche Kommunikation verändert hat, auch nicht tragbares Telefon. Selbst wenn das deutsch-englische Handy nicht zu den schönsten Wortneuschöpfungen gehört. Die Zahl der Leute jedenfalls, die sich aus den unterschiedlichsten Gründen gegen ein klassisches Auto entscheiden, wird weiter steigen, und die Fahrzeughersteller werden überlegen, wie sie uns als Kunden zurückgewinnen. Mit Blue Motion jedenfalls nicht.

Meiner Tochter werde ich eine Anzeige aus dem Jahr 2008 aufheben, auf der ein kleines Mädchen zu sehen ist, das Fahrrad fährt. »Noch keinen Führerschein, aber schon BMW fahren« lautet der Reklamespruch. Das Motto der Zukunft, das Kinder wie Erwachsene anspricht, wird lauten: »Auch ohne Führerschein BMW fahren.« Bislang werden die bayrischen Edelräder verkauft, weil der Konzern hofft, die Kinder an die Marke BMW heranzuführen. So wie VW die Kleinen zum Kinderführerschein ermuntert. Auch ich freue mich schon jetzt, meiner Tochter den wunderbaren »Was ist was?«-Band übers Auto zu schenken, sie eines Tages im Mini-Beetle auf dem Übungsgelände in Wolfsburg umherfahren zu sehen. Ich habe auch gar keine andere Wahl, als mich darüber zu freuen. Denn jede Menge Kinderbücher handeln vom Auto. *Große und kleine Fahrzeuge, Wer fährt mit?, Alles über Autos* und *Mein Müllauto* lauten die Titel. Kinderbücher, die vom Spazierengehen oder Fahrradfahren handeln, gibt es deutlich weniger. Wie auch immer die Zukunft des Autos aussieht, die Karre als Kinderbelustigung wird uns erhalten bleiben.

Eine andere Zukunftsoption möchte ich zu guter Letzt noch erwähnen: Selbst wenn sich Fahrzeuge und Mobilität in westlichen Industrieländern verändern, mag die Situation in Afrika, Arabien oder Aserbaidschan vollkommen anders aussehen. Vielleicht werden in Ländern mit Hang zur Regressionen die letzten Ölvorkommen verfahren. Eine Migration der anderen Art, eine von West nach Süd und Ost wäre denkbar. Autobesessene aus Deutschland könnten nach Rußland oder in den Kongo auswandern, um dort die letzten echten Benziner zu Schrott zu fahren. Anzeichen dafür, daß sich das Verkehrsverhalten in diesen Staaten demnächst ändert, scheint es jedenfalls nicht zu geben.

Auf der Automesse in Riad oder der Motorshow in Moskau feiern deutsche Firmen noch Erfolge. Je größer der Wagen, desto erfolgreicher sind sie auf diesen Märkten. Wer in Rußland reich ist, schaut nicht auf Kohlendioxidmengen und Feinstaubemissionen; der russische Millionär interessiert sich für die Dicke des Panzerglases. Die zunehmende

Gewaltbereitschaft auf den Straßen macht das ungeschützte Fahrvergnügen zum Sicherheitsrisiko. Insofern wird der Massenansturm westeuropäischer Auto-Auswanderer, die sich solchen Gefahren nicht aussetzen möchten, wohl doch ausbleiben …

Als ich vor zwei Jahren begann, mein Leben ohne Führerschein aufzuarbeiten, hatte ich nicht damit gerechnet, wie schnell die Autokrise auf der politischen Tagesordnung stehen wird. Was ich damals als langsamen Stimmungswandel wahrnahm, wird nun durch den ökonomischen Abschwung beschleunigt. Was nicht heißt, daß die alten Gewohnheiten von heute auf morgen verschwinden. Wenn die Wirtschaft sich erholt hat, wird sich zeigen, ob Autohersteller und Autokunden aus der Krise wirklich etwas gelernt haben und den automobilen Wandel, der nicht aufzuhalten ist, als neuen Wohlstandsmotor begreifen.

Mein Vater hat von technischen Innovationen nie viel gehalten. Er besitzt kein Handy, und dem Computer verweigert er sich sowieso. Kein Auto fahren zu können, hält er allerdings für einen Fehler. Als ich ihm von meinem neuen Buchprojekt erzählte, von meinen Abgesängen aufs Auto und Lobeshymnen auf ein Leben ohne Führerschein, wurde er nervös, hoffte er doch stets, daß ich mich eines Tages trotz meiner Vorbehalte ans Steuer setze. Ich schrieb gerade die letzten Kapitel, als er mich anrief. Ich erzählte ihm von langen Abenden, an denen ich mich mit Elektromotoren und Hybridantrieben beschäftigt, von Nachmittagen, die ich zu Recherchezwecken in Werkstätten und Waschanlagen verbracht hatte. Meine Begeisterung schien ihn zu irritieren. Ob ich nun doch einen Führerschein machen wolle. Vorerst nicht, lautete meine diplomatische Antwort. Mein Vater holte tief Luft. Er befürchte, sagte er am Ende des Gesprächs, seine Technikfeindlichkeit sei mitverantwortlich für meine Weigerung, Auto zu fahren. Ich hätte in der Kindheit keine elektrische Eisenbahn bekommen, sondern nur ein Modell aus Holz, der Fernsehkonsum sei lange Zeit verboten und dann streng limitiert gewesen.

Schwer zu sagen, ob die väterliche Erziehung zu meiner Führerscheinlosigkeit beigetragen hat. Mich hat seine Mischung aus Selbstzweifel und schlechtem Gewissen (mein Vater würde das nie so nennen) sehr berührt und mich an meine eigenen Sorgen erinnert, der Tochter eine Haltung vorzuleben, die ihr weiteres Leben eventuell nachhaltiger prägt, als mir lieb ist. Im Gegensatz zum besorgten Vater bin ich allerdings technikbegeistert. Kein noch so ausgefallenes Küchengerät fehlt in meiner Sammlung, die digitale Fotografie erfreut mich genauso wie ein Handy, mit dem ich ins Internet gehen und Mails abfragen kann. Was den Straßenverkehr angeht, warte ich darauf, daß mich endlich vollautomatische und klimaneutrale Rollroboter durch eine dann etwas bessere Welt fahren.

Wenn meine Frau, wie das bei Krabbelgruppen üblich zu sein scheint, im Spaß gefragt wird, was denn aus unserer Tochter mal werden solle, gibt sie eine sehr ernsthafte Antwort. »Maschinenbauingenieurin«, sagt sie, und die anwesenden Mütter sind dann immer etwas verwundert. Ich bin mir auch nicht ganz so sicher, zumal ich aus eigener Erfahrung gelernt habe, daß es immer anders kommt, als die Eltern hoffen. Wenn es nach meinem Vater gegangen wäre, hätte ich Jurist werden sollen. Die Vorstellung, daß meine Tochter sich eines Tages mit ihrem Robo besser auskennt als ihr Freund, erfreut natürlich mein Vaterherz ...

Wenn sie nach einem Totalausfall des Fahrsystems die Festplatte des Wagens konfiguriert und zwei Kabel im Getriebe auswechselt, wird sie dem hoffentlich selbstbewußten Verehrer sagen: »Mach dir nichts draus. Mein Vater hat nicht mal einen Führerschein gemacht, obwohl das früher total wichtig war für Männer.« Wenn der Verehrer allzu verunsichert sein sollte, kann meine Tochter ihm die Geschichte erzählen, wie sich ihr alter Herr, als er noch jung war, den Kuß einer Pistenbekanntschaft erst verdienen mußte, indem er ihr Cabrio die Schweizer Berge hinab in ein verlassenes Seitental steuerte. Wenn der Verehrer von solchen Eignungstests für einen Urlaubsflirt hört, wird er sich freuen, in einer Zeit verliebt zu sein, in der seine Angebetete, kaum hat sie das Fahrzeug repariert, dem Bordcomputer zuruft: »Hallo, Robo, alles wieder fit?« Und dann den Befehl zur Weiterfahrt erteilt.

Literatur

Monographien

Theodor W. Adorno, Dialektik der Aufklärung, Frankfurt a. M. 1992

Theodor W. Adorno, Negative Dialektik, Frankfurt a. M. 1975

James Graham Ballard, Crash, Der Mann, der Verkehrsunfälle liebte, Bergisch Gladbach 1986

Carl Barks, Familie Duck auf Ferienfahrt, Barks Library 18, Deutsch von Dr. Erika Fuchs, Stuttgart 1997

Otto Julius Bierbaum, Eine empfindsame Reise im Automobil, Von Berlin nach Sorrent und zurück an den Rhein, München 1979

Thomas Brandenburg und Hartwig Huckfeldt, Das Auto, Was ist was?, Band 53, Nürnberg 1999

Karen Duve, Taxi, Roman, Frankfurt a. M. 2008

Emanuel Eckardt, Autostadt in Wolfsburg, Merian live!, München 2004

Ulf Geyersbach, »… und so habe ich mir denn ein Auto angeschafft«, Schriftsteller und ihre Automobile, Berlin 2006

Hans Glauber (Hg.), Langsamer, weniger, besser, schöner, München 2006

Martin Gnielka, Beifahrer. Kleiner Tourenplaner für werdende Väter, Bundeszentrale für gesundheitliche Aufklärung, o. J.

Johann Wolfgang Goethe, Italienische Reise, Frankfurt a. M. 1976

Florian Illies, Generation Golf, Eine Inspektion, Berlin 2000

Britta Jürgs (Hg.), Flotte Autos – Schnelle Schlitten: Künstlerinnen & Schriftstellerinnen & ihre Automobile, Berlin 2008

Jürgen Hasse, Übersehene Räume: Zur Kulturgeschichte und Heterotopologie des Parkhauses, Bielefeld 2007

Richard Heinberg, Öl-Ende, München 2008

Historische Kommunikation der Volkswagen AG (Hg.), Erinnerungsstätte an die Zwangsarbeit auf dem Gelände des Volkswagenwerks, Wolfsburg 2007

Jack Kerouac, Unterwegs, Deutsch von Thomas Lindquist, Reinbek bei Hamburg 2001

Andreas Keßler, Fährt man rückwärts an den Baum, verkleinert sich der Kofferraum, Berlin 2008
Joachim Kleinmanns, Super voll! Kleine Kulturgeschichte der Tankstelle, Marburg 2002
Tom Levine, Planet Auto, München 2007
Allan und Barbara Pease, Warum Männer nicht zuhören und Frauen schlecht einparken: Ganz natürliche Erklärungen für eigentlich unerklärliche Schwächen, Berlin 2000
Ulf Poschardt, Über Sportwagen, Berlin 2002
Hans Bernd Reichow, Die autogerechte Stadt, Ravensburg 1959
Eberhard Reuß, Hitlers Rennschlachten, Die Silberpfeile unterm Hakenkreuz, Berlin 2006
Jean-Paul Sartre, Drei Essays, Berlin 1986
Dirk Skreber, Blutgeschwindigkeit, Köln 2008
Statistisches Bundesamt, Leben und Arbeiten in Deutschland. Ergebnisse des Mikrozensus 2004, Berlin 2005
Paul Virilio, Fahren, Fahren, fahren, Deutsch von Ulrich Raulf, Berlin 1978
Paul Virilio, Geschwindigkeit und Politik, Deutsch von Ronald Voullié, Berlin 1980

Zeitungs- und Zeitschriftenartikel

Michael Althen, Der Beifahrer als Chance, Frankfurter Allgemeine Sonntagszeitung 15.07.08
Titus Arnu, Paradies der Pimps, Süddeutsche Zeitung 07.12.06
Dirk Asendorpf, Die nützlichen Verräter, Die Zeit 06.11.08
Michael Bauchmüller, Die Plage mit der Plakette, Süddeutsche Zeitung 02.03.07
Michael Bauchmüller und Marten Rolff, Null Toleranz für Fahranfänger, Süddeutsche Zeitung 15.02.07
Tobias Becker, Die Formel des Stillstands, Frankfurter Allgemeine Sonntagszeitung 15.07.07
Patrick Bernau und Christian Siedenbiedel, Die wundersame Welt der Taxis, Frankfurter Allgemeine Zeitung 16.12.07

Jürgen Brand, Der Motorsport ist noch lange nicht erforscht, Stuttgarter Zeitung 03.04.01
Helmut Breidenbach, Der Weg zum Führerschein ist steinig, Allgemeine Zeitung Mainz, 05.08.06
Henrik M. Broder, Es muß nicht immer Vollgas sein, Spiegel Online 21.07.08
Florian Brückner, Daimler steht unter Strom, Frankfurter Rundschau 30./31.08.08
Helmut Bünder und Alexia Angelopoulou, Global gut vernetzt, Frankfurter Allgemeine Zeitung 23./24.08.08
Kees Christiaanse, Vom ungebrochenen Siegeszug des Individualverkehrs, Neue Züricher Zeitung 20.04.07
Florian Eder, Du sollst nicht Bleifuß fahren, Financial Times Deutschland, 10.06.07
Friederike Freiburg, Dreck aus der Dose, Spiegel Online 14.06.05
Florentine Fritzen, Benzin Rührei und Speck, Frankfurter Allgemeine Sonntagszeitung 21.08.05
Martina Göres, Autonome Autos ohne Fahrer in der Roboter-Rallye, Frankfurter Allgemeine Sonntagszeitung 18.11.07
Martina Göres, Diese Frauen haben Spaß mit ihrem Porsche, Frankfurter Allgemeine Sonntagszeitung 14.10.07
Michael Grabenströer, Ob Stau oder Schwan – ruhig Blut hilft weiter, Frankfurter Rundschau 24.07.03
Michael Grube, Als Volltanken noch Spaß machte, Spiegel Online 27.03.08
Helmut Hauschild, Europaparlament fordert Tempobremse für Autos, Handelsblatt 27.06.07
Anno Hecker, Männer und Motoren im Dienste des Führers, Frankfurter Allgemeine Zeitung 04.05.06
Carsten Herz, Absatzeinbruch schockt Autobranche, Handelsblatt 23.05.07
John B. Heywood, Freie Fahrt für freie Bürger?, Spektrum der Wissenschaft Spezial 01.05.07
Birgit Hodenius, Frauen fahren anders!, Technik und Gesellschaft, Jahrbuch 10, 1999
Gottfried Ilgmann, Die Bahn im Klima-Test, Frankfurter Allgemeine Sonntagszeitung 14.10.07

Gottfried Ilgmann, Noch eine unbequeme Wahrheit, Frankfurter Allgemeine Sonntagszeitung 14.10.07
Malte Jürgens, Ego-Land, Auto Motor und Sport 19.03.03
Yoshihiro Kimura, In Japan wird das Auto Auslaufmodell, Frankfurter Allgemeine Zeitung 08.07.08
Nils Klawetter, Das Auto-Orakel, Spiegel Online 14.05.08
Stephan Kosch, Klimaschutz ausgebremst, die tageszeitung 31.10.08
Michael Kuntz, Im Jeep zum Aldi, Süddeutsche Zeitung 30.01.07
Martina Lenzen-Schulte, Halbblind am Steuer, Frankfurter Allgemeine Zeitung 17.10.07
Eberhard Liliensiek, Liebesleben, Tarnanstrich und Schwarzmeerreisen. Zur Geschichte der Wohnwagen, Handelsblatt 03.04.98
Gerhard Matzig, Barock'n'Roll. München und seine »BMW Welt«, Süddeutsche Zeitung 2./3.10.07
Andreas Molitor, Das Auto fürs gute Gewissen, Die Zeit 01.03.07
Heiner Monheim, Ende der Kraftmeierei, Freitag 13.04.07
Jens Müller-Bauseneik, Der bewegte Mensch, Freitag 22.12.06
Tom Mustroph, Die Revolution der Piefkes. Tempo 100 auf der Avus, Neues Deutschland 17.05.04
Arno Orzessek, Der alte Mann und das Bier. Mein Wohnwagen, mein Reihenhaus, Süddeutsche Zeitung 16.04.98
Henning Peitsmeier, Alle Räder stehen still, Frankfurter Allgemeine Zeitung 11.10.08
Marc Pitzke, Letzte Ausfahrt Michigan, Spiegel Online 15.01.08
Gregor Preiss, Der autofreie Sonntag erfindet sich neu, Stuttgarter Nachrichten 15.06.07
Luki Scheuer, Ein Leben voller Triumphe und Tragödien. Vor 100 Jahren wurde in Remagen Rudolf Caracciola geboren, Mainzer Rhein Zeitung 29.01.01
Boris Schmidt, Der Aufschwung duldete kein Limit: 50 Jahre 50, Frankfurter Allgemeine Zeitung 03.07.07
Boris Schmidt, Viel mehr als nur ein SUV. Honda CR-V 2.2 CTDi Exclusive, Frankfurter Allgemeine Zeitung 22.08.08
Thorsten Schönfeld, Im Land der unbegrenzten Fahrerlaubnis, Frankfurter Allgemeine Zeitung 05.08.08
Frank Scholtys, Nichts bewegt sich: Frust statt freier Fahrt, Stuttgarter Nachrichten 29.06.99

Moritz Schröder, Mogelplakette für Geländewagen, die tageszeitung 11.04.07
Jochen Siemens, Zeit, ins Bett zu gehen. Der Pirelli-Kalender, stern.de 17.11.06
Immo Sievers, Heute ist Tempo 100 schon rekordverdächtig, Der Tagesspiegel 20.07.01
Adam Soboczynski, Dreckige Zeiten, Die Zeit 31.03. 05
Petra Steibberger, Stadt, Land, Verkehrsfluß, Süddeutsche Zeitung 02.11.06
Henning Sußebach, Eine Liebe verschwindet, Die Zeit 06.11.08
Claas Tatje, Eingemischt und ausgebremst, Die Zeit 06.11.08
Linda Tidwell, Moderne Arbeitsnomaden, Freitag 19.01.07
Rudolf Walther, Fahrn, fahr, fahrn… auf der Autobahn, Die Zeit 16.09.99
Friedbert Weber, Weiß – aus dem Abseits in die Showrooms der Welt, Frankfurter Allgemeine Zeitung 06.10.07
Simone Wermelskirchen, Die fetten Jahre sind vorbei, Handelsblatt 01.12.06
Joachim Wille, Fahrn, fahrn, fahrn, Frankfurter Rundschau 23.02.05
Joachim Wille, Der Mobile, Frankfurter Rundschau 28.01.05
Julia Winkenbach, Die wilden Jahre sind vorbei, Welt am Sonntag 05.06.05
Axel Wolfsgruber, Flecken auf dem Fetisch, Focus 23.04.05
Christian Wüst, Bimmelbahn in der Ölstadt, Der Spiegel 18.02.08
Christian Wüst, Späte Verirrung. Die Ächtung von Geländewagen scheint programmiert, Der Spiegel 09.06.08
Marion Zellner, Risiko Rausch. Drogen am Steuer, Süddeutsche Zeitung 09.009.06
Bernd Ziegenbalg, Asphaltcowboys im Schlamassel, Frankfurter Rundschau 27.01.01

Nachschlagewerke

Meyers Großes Taschenlexikon in 24 Bänden (2006), Wikipedia, Der Duden (1967)